노동사회과학 제18호
검찰공화국과 노동운동

엮은이: 노동사회과학연구소 연구위원회
연구위원장: 문영찬
편집위원: 고희림, 권정기, 김용화, 김유정, 김해인, 신재길, 심미숙, 이규환, 이상배, 임경민, 장인기, 장진영, 전성식, 채만수, 함민희
펴낸이: 채만수
펴낸곳: 노사과연
교정·교열: 문영찬, 노준엽
편집: 노준엽
표지디자인: 이규환

주소: (우)07318 서울시 서울특별시 영등포구 신길동 69-6, 2층
      (도로명 주소: 서울특별시 영등포구 영등포로 397-1, 2층)
전화: (02) 790-1917 | 팩스: (02) 790-1918
이메일: wissk@lodong.org
홈페이지: http://www.lodong.org

발행일: 2022년 11월 12일

ISBN 978-89-93852-43-1   04300
      978-89-956695-8-7

* 책값은 뒤표지에 있습니다.
* 잘못된 책은 바꿔드립니다.

노동사회과학 제18호

검찰 공화국과 노동운동

차 례

편집자의 글

| 문영찬 | 지금은 자본과 노동의 모순이 주요모순이다!! | 7 |

권두시

| 조창익 | 재격문 | 18 |

| 문영찬 | 윤석열 정권의 성격에 대하여 | 21 |

| 박문석 | 윤석열 정권에 맞선 투쟁에서 민주당에 대해 취해야 할 노동자계급의 태도 | 50 |

| 김태균 | 윤석열 정권의 노동정책 방향과 대응 방향 | 73 |

| 박한솔 | 윤석열 정권 하에서 청년운동의 대응과 전략 | 90 |

조명제	독점자본의 위기와 인플레이션	110
전우재	세계정세와 역사적 유물론 -우크라이나 전쟁과 금리 인상을 중심으로	126
천연옥	여성해방론과 페미니즘 -정희진의 ≪페미니즘의 도전≫을 읽고	152
제일호	리얼리즘 논쟁 (고리끼, 루카치, 브레히트)	173
한동백	계급운동과 부문운동 간의 통일에 대하여(1)	205
일렌코프	맑스의 자본론에서 추상과 구체의 변증법(4)	239
비자이 싱	쓰딸린과 제2차 세계대전 이후 쏘련에서의 '시장 사회주의' 문제	283
POLITSTURM	러시아는 제국주의인가?	304

편집자의 글

지금은 자본과 노동의 모순이 주요모순이다!!

윤석열 정권이 들어선 지 6개월여를 지나고 있다. 윤석열 정권은 대선 전에 예상되었던 바와 같이 검찰공화국을 **빠르게** 실현하고 있다. 선출되지 않은 권력인 검찰이 '수사를 통한 정치'를 통해 정치의 전면에 나서고 있어서, 한국의 민주주의는 크게 후퇴하고 있다.

검찰 권력의 근거가 되는 부르주아 법치주의는 부르주아 민주주의의 하나의 요소인데, 윤석열 정권은 부르주아 민주주의를 활용하여 부르주아 민주주의를 제한하는 방식을 취하고 있다. 지난 대우조선 하청 노동자들의 파업에 대해 470억의 손해배상을 청구한 것은 (시)민법으로써 노동권을 제약하는 것인데, 이 또한 부르주아 민주주의의 주요 축인 (시)민법을 활용하여 부르주아 민주주의의 주요 축인 노동권을 제약하는 것이다.

또한 윤석열 정권은 용산 대통령실에 극우 이데올로그들을 포진시켜 놓고 김문수와 같은 극우 인사를 등용하여 파시즘으로의 길을 열어 놓고 있다. 즉, 윤석열 정권은 극우 이데올로기의 확산에 주력하고 있으며, 이는 정세의 변화에 따라 파시즘으로 전환될 수 있는 가능성을 열어두는 것이다.

이러한 상황에서 미국의 **빠른** 금리 인상으로 표현되는 세계적 경제위기는 한국 경제 또한 위기상황으로 몰아넣고 있어서 주식과 부동산 가격이 폭락하고 있고 신용 경색이 발생하기도 했다.
　이러한 상황에서 자본과 노동의 모순은 첨예화되고 있는데, 윤석열 정권과 자본가계급이 노동자에 대한 손해배상 청구에서 보듯이, 민주주의 원리를 사적 소유의 원리로써 제한하는 길을 간다면, 노동자의 투쟁은 사적 소유 원리를 넘어서는 투쟁으로, 자본주의를 넘어서는 투쟁으로 발전할 수밖에 없다.
　그런 점에서 지금의 정세에서 주요 모순은 자본과 노동의 모순이며, 민주주의의 후퇴에 대한 투쟁은 자본과 노동의 모순의 심화와 긴밀한 연관을 갖는 2차적 투쟁이고 모순이 된다.
　이번 ≪노동사회과학≫ 18호는 이러한 문제의식 속에서 윤석열 정권에 맞서기 위한 다양한 모색을 하고, 또 맑스-레닌주의의 흐름을 현 정세 속에서 강화하기 위한 모색을 담고 있는 글들로 구성되어 있다.
　먼저 문영찬의 '윤석열 정권의 성격에 대하여'는 윤석열 정권을 규정하는 한국의 정치지형을 국가보안법을 조건으로 하는 자유주의 정치질서 혹은 부르주아 민주주의로 파악하고 있다. 그리고 윤석열 정권의 성격이 파시즘인가에 대해 이것을 가능성과 현실성의 문제로 파악하면서 '파시즘으로의 가능성을 열어 놓고 있는 보수 강경 정권'으로 규정하고 있다. 그리고 현 정세의 주요한 쟁점을 전쟁위기로 인한 전쟁과 평화의 문제, 검찰 권력의 수사를 통한 정치, 노동탄압을 중심으로 하는 시민사회에 대한 국가의 공격, 경제위기 등의 문제로 파악하고 분석하고 있다. 이를 기초로 노동자계급의 투쟁방향으로 자본과 노동의 모순이 주요모순이고 민주-반민주의 모순은 2차적, 부차적 모순으로 보면서 자본과 노동의 모순이 뻗어나갈 수 있도록 구도를 잡아갈 것을 제기하고 있다. 또한 정의당의 사민주의 노선은 민주당 2중대 노선을 더 심화시키는 것으로서 노동자계급의 계급적 단결을 해체함을 통하여 계급협조를 실현하는 노선임을 비판하고 있다. 그리하여 현시기 전술로서 '전략적 방어'에 대한 집중과 '지구전의 전략'을 세워나갈 것을 주문하고 있다.

박문석의 '윤석열 정권에 맞선 투쟁에서 민주당에 대해 취해야 할 노동자계급의 태도'는 지난 시기의 노동자계급의 투쟁에 대한 반성적 고찰의 결과로서, 더불어민주당에 대한 노동자계급의 태도를 다루는 글이다. 윤석열 정권 등장의 1등 공신은 문재인 정권이며, 더불어민주당이라는 것을 담담히 서술하고 있다. 지난 5년간 자유주의 세력이 보여준 민중 배신적 정치, 기만적인 정치가 노동자와 민중들에게 환멸을 안겨준 결과가 곧 윤석열 정권의 등장이라는 것이다. 공공부문 비정규직 제로 정책의 기만성, 국가보안법을 통한 정치적 탄압 등을 사례로 들면서 더불어민주당은 독점자본가계급의 좌익임을 폭로하고 있다. 더불어민주당은 겉으로는 윤석열 정권과 맞서는 외양을 취하고 있으나 국가보안법 폐지의 문제에서, 군사적 및 외교정책에서 윤석열 정권과 보조를 맞추고 있다는 것을 폭로하고 있다. 또한 더불어민주당이 집권 기간에 노동자계급에게 강요했던 사회적 합의주의, 계급협조주의는 노동자계급의 대오를 교란하고 노동운동을 무력화시키는 것이었으며, 이것은 자본가계급의 계급적 본성에서 비롯되는 것으로서 노동자계급은 자유주의세력이 강요하는 계급 협조 노선과 절연할 것을 필자는 주문하고 있다. 또한 기존의 진보정당들은 그들의 비과학성, 몰계급성으로 인해 노동자계급의 대안이 될 수 없으며, 노동자계급 스스로 정치권력의 장악을 향해, 스스로를 자기 정립하는 정치세력화의 길을 걸어갈 것을 주장하고 있다.

김태균의 '윤석열 정권의 노동정책 방향과 대응 방안'은 윤석열 정권의 노동 관련 공약과 정책을 분석하고 있는 글이다. 윤석열 정권은 이른바 노동시장 개혁을 내세우고 있는데, '주 단위'로 관리하는 연장 근로시간을 노사합의로 '월 단위'로 전환하고, 임금에서 연공제 폐지 및 직무·성과 중심의 임금체계로의 개편을 핵심과제로 제시하고 있다. 노동시간의 이러한 전환은 과로사를 유발시키고 노동조건을 개악하는 것이며, 임금 문제에서의 '개혁'은 임금을 노동자 집단과의 교섭이 아니라 노동자 개별과 정하게 함으로써 노동자의 단결을 무력화시키는 방향을 향하고 있다는 점을 비판하고 있다. 그리고 이러한 노동정책은 사실 문재인 정권 하에서 이루어진 노동개악을 계승하는 것이며, 윤석열 정권이 이렇다 할 노동정책이 없는 것은 이른바 노동시장 유연화가 지난 정권에서 상당 부분 이미 이루어졌기 때문임을 지적한다. 또 윤석열 정권이 김문수를 노사정위원장으로 임명하면서 추진하고 있는 사회적 합의주의의 해악은 계급 협조주의를 조장하는 것이며, 그보다도 오히려 주목할 점은 그 과정에서 빚어지는 노동운동 대오의 교란임을 필자는 강조하고 있다. 이에 대해 필자는 생활 임금을 요구하는 투쟁으로, 사회적 합의주의를 분쇄하는 투쟁으로, 자본주의를 넘어서는 투쟁으로 나아가는 것을 노동자 투쟁의 발전 방향으로 제시하고 있다.

박한솔의 '윤석열 정권 하에서 청년운동의 대응과 전략'은 대선 때 이대남들의 상당수가 지지했던 윤석열 정권의 지지율이 추락하고 있으며, 청년대중의 상당수가 윤석열 정권에 대해 등을 돌리고 있다는 점을 지적하고 있다. 청년운동은 지금은 청년층 상당수가 노동자계급의 예비군이라는 점을 정확히 파악해야 발전이 가능하다는 점을 제기하면서, 80년대 지식인의 예비군으로서의 학생들과는 성격과는 판이하며, 더 이상 '존재이전'과 같은 문제는 존재하지 않는다는 점을 지적한다. 그리고 현재의 학생운동이 몰락하게 된 것은 쏘련 해체 과정에서 한국의 학생운동이 맑스-레닌주의적 세계관을 쉽사리 청산한 것과 깊은 연관이 있으며, 따라서 그러한 세계관의 회복을 청년운동 재생의 하나의 조건으로 파악하고 있다. 또 청년이기에 진보성이 있다는 인식은 피상적인 인식에 불과하며, 청년들에게 그들이 처하게 될 계급적 처지를 정확히 인식하게 하는 것, 자본주의 발전, 특히 한국 자본주의의 착취체제가 청년층의 실업 문제를 악화시킬 수밖에 없다는 것을 청년층에게 선전하면서 청년층을 변혁운동의 대오로 이끌어야 할 필요성을 제기하고 있다. 그리고 청년층의 상당수가 개입하고 있는 부문운동들, 즉, 여성, 장애인, 성소수자, 인권, 환경 운동 등이 아직 과학적 노선을 가지고 있지 못하고 변혁성을 띠고 있지 못하지만, 그 운동들은 자본주의의 억압의 산물이라는 점에서 이들에 대한 과학적이고 정교한 접근을 할 것을 주문하고 있다. 그리하여 부문운동과 전체 운동의 연관성을 회복하는 것을 통해 전체적인 변혁운동을 강화시킬 수 있다는 제언을 하고 있다.

조명제의 '독점자본의 위기와 인플레이션'은 현재 한국만이 아니라 세계 자본주의를 위기로 이끌고 있는 인플레이션 현상에 대한 이론적 분석의 글이다. 물가는 상품가격의 인상에 다름 아니며, 상품가격은 그 상품에 내재된 상품의 가치의 표현으로서, 지금도 여전히 금이 화폐임을 지적하고 있다. 그러면서 물가인상이 곧 인플레이션이라는 고정 관념을 깨뜨리면서 물가인상의 원인은 첫째로 노동생산력의 변화, 둘째로 수요-공급관계의 변화, 셋째로는 인플레이션에 의해서임을 들고 있고, 세 번째의 인플레이션은 불환지폐 체제 하에서 유통에 필요한 화폐량을 넘어서는 지폐의 발행으로 발생한다는 점을 분명히 하고 있다. 그리고 불환지폐 체제 하에서 독점자본주의가 전반적 위기의 시대로 접어들면서 국가에 의해 불환지폐의 남발로 인플레이션은 항상적으로 발생하는 현상이 되고 있어서, 인플레이션은 자본가계급이 노동자와 민중을 수탈하는 주요한 기제가 되고 있음을 폭로하고 있다. 또한 임금이 오르면 물가가 오른다는 자본가계급의 이데올로기 공세에 대해 임금의 상승은 상품 가격에 영향을 미치는 것이 아니라 자본가의 이윤에만 상대적으로 영향을 미친다는 점을 논증하면서 인플레이션에 대한 과학적, 계급적 입장을 견지할 것을 주문하고 있다.

전우재의 '세계정세와 역사적 유물론-우크라이나 전쟁과 금리 인상을 중심으로'는 세계정세를 개괄하고 있는 글이다. 특히 우크라이나 전쟁과 금리 인상이라는 정치적, 경제적 주요 쟁점을 중심으로 세계정세에 접근하는 방법론을 시도하는 글이다. 그리고 그 방법으로 세계정세에 대해서도 맑스가 정립한 역사적 유물론을 통해서만 과학적 접근이 가능하다는 점을 제기하고 있다. 이는 우크라이나 전쟁에 대한 분석에서 다음과 같이 적용되고 있는데, 즉, 우크라이나 전쟁의 원인은 NATO의 팽창과 러시아의 대러시아 민족주의가 직접적인 것으로 보이지만 실은 천연가스에 대한 패권 전쟁의 결과 러시아가 우크라이나를 침략했다는 가설을 제기하고 있다. 또한 미국의 급격한 금리 인상에 대해, 그것은 채무자에게 부담을 지울 뿐으로 미국의 특정한 그룹이 막대한 이익을 얻게 된다는 점을 제기하고 있다. 또 물가가 높은 현상에 대해서도 높은 물가는 자원 수출국에는 커다란 이익을 가져다주며, 미국과 러시아가 주요한 자원수출국이라는 점을 제기하면서 경제현상을 둘러싸고 벌어지는 국제 정치적 관계에 대해 예리하게 분석하고 있다. 그리하여 결론적으로 세계정세 분석에 있어서 물질적 생산을 중심으로, 경제적 토대를 중심으로 접근하는 역사적 유물론을 지침으로 삼아야 한다는 점을 강조하고 있다.

천연옥의 '여성해방론과 페미니즘—정희진의 ≪페미니즘의 도전≫을 읽고'는 그동안 맑스주의 여성운동의 논리의 정립에 매진해 온 천연옥이 페미니즘의 이데올로그 중의 한 명인 정희진을 비판한 글이다. 정희진은 자신의 책 ≪페미니즘의 도전≫에서 맑스가 세계에 대한 해석을 넘어서서 세계의 변혁으로 나아가야한다고 주장한 점을 비판하며 '세상은 다르게 해석하는 자체가 변혁이라는 사실, 담론의 힘'을 강조하고 있는데, 이에 대해 천연옥은 이는 이론과 실천을 통일시키는 것이 아니라 이론 자체를 실천으로 파악하는 관념론적 오류를 범하는 것임을 비판하고 있다. 그리고 페미니즘은 여성과 남성을 갈라치기 하는 것을 통해 노동운동에 대해 여성 노동자와 남성 노동자 간의 단결의 부정으로 이어지게 된다는 문제점을 지적하고 있다. 또 여성이 남성에 종속되는 것이 임신과 출산이라는 생물학적 특성 때문이라는 페미니즘의 입장을 비판하면서, 여성의 종속을 낳는 가부장제의 폐지는 자본주의적 사적 소유의 극복에 의해서만 가능하며, 따라서 여성 해방의 물질적 조건들이 어떻게 형성되고 있고 형성되어갈 것인가를 주목할 것을 주문하고 있다. 또 성폭력은 좌우를 막론한 남성들의 지배도구라는 주장에 대해 그 주장의 반동성을 비판하면서 여성 노동자와 남성 노동자의 단결을 통한 사회주의 실현의 길로 나아갈 것을 제기하고 있다. 그리하여 결론적으로 여성주의를 넘어서는 여성해방론의 담론이 필요하며 맑스주의 여성해방론이 정립되어야 함을 주장하고 있다.

제일호의 '리얼리즘 논쟁(고리끼, 루카치와 브레히트)'는 오랜만에 접하는 문예이론을 다루는 글이다. 쏘련 해체 뒤 맑스주의 문예운동이 퇴조하면서, 그에 따라 맑스주의 문예이론 또한 퇴조하였는데, 이러한 상황에서 '문학의 향기'에 목말라하는 많은 활동가들에게 이 글은 매우 시의적절한 글이다. 제일호는 고리끼와 루카치, 그리고 루카치와 브레히트를 비교하고 그들의 논쟁을 다루고 있다. 고리끼와 루카치가 출신 배경이 다르고 걸어온 역정이 다르다는 점, 그리고 리얼리즘에 대한 이해에서 일정한 차이를 보이고 있다는 점을 드러내면서 논쟁의 쟁점에 다가서고 있다. 루카치는 신칸트주의에서 헤겔주의로, 다시 맑스주의로 발전해 왔는데, '리얼리즘이란 곧 예술에 있어서 적극적 휴머니즘의 반영'이라는 점을 모토로 하고 있다. 반면에 고리끼는 빈민가 출신으로서 육체노동이 문화적 생활을 위한 전제였으며, 문학에서 노동의 가치와 아름다움이 주요한 주제였다. 두 사람은 그 사회의 문화유산을 계승하는 문제에서, 그리고 부르주아 리얼리즘에 대한 태도의 문제에서 일정한 차이를 보였다. 브레히트와 루카치는 많은 쟁점에서 부딪혔는데, 이들 간의 논쟁은 당시에 대단한 관심을 끌었다. 그리고 1930년대 반파쇼 인민전선이 제기되면서 루카치의 견해가 일정하게 반향을 얻게 되었는데, 루카치는 이후에 수정주의라는 비판을 받기도 했다. 수많은 쟁점과 씨줄, 날줄을 오가는 제일호의 글은 아직 쟁점의 명확한 정리, 상호 연관 관계 등에서 일정한 한계를 보이기는 하지만, 맑스-레닌주의 문예이론을 되살리려는 시도라는 점에서 주목을 끌만 한다.

한동백의 '계급운동과 부문운동 간의 통일에 대하여(1)'은 현재 존재하는 다양한 부문운동들, 예를 들면, 환경, 여성, 장애인, 성소수자, 인권 운동 등의 부문운동과 보편으로서의 노동자계급의 운동의 상호 연관을 해명하려는 글이다. 두 번에 나누어 실리는 이 글은 이번에는 첫 회분에 해당한다. 한동백은 부문 운동과 보편으로서의 노동자계급 운동의 관계를 해명하는 이론적 고리로 헤겔의 ≪논리학≫의 개념론의 보편-특수-개별의 개념을 설명하고 있다. 1980년대 사회구성체 논쟁에서도 보편-특수-개별의 범주가 주요 전제로서 작용했는데, 한국 사회에서 변혁운동의 재건, 부문운동의 변혁운동으로의 발전, 부문운동과 노동운동의 연합의 고리로서 보편-특수-개별의 범주가 다시 등장하는 것은 의미심장하다. 한동백은 또한 인식의 상승과정이라는 범주를 고찰하고 있는데, 이 범주는 자연발생적인 부문 운동들이 의식적인 변혁운동으로 발전하기 위한 하나의 전제가 되는 것이다. 그리고 부문운동들의 상호 관계, 부문운동과 노동운동의 관계가 상호 간에 외재(外在)한다는 점을 분석하면서, 이들 운동들의 상호 연관에 대한 이론 정립을 시도하고 있다. 한동백은 이러한 과정에서 헤겔 ≪논리학≫의 제 개념들을 준거로서 사용되고 있는데, 엥엘스는 헤겔을 거꾸로 선 유물론이라 하였고 맑스는 헤겔을 거꾸로 세워야만 헤겔 변증법이 노동자계급의 무기가 될 수 있다는 점을 말한 바 있다. 즉, 부문운동과 계급운동의 상호 연관은 필연적으로 변증법적 개념들의 도움을 받아서만 해명 가능하지만, 그것이 사변적으로 나아가는 것을 저지하고 운동의 발전과정이 되기 위해서는 헤겔을 바로 세우는 과정이 전제되어야 할 것이다.

이외에도 이번에도 번역들이 세 편이 실렸다. 먼저 지난 호에 이어 이번에도 일렌코프의 '맑스의 자본론에서 추상과 구체의 변증법(4)'가 실렸다. 이번 호의 내용은 매우 중요성이 있는 것들인데, 왜냐하면 구체적 보편의 문제, 대립물의 통일로서 구체적 통일이 실려 있기 때문이다. 일렌코프는 '인간은 도구를 만드는 동물'이라는 프랭클린의 명제가 추상적 보편의 견지에서는 인간에 대한 개념 정의가 될 수 없지만, 인간의 사회적인 본질적 성격을 드러내기 위해서는 추상적 동일성, 추상적 유사성을 넘어서서 상호 관계의 본질을 드러내는 구체적 보편 개념으로서 '인간은 도구를 만드는 동물'이라는 명제는 적절성을 띠고 있다는 것을 드러내고 있다. 그리하여 구체적 보편은 추상적 보편과 달리 특수와 개별의 풍부함을 지니고 있는 개념이 된다. 맑스가 정립한 정치경제학의 가치 개념 또한 추상적 보편이 아니라 상품생산과 자본주의적 생산관계의 상호 연관을 드러내는 개념으로서 파악되고 있다. 그리고 대립물의 통일로서 구체적 통일 개념은 통일성에 대한 추상적인 접근을 넘어서는 것으로서, 진정한 통일성은 수많은 상호 연관 속에서의 통일이며, 심지어 대립하기 때문에 통일된다는 것임을 드러내고 있다. 자본가와 노동자, 음극과 양극, 여성과 남성, 등등 수많은 상호 연관들이 대립을 포함하며, 대립물의 통일이야말로 진정한 의미의 통일이 되는 것이다. 그리하여 일괴암적인 추상적 동일성을 넘어서서 다양성을 존중하는, 다양성을 전제로 하는 통일이 대립물로서의 통일이라는 개념 속에서 뻗어 나오게 된다.

'쓰딸린과 제2차 세계대전 이후 쏘련에서의 '시장 사회주의' 문제'는 쏘련에서 쓰딸린의 사망 전후하여 전개되고, 또 쓰딸린 사망 이후 현실화된 시장주의적 경제 개혁의 문제를 조명한 글이다. 인도의 맑스-레닌주의자인 비자이 싱의 논문인데, 이 글은 사회주의 계획경제에서 상품으로서의 성질이 전혀 없는 생산수단을 상품유통의 영역으로 밀어 넣은 개혁이 자본주의적 개혁의 출발점을 이루고 있다는 것, 이에 대해 쓰딸린은 정반대로 쏘련 사회의 공산주의 사회로의 전진을 통해 당시 현존하는 모순들을 해결하고자 했다는 점을 잘 드러내고 있다. 그리하여 가치 범주는 상품 생산의 범주이며, 집단농장의 집단적 소유가 공업에서의 국유, 전 인민 소유와 같은 수준으로 상승하면, 상품생산의 소멸과 함께 가치범주 또한 소멸할 것임을 주장하고 있다.

'러시아는 제국주의인가?'는 미국의 맑스-레닌주의 그룹인 Politsturm의 집단적 저작으로 추정되는 글이다. 이 글에서는 레닌이 정립한 제국주의라는 개념이 여전히 지금의 정치적, 사회적 현실을 설명하기에 적합한 개념이라는 점이 논증되고 있다. 그리고 러시아에서 독점자본의 발전, 산업자본과 은행자본의 융합으로서 금융자본의 출현, 자본의 수출, 러시아 독점자본들의 해외로의 팽창, 러시아의 국가적 팽창 등을 들면서 러시아가 제국주의라는 점을 논증하고 있다. 그러나 아쉬운 점은 해석을 넘어서서 '변혁'의 전략 차원에서 제기되는 점이 없고, 단지 학습을 강조하고 있어서 실천적 방향에 대한 논의가 없다는 점인데, 이는 비단 Politsturm만의 문제는 아니며 전 세계 상당수의 맑스-레닌주의적 흐름, 조직의 문제일 것이다. 따라서 이는 향후에는 실천적 방향, 정치노선의 정립, 변혁전략의 정립에 맑스-레닌주의적 흐름들이 주력해야 한다는 점을 시사하는 것이다.

노동사회과학연구소 연구위원장
문영찬

권두시

재격문

조창익 | 회원, ≪현장과 광장≫ 편집위원장

오늘 일인시위 여야 반반씩 섰네
정권 바뀌었다고 하나 민초에겐 변함이 없다네
세상이 금수의 소굴 되었으니 참으로 참담하네
능히 변혁으로 전환하지 못했으니
허나 포기 좌절할 이유 하나 없고
앞으로 펼치지 못할 바 전혀 없다네
산천도 마냥 그대로이고
나의 전투도 그대로인 걸
만약 초심 잃지 않는다면
어찌 능히 새 세상 얻지 못하겠는가
자유가 저들의 언어요!
해방은 능히 우리들의 언어일지니!
공정이 저들의 언어요!
변혁은 능히 우리들의 언어일지니!
분명히 말하건대 너희들 세상 아니다!
민중이 주인으로 나타날 그 날 기억하라!
보아라! 노동자 계급의 천하를!
잊지 말라! 민중의 혁명 세상을!
그 날은 능히 다가올지니!
요청되는 건 다만 그대의 낙관이라네!

再檄文

今立與野半/反轉則如前
慘憺禽獸窟/不能一變轉
但無由棄折/無所不進展
山川每一般/我戰鬪如前
若我不失初/何不能得天
自由汝言語/解放能余言
公正汝言語/變革能余言
明說不汝世/憶民主出現
視勞級天下/不忘民革變
此日能枉臨/但必要樂觀

2022.05.10.화.

   오늘은 민주당 30분, 국힘당 30분. 그들의 당사 앞에 반반씩 나누어섰다. 윤석열 정권 첫날. 무릇 오늘의 정권이 자본의 자장 안에서 움직이지만 민초들의 힘에 의해서도 억제당할 수밖에 없는 법. 계급역관계는 늘상 역동적이다. 노동계급의 전선. 오늘도 변함없이 우리는 그 전선에 선다.

   오늘은 5.10 교육민주화선언일. 우리가 정한 '교사의 날'이다. 자랑스런 투쟁의 날이다. 좋은 날도 흐린 날도 우리는 전진한다. 무너지지 않기 위하여 전선에 선다. 무너지면 아니되기 때문에 전선에 선다. 무엇을 축하할 날이 아직 아니다. 다만 투쟁을 기억할 뿐이다.

문재인을 보내고 윤석열을 맞이한다. 큰 차이가 있겠는가. 국내외 정세가 녹록치 않다. 정권의 불안정성이 매우 빨리 나타날 가능성이 높아 보인다. 전선도 요동치리라.

우리는 우리의 갈 길 가면 된다!

윤석열 정권의 성격에 대하여

문영찬 | 연구위원장

머리말

지난 5월에 출범한 윤석열 정권은 불과 5개월여가 지났지만 한(조선)반도 정세, 의회의 영역, 노동운동에 대한 탄압, 이데올로기 등 사회의 전 영역에서 한국 사회를 후퇴시키면서 전 방위적인 반동적 공세를 강화하고 있다.

이런 상황에서 다시금 박근혜 당시의 촛불시위를 기대하며 민주주의 투쟁에 집중하자는 견해도 제출되고 있다. 그러나 지금의 상황은 그렇게 단순하지 않다. 대우조선 하청노동자의 파업에 대한 470억이라는 손해배상 청구는 지금 자본가계급과 정권이 노동자 투쟁에 대해 (시)민법이라는 자본주의 원리 자체를 무기로 공세를 펴고 있다는 것을 보여주고 있다. 그리고 이것은 노동자계급과 노동운동이 직면하고 있는 가장 큰 현실이기도 하다.

이런 상황에서 어느 때보다 정확한 정세분석이 필요하며, 윤석열 정권의 계급적, 정치적 성격을 밝히면서 정치적 쟁점과 전선이 어떻게 형성되고 있는지, 혹은 어떻게 형성되어 갈 것인지를 과학적으로 분석하는 것이 긴요하다. 그리하여 현 정세에 대해 노동자계급이 어떤 정치적 입장을 가져야 하는지, 어떤 투쟁 방향을 세워야 하는지를 밝히는 것이 중요하다.

그러면 윤석열 정권의 계급적, 정치적 성격을 밝히기에 앞서서 먼저 한국의 정세를 규정짓는 세계정세와 한(조선)반도의 정세를 개괄해 보자.

1. 세계정세의 격동과 한(조선)반도 정세

1) 우크라이나 전쟁에 대하여

우크라이나 전쟁은 유럽에서 NATO라는 제국주의적 전쟁 기구의 확장에 대한 러시아 측의 대응이라는 본질적인 성격을 갖고 있다. 우크라이나를 포함하는 동유럽에 대한 NATO의 확장 혹은 확장 의도가 없었더라면 우크라이나 전쟁은 발발하지 않았을 것이다. 그런데 중요한 점은 이러한 미국과 유럽의 제국주의적 팽창에 대해 러시아 측은 똑같이 제국주의적 방식으로 대응했다는 점이다. 즉, 러시아는 우크라이나를 러시아의 전통적인 영향력이 미치는 지역으로 간주하면서, 대러시아 민족주의에 입각하여 무력 침공이라는 방식으로 대응한 것이다. 푸틴은 우크라이나 정부가 극우 민족주의(푸틴의 표현을 빌면 나찌즘)에 입각하여 동부 우크라이나의 러시아인들을 탄압했다는 것을 전쟁의 명분으로 삼았지만, 이것은 러시아의 제국주의적 침략에 대한 구실에 지나지 않는 것이다. 나찌즘은 금융자본의 논리에 입각하여 타국에 대한 무력 침략을 하였지만, 우크라이나의 극우 민족주의는 타국을 침략하지 않았을 뿐만 아니라 대러시아 민족주의에 대한 일종의 반발의 성격을 갖는 것이었다. 물론 우크라이나가 제국주의적 전쟁 기구인 NATO 가입을 추진한 것은 오류라 할 수 있지만, 이러한 갈등을 해결하는 방식으로 푸틴이 제국주의적 침략을 선택한 것은 문제를 해결하는 것이 아니라 상황을 악화시키는 것이었다.

실제로 러시아의 침략 이후 NATO는 재강화되고 있는데, 이는 미국과 유럽이 NATO를 강화할 명분을 푸틴이 제공했다는 것을 의미한다. 그리하여 유럽에서는 미국, 유럽 제국주의와 러시아 제국주의가 충돌하고 있고 이러한 상황은 핵전쟁의 위협으로까지 발전하고 있다.

푸틴은 미국 주도의 단일한 세계체제가 종식되었다고 천명하면서 러시아의 침략을 마치 반제국주의 투쟁인 것처럼 호도하고 있으나, 러시아의 지금의 침략은 세계 인민의 평화의 염원에 배치되는 것으로서 러시아의 독점자본의 이익에 봉사하는 것에 지나지 않는다.

사실 쏘련 붕괴 이후 성립한 미국 중심의 단일한 세계 체제는 잠정적인 것일 수밖에 없었다. 왜냐하면 제국주의 단계에서 자본주의 나라들의 발전은 불균등한 성장을 할 수밖에 없기 때문이다. 그런 점에서 미국 중심의 단일한 세계 체제의 붕괴는 역사의 필연이지만, 문제는 그것이 지금 제국주의 세력과 제국주의 세력의 충돌로 나타나면서 핵전쟁의 위협을 포함하는 세계 평화의 파괴로 나타나고 있다는 점이다. 즉, 미국 중심의 단일한 세계 체제의 붕괴는 전 세계 노동자계급의 변혁적 운동의 발전을 촉진하는 조건으로 작용하는 것이지만, 세계 평화의 파괴는 전 세계 노동운동을 억압하고 질식시키는 조건으로 작용한다. 그런 점에서 노동자계급은 미국 중심의 단일한 세계 체제의 붕괴를 주시하면서도, 제국주의적 대결과 침략을 규탄하면서, 평화를 위한 투쟁에 나서야 한다.

2) 중국과 미국의 헤게모니 투쟁에 대하여

중국과 미국의 헤게모니 투쟁은 자본주의가 제국주의 단계에 처해 있는 상황에서 불가피한 불균등한 발전의 산물이다. 중국은 이미 무역규모에서 미국을 훨씬 앞지르고 있으며, 세계의 공장으로 불리며 세계 제조업의 상당 부분을 차지하고 있다. 또한 중국의 발전은 동남아시아의 발전의 조건으로 작용하고 있으며, 인도 또한 중국과 대결하면서도 중국의 발전을 조건으로 발전하고 있는 측면이 강하다. 그리고 아프리카와 중남미 또한 일정한 자본주의 발전이 이루어지고 있으며, 이들 지역에서 미 제국주의의 영향력이 상대적으로 감소하고 있는 것 또한 이들 지역과 중국의 협력을 하나의 조건으로 하는 것이다.

이에 대해 미국은 중국의 발전을 억제하고 중국의 영향력을 봉쇄하려는 정책을 펴고 있다. 반도체, 전기차 배터리 등 첨단 기술산업에서 중국의 발전을 억제하고 미국을 중심으로 하는 기술 블록을 만들려고 시도하고 있는데, 이러한 블록화의 경향은 세계 자본주의의 발전에 역행하는 것이다.

그러나 불균등한 발전은, 중국의 발전을 억제하려는 미국의 의도와 무관하게 관철되는 제국주의 시대의 필연적인 법칙이다. 그리하여 중국은 경제적 측면에서, 정치적 영향력의 측면에서 비약을 하고 있는데, 이로 인해 중국과 미국의 헤게모니 투쟁은 장기간 지속될 수밖에 없다.

한국의 변혁적 진영은 세계정세의 이러한 변동을 주시하면서도 이러한 변동이 전 세계 노동자계급과 한국의 노동자계급에 미치는 영향에 주목해야 한다. 중국의 발전은 사회주의적 발전이 아니라 자본주의적 발전이다. 중국의 비약적 발전은 중국의 노동자계급에 대한 착취의 강화, 중국의 농민 계급에 대한 수탈의 강화를 조건으로 하는 것이다. 시진핑이 강조하는 '중화민족의 부흥'은 민족주의 이데올로기의 강화를 초래하고 있으며, 실은 중국 민족 자본가계급의 발전을 의미하는 것에 지나지 않는다. 따라서 한국의 노동자계급은 중국의 자본주의적 발전이 초래하는 미 제국주의의 헤게모니의 상대적 쇠퇴(때로는 지금과 같이 한(조선)반도에서 정치적, 군사적 대결의 강화 같은 반작용을 포함하여)를 주목하면서도, 중국의 사회주의 시장경제라는 수정주의 이데올로기가 노동자계급에게 미치는 해악을 차단하고 비판하면서 한국 사회의 사회주의 변혁의 전망을 발전시켜 나가야 한다.

3) 한(조선)반도의 정세 악화에 대하여

윤석열 정권의 등장 이후 한(조선)반도의 정세는 급격히 악화되고 있다. 윤석열 정권은 한미일 군사동맹을 빠른 속도로 강화하고 있는데, 이는 한국의 노동자계급과 민중들의 반발을 초래하고 있을 뿐만 아니라 보수 야당인 민주당의 반발을 초래하고 있기도 하다.

이북의 경우 핵무기 법제화를 했으며 전술 핵무기를 빠른 속도로 발전시키고 있다. 이러한 대치 상태의 강화는 이북의 핵 실험에 이르러 절정에 달할 것으로 보이며, 그에 따라 지금의 대결의 강화는 전쟁위기로까지 발전할 가능성이 농후한 것이 현실이다.

이러한 한(조선) 반도의 정세의 악화는 미 제국주의와 한국과 일본의 반공주의에 입각한 대결 정책이 주요한 원인으로 작용하고 있다. 윤석열 정권은 한(조선) 반도의 평화의 전망이 어떻게 가능한가라는 접근 자체가 없으며, 이북과의 대결을 통해 자신들의 권력의 지반을 강화하고 한국 사회에서 극우 이데올로기를 강화하는 데에 몰두하고 있다.

또한 윤석열 정권의 이러한 행보는 중국과 미국의 헤게모니 투쟁에 대해 미국의 진영에 가담하고 있는 것을 기초로 하는데, 이러한 행보는 한국 자본주의의 발전에 대해 역행하는 것이다. 이러한 윤석열 정권의 행보는 중장기적으로 스스로의 입지를 축소하는 것이며, 정세에 있어서 일정한 계기가 주어진다면, 윤석열 정권의 위기로 발전할 가능성을 내포하는 것이다.

이러한 한(조선)반도의 정세의 전개에 대해, 노동자계급과 민중은 한(조선)반도의 평화를 기치로 전쟁위기를 반대하고 평화를 요구하는 투쟁을 전개해 가야 한다. 이북이 핵 무력을 공고화하고 있는 지금 상황에서 전쟁 위기는 핵전쟁의 위기를 포함하는 것일 수밖에 없다는 점을 염두에 두면서, 제국주의적이고 반동적인 한미일 군사동맹의 반대, 남북 간 민족적 화해, 한(조선) 반도의 평화 정책을 요구하면서 반전 평화 투쟁을 전개해 가야 한다.

만약 전쟁위기가 고조되어 군사적 담론이 한국 사회를 지배하게 된다면, 노동자계급과 민중들의 자유와 권리는 심대하게 제약될 수밖에 없다. 따라서 전쟁 반대, 평화 쟁취는 민주주의 투쟁의 성격을 띠는 것으로서 광범한 민중이 결집할 가능성이 있다. 만약 윤석열 정권이 이러한 민중들의 요구를 무시하고 전쟁위기를 강화시켜 간다면, 그것은 윤석열 정권에 대한 부메랑이 될 것이다.

4) 세계경제 위기에 대하여

코로나 팬데믹이 종식을 향해 나아가는 지금 전 세계는 경제적 위기 국면으로 접어들고 있다. 2007년 금융위기에 대해 양적 완화라는 돈 풀기에 나서고, 나아가 코로나 팬데믹에 대해 막대한 돈을 풀었던 세계 각국은 인플레이션 국면을 경과하고 있으며, 이에 대해 세계 각국의 중앙은행들은 이자율 인상의 정책을 강화하고 있다.

　그러나 이자율 인상이 인플레이션을 잡을 수 있다는 것은 경제적 근거가 박약한 것이다. 왜냐하면 인플레이션은 불환지폐 체제하에서 재난 지원금 등으로 지폐가 시중에 많이 풀린 상태에서 금에 대한 지폐의 가치가 저하하여 상품 가격이 명목적으로 인상되는 것을 의미하는데, 이자율의 인상은 시중의 지폐를 일정하게 은행으로 거두어들이기는 하지만 그 자체로 인플레이션을 저지하는 것은 아니기 때문이다.

　이자율은 자본가가 노동자로부터 착취한 잉여가치 중에서 산업자본가와 은행 자본가가 이윤과 이자로 나누어 먹는 비율을 정하는 것으로서 이자율의 인상 자체는 상품 가격에 영향을 미치지 못한다. 또한 이자율의 결정은 상품 가격의 명목적 인상, 인플레이션에 의해 결정되는 것이 아니며, 화폐에 대한 수요와 공급 중에서 어느 것이 강한가에 따라 이자율이 결정된다. 화폐에 대한 수요가 공급을 넘어서면 이자율이 상승하고 공급이 수요를 넘어서면 이자율이 하락하는 것이다. 따라서 세계 각국의 중앙은행들이 인플레이션을 명분으로 이자율의 인상을 하는 것은 사실상 자본가계급이 상품 가격을 인상시켜 노동자와 민중들을 수탈하고 또 이자율을 인상하여 채무자의 상당부분을 차지하는 노동자와 민중들을 이중으로 수탈하는 것에 지나지 않는다.

　그리고 인플레이션이 실질적으로 저지되는 것은 경제가 실제적으로 침체되어 상품의 공급에 비해 상품에 대한 수요가 저하되었을 때 가능하게 되는 것이다. 즉, 인플레이션의 극복은 이자율의 인상에 의해 이루어지는 것이 아니라 자본주의 경제가 망가져서 공황과 경기 침체를 경과하면서 이루어지는 것이다.

현재 미국에서 이자율이 급격하게 인상된다는 것은 미국에서 화폐에 대한 수요가 격증하고 있다는 것을 의미한다. 미국은 이미 2분기 연속 마이너스 성장을 했는데, 화폐에 대한 수요의 격증은 미국이 공황 국면을 경과하고 있다는 것을 의미하며, 공황 국면 이후에는 장기간의 경기 침체가 이어질 것이다.

영국과 유럽 또한 인플레이션 하에서 경기 침체를 겪고 있으며, 중국은 코로나 방역과 부동산 경기 침체의 상황 하에서 저성장의 탈출에 몸부림치고 있다. 그리하여 코로나 팬데믹이 종식되어 가고 있는 지금, 전 세계는 공황과 경기 침체 국면을 경과하고 있으며, 이는 전 세계 노동자와 민중의 생존권을 위협하고 있어서 각국 노동자의 경제적 투쟁이 고양될 수 있는 조건을 형성하고 있다.

또한 지금의 공황과 경기 침체는 우크라이나 전쟁과 미국과 중국의 헤게모니 투쟁에 대해서도 일정하게 영향을 끼칠 수밖에 없는데, 먼저 성공적으로 경기 침체를 극복하는 측이 헤게모니 투쟁에서 유리한 고지를 차지할 가능성이 높은 것이다.

2. 윤석열 정권의 계급적, 정치적 성격

1) 윤석열 정권을 규정하는 한국의 정치지형

1987 체제라 일컬어지는지는 지금의 한국의 정치체제는 국가보안법을 조건으로 하는 부르주아 민주주의 체제이다. 한국의 정치

체제가 민주화 이후에도 전면적인 (부르주아) 민주주의가 아니라 국가보안법을 조건으로 하는 민주주의인 것은, 1987 체제가 파시즘 세력과 자유주의 세력 간의 정치적 타협의 산물이었기 때문이다. 당시 노동자계급과 민중 세력은 투쟁력으로서는 압도적이었지만 정치적 능력 면에서 취약했었던 것이다. 그리하여 사상의 자유, 정치적 자유를 심대하게 제약하는 파쇼적인 국가보안법이 지금도 온존하고 있는 것이며, 국가보안법의 존재는 극우세력과 극우 이데올로기를 배양하는 토양이 되고 있다.

그러나 자본주의의 발전이 일정하게 이루어지면 자본주의는 그 상부구조로서 자유주의 정치체제를 형성한다. 자본가계급에게 있어서 가장 중요한 것은 사적 소유, 재산권의 보전인데, 이를 위해 자본가계급은 국가와 시민사회의 분리, 시민들의 자유와 권리의 보장을 내용으로 하는 자유주의 정치 질서를 요구하는 것이다. 한국 사회의 정치질서가 파시즘적 질서에서 자유주의적 질서로 이행한 것은 직접적으로는 노동자와 민중들의 민주주의 투쟁에 의한 것이지만, 그 바탕에는 한국 자본주의의 발전이 있었던 것이다.

그러나 한국의 자유주의 정치 질서는 온전하지 못하며, 파쇼적 악법인 국가보안법을 조건으로 하는 것이다. 그리고 1987 체제 형성 당시의 자본가계급뿐만 아니라 지금의 자본가계급 또한 더 이상의 민주주의의 진전에 대해 손을 놓고 있거나 가로막고 있어서 더 이상의 민주주의의 발전은 노동자계급과 민중의 투쟁에 의해서만 가능한 것이 현실이다.

그리하여 현재 한국 사회에서 노동자계급의 계급적 이익을 표현하는 사회주의 사상은 억압을 받고 있고 노동자계급을 정치적으로 대표하는 사회주의 정당의 건설은 아직까지 요원한 것이 현실이다. 따라서 사회주의 사상의 자유와 사회주의 정당의 건설은 노동자계급이 자본주의의 모순의 발전을 조건으로 계급투쟁을 통해 이루어야할 과제라 할 수 있다.

그런데 민주노동당과 그 이후의 진보정당들은 사실상 체제내적인 정당으로서 부르주아 민주주의의 보조물이었으며, 그에 따라 노동자계급의 계급적 단결을 저해하고 노동운동이 무력화의 길을 걸어오게 한 주요한 원인 중의 하나이다. 따라서 앞으로 전개될 사회주의 정당 건설에 있어서, 그 당이 노동운동을 와해시키고 좀먹는 무력한 체제내적인 정당이 되지 않기 위해서, 노동자계급은 한국 자본주의의 모순을 과학적으로 해명하고 한국 사회의 사회주의 사회로의 이행의 경로를 명확히 하는 변혁 전략을 가져야만 한다.

윤석열 정권은 한편으로 자유주의 정치질서의 한 부분으로 존재하지만, 그때의 자유주의 정치 질서는 국가보안법을 조건으로 하는 부르주아 민주주의이다. 그리고 이러한 정치 질서 속에서 한국의 자본가계급은 양대 정치세력을 형성하고 있는데, 하나는 국민의 힘으로 대표되는 반동 부르주아 세력이며, 다른 하나는 민주당으로 대표되는 자유주의 정치세력이다. 한국의 반동 부르주아지는 분단 질서를 공고히 하고 또 정치적으로, 이데올로기적으로 분단질서를 활용하면서 독점자본가계급의 계급적 이익을 전투적으로 대표하는 세력이다. 자유주의 정치세력 또한 1987 체제 형성 이후 집권을 거치며 중소자본가를 대표하는 세력에서 독점자본가를 대표하는 세력으로 변신했으며, 반동 부르주아지가 보수 강경세력으로서 독점자본의 우파를 대표한다면, 자유주의 세력은 온건 보수세력으로서 독점자본의 좌파를 대표한다고 할 수 있다. 국민의 힘 혹은 극우 이데올로그들이 민주당 혹은 자유주의 세력을 좌파라고 비난하는 것은 자본가계급 내부의 질서를 마치 노동자계급을 포함하는 전 사회적 질서인 양 하는 것이다.

그리고 중소자본가는 지금은 대부분 독점자본에 하청계열화 되어 있어서 독자적인 정당을 갖는다기보다는 독점자본을 대변하는 국민의 힘 세력과 민주당 세력에 흡수되어 있다고 할 수 있다. 그리고 자본가계급과 노동자계급 사이에 다양한 소부르주아 세력이 있는데, 이들은 소부르주아 민주주의 세력으로부터 소부르주아 사회주의 세력에 이르기까지 다종다양한 정치적, 이데올로기적 색채를 띠고 있다. 그럼에도 크게 보면, 소부르주아 세력은 자본주의의 발전에 자신의 전망을 거는 상층 소부르주아 세력과, 반대로 자본주의로부터의 이탈을 꿈꾸는 하층 소부르주아 세력으로 나뉜다.

노동자계급은 자신의 계급적 이익을 전면적으로 표현하는 프롤레타리아 사회주의 당파가 존재하는 않는 상황에서 다양한 소부르주아 이데올로기와 정치세력의 영향을 받고 있다. 특히 자본가계급의 지배전략이 강요하는 정규직과 비정규직으로의 분열은 노동자계급의 계급적 단결을 가로막는 최대의 문제이다. 그런데 정규직과 비정규직으로의 분열의 극복은 자본가계급의 지배전략을 넘어서는 노동자계급의 변혁전략의 정립에 의해서만 가능하다. 따라서 개량주의, 조합주의, 경제주의 등의 이데올로기를 극복하고 사회주의 사회로의 이행전략, 변혁전략을 정립하여 노동자계급의 계급적 단결의 폭과 깊이를 확대하고 강화하는 것이 필요하며, 이 과정에서 서서히 프롤레타리아 사회주의 당파의 형성의 길로 나아가야 한다.

2) 윤석열 정권은 파시즘 정권인가? —가능성과 현실성의 문제

윤석열 정권의 정치적 행위는 주요하게 (검찰) 수사를 통한 정치로 나타나고 있다. 이로 인하여 검찰 정부 혹은 검찰 공화국이라는 명칭이 붙여지고 있다. 그런데 검찰 수사는 부르주아 민주주의의 한 축을 형성하는 부르주아 법치주의에 근거하는 것이다. 또한 노동운동에 대한 탄압을 보면, 대우조선 하청노동자의 파업의 경우 강제진압은 피하되 470억 원이라는 손해배상을 청구하여 사실상 노동운동을 질식시키는 방식을 취하고 있다. 파업에 대한 손해배상은 노동운동의 전투력을 약화시키는 것인데, 이는 부르주아 민주주의를 부정하는 것이 아니라 재산권, 사적 소유 원리라는 부르주아 민주주의의 틀 내에서 (시)민법을 활용하는 것이다. 이와 같이 윤석열 정권은 반대파를 압박하고 노동운동을 탄압하면서도 그러한 탄압을 부르주아 민주주의를 활용하는 방식으로 수행하고 있다. 즉, 윤석열 정권은 부르주아 민주주의를 활용하여 부르주아 민주주의를 제한하는 방식을 취하고 있다.

윤석열 정권과 자본가계급이 470억 원 손해배상 소송을 하는 것은 노동권을 매우 제한하고 사실상 무력화시키는 것이다. 그런데 노동권은, 노동3권과 노동법은 부르주아 민주주의를 구성하는 주요 축의 하나이다. 그런 점에서 윤석열 정권은 부르주아 민주주의의 형식을 활용하여 부르주아 민주주의의 실질적 내용을 제한하고 있는 것이다.

여기서 문제가 되고 있는 것은 부르주아 민주주의를 실질적으로 제한하고 있는 윤석열 정권이 파시즘 정권인가 여부이다. 실제로 윤석열 정권은 극우 이데올로그들을 용산 대통령실에 포진시키고 있고 또 김문수와 같은 극우 인사를 기용하여 극우 이데올로기를 강화하고 있어서 파시즘으로의 길을 열어두고 있다고 할 수 있다.

여기서 우리는 지금의 정세에서, 특히 윤석열 정권의 성격과 관련하여 주요 모순이 무엇이고 부차적, 2차적인 모순이 무엇인가라는 분석틀로 접근할 필요가 있다. 윤석열 정권을 배출한 국민의 힘은 반동 부르주아지의 정당이다. 그러나 반동 부르주아지는 곧 파시즘이라고 규정하는 것은 상당한 오류를 범하는 것이다. 미국의 경우 공화당이나, 일본의 경우 자민당 또한 반동 부르주아 정당이라 할 수 있지만 그들은 자유주의 정치 질서 자체, 부르주아 민주주의 자체를 부정하지는 않는다. 물론 이들 미국과 일본의 정당들이 정치 정세의 변화에 따라 파시즘으로 전화할 가능성은 있지만, 우리는 가능성과 현실성을 명확히 구분할 때만 정확한 정세 분석을 할 수 있고 올바른 정치적 입장을 수립할 수 있다.

한국의 경우도 마찬가지로 윤석열 정권과 국민의 힘은 반동 부르주아 정당으로서 파시즘으로 전화할 가능성이 있지만 지금은 부르주아 민주주의 틀 내에서 반동적 경향을 보이는 것으로 파악할 수 있다. 여기서 현재의 정세에 있어서 주요 모순과 부차적 모순을 정리해 보자.

만약 윤석열 정권을 파시즘으로 규정할 경우 민주-반민주 구도가 주요 모순이 된다. 그리고 자본과 노동의 모순은 부차적 모순, 2차적 모순으로서 뒤로 밀리게 된다. 그러나 이것은 지금의 정세, 지금의 현실과 맞지 않는다. 노동자계급과 노동운동이 지금 맞닥뜨리고 있는 최대의 현실은 대우조선 하청 노동자 파업에 대한 470억 손배소와 같이 부르주아 민주주의를 활용하여 부르주아 민주주의의 한 축인 노동권을 무력화하려는 시도이다. 이에 대해 노동자계급은 윤석열 정권을 반민주로 규정하여 투쟁하는 것만으로는 정확한 투쟁을 할 수 없다. 즉, 노동자계급과 노동운동은 노동권을 무력화하는 윤석열 정권에 맞서 부르주아 민주주의를 활용하면서, 그것을 극대치로 밀어붙이고 자본가계급에 맞서는 노동자계급의 계급적 단결을 강화하는 것을 초점으로 투쟁해야 한다. 민주주의 투쟁을 넘어서서 노동자계급이 자본가계급과 맞서는 투쟁을 할 때 노동권 또한 실질적으로 보장되고, 노동자계급의 계급적 단결의 강화, 노동운동의 재생이 가능한 것이다. 이는 지금의 정세에서 주요한 모순은 자본과 노동의 모순이라는 점을 말하는 것이고 민주-반민주 구도는 2차적, 부차적 모순이고 구도라는 것을 말하는 것이다. 그런 점에서 노동자계급은 여전히 부르주아 민주주의를 활용하면서도, 부르주아 민주주의를 넘어서는 노동자계급의 계급적 이익을 방어하고 획득하는 투쟁을 해야 하는 것이다.

이러한 견지에서 윤석열 정권의 성격을 규정할 때 파시즘적 성격은 하나의 가능성으로서 존재하는 것이지만, 윤석열 정권의 현실적 모습과 정치 행위는 부르주아 민주주의의 틀 내에 머물면서 부르주아 민주주의의 실질을 제한하는 방식을 취하고 있다는 것이다. 그런 점에서 윤석열 정권은 파시즘으로 전화할 가능성을 지닌 보수 강경 정권이라 규정할 수 있다. 그리고 만약 윤석열 정권이 파시즘적 성격을 확고히 한다면 그때는 민주-반민주 구도가 2차적 모순이 아니라 주요 모순이 되며 반파쇼 민주주의 투쟁이 노동자계급의 일차적 과제가 될 것이다.

박근혜 정권의 경우 노동자와 민중의 광범한 촛불시위로 인해 탄핵되었는데, 그것은 박근혜 정권이 진보정당인 통합진보당을 해산시키고 민주노총을 침탈하는 등 부르주아 민주주의를 직접적으로 부정하는 파쇼적 정권이었기 때문이다. 박근혜 정권이 이렇게 파쇼적 성격의 정권이었기에 반파쇼 민주주의 투쟁은 정확한 정치 방침이 될 수 있었다. 그렇기에 반파쇼 민주주의 투쟁은 광범한 대중을 동참시킬 수 있었고 박근혜를 퇴진시키게 되었던 것이다. 따라서 윤석열 정권이 부르주아 민주주의를 활용하여 노동권 등 부르주아 민주주의를 제한한다면, 노동자계급은 한편으로 (부르주아) 민주주의 투쟁을 수행하면서도, 실질적으로 부르주아 민주주의를 넘어서는 계급적 단결을 강화하고 계급적 이익을 수호하고 획득하는 투쟁으로 나아가야 하는 것이다. 그리고 이것이 자본과 노동의 모순이 주요모순이고 일차적 모순이라는 지금의 현실에 조응하는 투쟁이다. 즉, 지금은 자본과 노동의 전선이 일차적인 전선이며, 따라서 자본주의 원리 자체, (시)민법을 활용하는 억압 자체에 맞서는 것이 주요한 과제이며, 민주주의 투쟁 전선은 2차적 전선으로서 자본가계급에 맞서는 노동자계급의 투쟁에 복무하는 것이어야 한다.

3. 현 정세의 주요한 정치적 쟁점들

1) 전쟁과 평화의 문제

윤석열 정권 초기 한(조선) 반도의 정세가 악화되면서 전쟁위기의 문제, 전쟁과 평화의 문제가 주요한 정치적 쟁점으로 떠오르고 있다. 여기서 정확히 할 점은 한(조선)반도의 정세가 악화되는 원인이 무엇인가라는 점이다. 윤석열 정권과 미일 제국주의는 이북의 핵무기가 정세 악화의 원인이라고 주장하며 그에 대응하기 위해 한미일 군사동맹을 발전시키고 무력시위를 하고 있다. 그러나 미국도 핵무기를 갖고 있지만 미국의 핵무기 자체가 세계정세를 악화시키는 원인이라는 소리는 들리지 않는다. 이는 핵무기라는 물질적 수단 자체가 정세 악화를 가져오는 것이 아니라 사람의, 정치세력의 정치 행위가 정세 악화를 가져오는 원인임을 말하는 것이다.

핵문제는 문재인 정권 당시에도 존재했지만 당시는 남북 간의 화해와 대화의 국면이 전개되었다. 그런데 윤석열 정권이 들어서자마자 한(조선)반도의 정세는 급격히 악화되고 있고 윤석열 정권은 한미일 군사동맹을 급속히 발전시키며 한미일이 연합한 무력시위를 전개했고 이북은 그에 맞서 나름의 무력시위를 하였다. 그리하여 군사적 대결이 격화하며 한(조선)반도의 정세가 악화하고 있는 것이다. 이러한 상황의 전개는 이북의 핵실험을 정점으로 전쟁 위기로까지 발전할 가능성을 보여주고 있다.

이러한 상황에 대해 한국의 노동자계급과 민중은 제국주의적이고 반동적인 한미일 군사동맹 반대, 전쟁 반대와 평화 쟁취를 요구하면서 반전 평화투쟁을 전개해야 한다. 자본주의의 관료들 중 주요한 부분인 군부는 군사적 대결을 통한 정치를 하는 존재들이다. 그러나 200년 전 클라우제비츠는 전쟁은 정치의 연속이라는 과학적 명제를 세운 바 있다. 이 명제에 따르면 전쟁 위기는 반동적인 정치 행위에 의해 발생하는 것으로 파악할 수 있다. 즉, 군사 문제, 전쟁 위기의 고조의 문제는 군사 기술적인 문제가 본질이 아니라 군사 기술적 문제를 규정하는 계급 간 대립의 문제, 계급적 정치 행위의 문제가 본질적인 것이다.

따라서 윤석열 정권과 미일 제국주의가 이북에 대한 대결을 추구하면서, 한(조선)반도 정세를 악화시키고 전쟁위기를 고조시켜 간다면, 노동자계급과 민중들은 자신들의 정치 행위를 통해 전쟁의 가능성을 억제하는 투쟁을 할 수밖에 없다. 그리고 그러한 정치 행위의 슬로건은 전쟁 반대, 평화 쟁취이며, 만약 윤석열 정권이 평화의 길을 외면하고 전쟁의 가능성을 높이는 길을 추구한다면, 노동자계급과 민중의 투쟁의 슬로건은 윤석열 정권 퇴진으로 발전할 수 있을 것이다.

2) 수사를 통한 정치의 문제

윤석열 정권은 촛불에 대한 반동으로 반동 부르주아지가 탄생시킨 정권이다. 그리고 이러한 과정에서 일등공신은 검찰 조직이었다. 검찰의 항명과 검찰 조직의 정치적 반란이 문재인 정권을 흔들었으며, 반동 부르주아 계급은 검찰 조직을 활용하여 대선에서 승리했던 것이다.

이러한 과정에 따라 검찰 공화국이라는 우려는 현실이 되었으며, 윤석열 정권은 자신들의 주요한 정치적 행위를 검찰 수사를 통해 수행하고 있다. 이미 민주당 대표인 이재명에 대한 기소가 이루어졌으며, 감사원의 감사는 검찰 수사로 이어지고 있다.

그런데 검찰의 수사를 통한 이러한 정치 행위는 부르주아 민주주의의 주요한 한 축인 부르주아 법치주의에 근거하여 이루어지고 있는 것이다. 그리하여 부르주아 민주주의를 활용하는 방식으로 부르주아 민주주의의 주요한 세력인 의회 내 반대파에 대한 압박과 투쟁이 전개되고 있는 것이다. 물론 윤석열 정권의 수사를 통한 정치는 과거 부르주아 정권들에서도 있었던 것이지만, 지금은 수사를 통한 정치가 주요한 정치 행위가 되고 의회적 방식의 정치는 부차적인 것이 되고 있다는 차이가 있다.

검찰을 정치의 전면에 내세우는 지금의 상황은, 노동자계급과 민중이 부르주아 민주주의에 대해 어떠한 정치적 판단을 하고 어떤 정치적 입장을 세워야 하는가를 요청하는 것이다. 부르주아 민주주의가 자유주의 정치와 구별되는 것은, 노동자계급을 중심으로 하는 민중 세력에게 보통선거 투표권을 부여하고 민중들에 의한 선출을 통해 국가권력을 구성한다는 점이다. 자유주의 정치 자체는 민주주의를 의미하는 것이 아니며, 자본가계급의 사적 소유, 재산권의 보전을 위해 국가로부터 시민사회를 분리하고 자본가들에게 사적 소유의 보전을 핵심으로 하는 자유와 권리를 보장하는 것이었다. 그리하여 자유주의 정치체제가 성립한 초기에는 노동자계급에게 선거권이 보장되지 않았으며, 노동자계급에게 선거권을 부여된 것은 차티스트 운동 등 노동자계급의 정치적 투쟁을 통해서 이루어진 것이었다. 그리하여 자유주의 정치체제와 민주주의의 결합이 이루어지기 시작했고 부르주아 민주주의 체제가 형성되었던 것이다.

  그런데 검찰 권력은 선출되지 않은 권력이다. 그리고 지금 선출되지 않은 권력이 정치의 전면에 나서고 있는 것이다. 그에 따라 윤석열 정권은 부르주아 민주주의의 형식을 활용하지만 실질적으로는 부르주아 민주주의를 제한하고 후퇴시키고 있는 것이다. 이러한 상황이 지속된다면, 검찰을 중심으로 하는 상층 관료들의 선출되지 않은 권력이 정치의 전면에 나서는 상황이 지속된다면, 한국의 민주주의는 지속적으로 후퇴할 것이며, 이것이 일정한 임계점에 이르면 윤석열 정권이 파시즘 정권으로 전화하는 질적 전환의 시기가 올 수 있을 것이다. 그리고 그때가 되면 민주-반민주 구도가 주요 모순이 되면서, 노동자계급의 일차적 과제는 반파쇼 민주주의 투쟁이 될 것이다.

3) 노동탄압을 중심으로 한 시민사회에 대한 국가의 공격

윤석열은 기업이 정부이고 정부가 기업이라는 점을 공공연히 표방했다. 그에게 노동자계급과 민중은 진지한 고려의 대상이 되지 않는 존재들이다. 윤석열의 이러한 세계관은 물론 그 자신만의 것이 아니며, 검찰을 중심으로 하는 상층 관료들에게 전형적인 것이다. 이들 상층 관료들의 세계관을 잘 드러내준 것은 몇 년 전에 민중은 개, 돼지라고 발언하여 파면되었다가 다시 복직한 한 교육부 고위 관료의 사례가 있다. 이들 상층 관료들은 자신들의 존재와 출세가 독점자본들과 미 제국주의의 이익에 봉사하는 데서 비롯된다는 것을 잘 인식하면서, 자신들이 시민사회 위에 군림하고 시민사회로부터 멀어지는 국가의 구성원이라는 것을 정확히 인식하고 있다.

그런데 윤석열 정권 등장 이후 국가는 단지 시민사회로부터 멀어지기만 하는 것이 아니라 시민사회를 공격하는 양상을 보이고 있다. 일차적으로는 시민사회의 주요한 구성 부분인 노동운동에 대한 탄압이 이루어지고 있고, 또 시민단체들에 대해 보조금에 대한 감사를 활용하는 탄압이 이루어지고 있다. 물론 이들 시민단체의 상당수는 자본주의 체제의 개량과 발전을 위해 존재하는 것이고, (그람시에 따르면) 자본주의 체제를 유지, 지탱하는 하나의 진지, 보루이지만, 윤석열 정권은 이들 시민단체를 적대시하고 공격하고 있는 것이다.

그런데 이는 윤석열 정권이 파시즘의 징후를 보이는 것이다. 나찌즘에서 전형적으로 나타났던 파시즘은 자유주의 정치체제의 핵심인 국가와 시민사회의 분리를 폐지하는 것이다. 그리하여 국가가 시민사회를 공격하고 종속시키며, 국가와 시민사회의 통합을 시도하는 것이다. 자본주의에서 국가와 시민사회의 분리의 폐지는 대내적으로는 민주주의를 폐지하는 것으로, 대외적으로는 다른 국가에 대한 침략으로 나타났다. 그러나 국가와 시민사회의 분리의 폐지는 자본가계급 스스로 자신의 지반을 허무는 것이었으며, 노동자계급이 주도하는 반파쇼 인민전선, 반파쇼 통일전선에 의해 극복되는 과정을 겪었다.

4) 경제위기의 문제

현재 전개되고 있는 경제위기는 전 세계적인 것이다. 한국의 경우 대외적 의존성이 강하여 미국경제가 공황과 경기 침체로 접어들고, 중국의 경제성장이 부진하자, 직접적인 영향을 받으면서 환율이 폭등하고 주가가 폭락하고 있다. 그리고 이러한 현상적이고 일시적인 문제를 넘어서는 더 중요한 점은 중국경제의 질적인 발전으로 인해 중국에 대해 무역적자를 보이고 있고 경상수지에서 적자를 보이고 있다는 점이다. 이는 기존의 한국 자본주의의 발전전략이 한계를 보이고 있다는 점을 의미하는 것이다.

즉, 한국 경제는 전략적 차원에서 그리고 전술적 차원에서 모두 위기적 징후를 보이고 있는 것이다. 더구나 윤석열 정권은 반도체, 전기차 배터리 등 첨단 기술 산업에서 중국을 배제하는 미국의 블록화 정책에 가담하고 있어서 한국 자본주의의 기반을 스스로 좁히고 있다.

이러한 경제위기 상황에 대해 노동자계급은 경기순환에 따른 실업의 문제 등에 대해 대처하면서도, 더 중요한 점은 자본가계급의 전략이 어떠한 변화를 겪고 있고, 어떻게 변화해 갈지를 주목하면서 이에 대한 대응 전략을 수립해 가야 한다는 점이다. 그리고 그러한 대응 전략은 자본가계급의 전략의 변화에 따른 수동적인 대응으로 한정되어서는 안 되며, 자본가계급의 전략을 넘어서는 변혁 전략의 수립으로, 사회주의 사회로의 이행 전략의 수립으로 나아가야 한다는 점이다.

5) 정세분석에서의 변증법

지금 윤석열 정권에 대한 지지율이 20%대에 머물고 있다는 여론조사가 발표되고 있다. 여론조사를 통한 지지율 발표는 지난 대선에서 위력을 발휘하였고 그 자체가 하나의 정치행위였다. 그런데 노동자계급이 여론조사를 통한 지지율을 정세분석에 있어서 하나의 지표로 채택해야 하는가? 부르주아 정치인들의 발언 하나, 자그마한 실수 하나하나에 의해 요동치는 여론조사에 따른 지지율이 정세분석의 과학적 지표가 될 수 있는가?

사실 여론조사는 그 조사 시기, 질문 항목을 포함하는 조사 방식 등에 의해 크게 좌우되는 것으로서 대단히 정치공학적인 것이다. 즉, 여론조사는 민중의 정치의식을 부르주아적으로 가공하여 포장한 하나의 상품이다. 그런 점에서 여론조사는 부르주아들이 정세를 파악하는 하나의 요소이기는 하지만, 노동자계급의 과학적 정세분석의 지표가 될 수는 없고 단지 하나의 참고사항으로서 기능할 수 있을 뿐이다.

노동자계급의 정세분석에 있어서 과학적 지표가 되는 것은 객관적으로 형성되는 정치적 쟁점이 무엇인가라는 점이다. 전쟁과 평화의 문제, 검찰 수사를 통한 정치, 노동운동에 대한 탄압, 시민단체에 대한 탄압, 경제적 위기 등 각 계급세력, 정치세력의 상호작용 속에서 객관적으로 형성되는 정치적 쟁점이 무엇인가를 파악하는 것이 노동자계급의 정세분석에서의 출발점이다. 이러한 접근은 정세분석에 있어서 유물론적인 접근을 견지하는 것으로서 정세분석을 주관의 소망에 따라 접근하는 비과학적인 태도를 극복하게 하는 것이다.

그리고 그러한 객관적인 정치적 쟁점들이 서로 어떻게 연결되어 있고 어떻게 상호작용하는지를 파악하여 그 중에서 주요한 것과 부차적인 것은 무엇인지, 수많은 정치적 쟁점들 중에서 핵심 고리, 주요 고리는 무엇인가를 파악하는 방식으로 정세분석을 심화시켜 가야 한다. 그리고 각각의 정치적 쟁점에 대해 노동자계급은 어떠한 정치적 태도를 수립해야 하는지, 어떤 정치적 입장을 가져야 하는지를 정해야 한다. 또한 주요한 핵심 고리에 대해 어떤 정치적 입장을 가질 것인지를 정립한다면, 정세분석에 있어서 주요한 과정이 이루어지는 것이다. 그리하여 전체 정세에 대한 총체적 입장이 정립되게 되는데, 그러한 총체적인 정치적 입장의 수립은 곧 정세에 조응하는 전술의 수립을 의미하는 것이다.

그런데 기존의 노동자계급과 민중진영의 정세분석에 있어서 많은 한계와 오류가 있었다. 정세는 계급역관계라는 점에 입각하여 고양기, 퇴조기, 혁명적 정세 등의 판단을 내리면 정세분석이 이루어진 것으로 간주하는 경향이 있었는데, 이는 많은 한계를 내포하는 것이었고 정세분석에 있어서 일정한 도식을 완성하면 정세분석이 이루어진 것으로 간주하는 것이었다. 그러나 정세분석은 일정한 도식을 도출하는 과정이 아니다. 레닌은 정세를 국가를 포함하는 각 계급세력의 상호 관계의 총체라고 파악한 바 있었다. 이는 정세에 대한 인식이 하나의 도식에 머물러서는 안 되며 각 계급세력의 상호연관이라는 변증법적 인식으로 구체화되고 상승되어야 한다는 것이었다. 그리고 지금과 같은 복잡한 정치 정세 하에서는 정세 분석에 전선의 문제를 포함하여 일차적 전선이 자본과 노동의 전선인지, 아니면 민주-반민주 구도가 일차적 전선인지를 분석해야 하고, 일차적 전선과 2차적 전선, 부차적 전선의 상호관계를 정리하는 수준으로까지 나아가야 한다.

NL진영의 경우 정세를 주체 역량에 따라 구분하여 수세기, 공세기, 결정적 공세의 시기 등으로 구분하는 경향이 있다. 그러나 이는 정세가 무엇인지에 대한 기본적인 개념을 그르치는 것이다. 정세는 주체 역량에 의해 규정되는 것이 아니다. 정세는 지배계급만의 의도에 따라 규정되는 것도 아니고, 노동자계급과 민중진영의 의도와 역량에 의해서만 규정되는 것도 아니다. 정세는 각 계급세력의 의도와 무관하게 객관적으로 필연적으로 결정되는 각 계급세력의 상호관계의 총체이다. 그리고 정세는 상호관계의 총체이기 때문에 하나의 도식이 아니라 각 계급세력들의 상호작용 속에서 끊임없이 변화해가는 것이며, 전술은 그러한 변화하는 정세에 조응하는 것을 본질적 성격으로 갖는 것이다.

4. 노동자계급의 투쟁의 방향에 대하여

1) 현 정세에서 주요 모순은 자본과 노동의 모순이다

자본주의 사회에서 기본적 모순은 자본과 노동이 모순이며 이는 다른 방식으로 생산의 사회적 성격과 취득의 사적 성격 간의 모순이 근본 모순이라는 방식으로 표현되기도 한다. 그런데 지금은 자본과 노동이 모순이 근본적, 기본적 모순일 뿐만 아니라 주요 모순이기도 하다. 국가보안법을 조건으로 하지만 부르주아 민주주의가 견지되고 있는 상황에서, 그리고 한국자본주의가 고도로 발전한 지금의 상황에서는 자본과 노동의 모순이 정세에 직접적으로 영향을 미치는 주요 모순으로 작용하는 것이다. 이는 대우조선 하청노동자의 파업에 대한 470억 손해배상 청구에 의해 극적으로 드러나고 있기도 하다.

그리하여 지금 노동자계급은 (시)민법의 원리가 노동자에 대한 탄압의 무기가 되고 있다는 것을 폭로해야 하며, 자본주의의 착취와 억압이 노동자와 민중에 대한 최대의 억압이 되고 있다는 것을 폭로해야 한다. 윤석열 정권과 자본가계급이 자본주의 원리 자체, (시)민법의 원리 자체를 활용하여 노동자와 민중을 억압하는 현실은 한국 사회의 계급적 구도가 자본가계급과 노동자계급의 대립과 적대를 주요한 대립과 모순으로 끌어올리고 있다는 것을 말한다.

여기서 드러나는 것은 자본주의의 핵심 원리인 사적 소유의 원리, 재산권 보전의 원리가 민주주의 원리와 충돌하고 있다는 점이다. 왜냐하면 노동자의 파업의 권리, 노동권은 부르주아 민주주의를 구성하는 주요한 축인데, 이러한 민주주의 원리가 손해배상이라는 (시)민법의 원리, 사적 소유의 원리와 충돌하고 있기 때문이다.

그리고 사적 소유의 원리와 민주주의 원리가 충돌하는 상황이 지속된다면, 노동자의 투쟁은 사적 소유의 원리를 넘어서는 투쟁으로 나아갈 수밖에 없다. 왜냐하면 사적 소유의 원리를 넘어서지 않고서는 노동권 자체가 부정되고 생존이 담보되지 않기 때문이다. 즉, 자본가계급이 지금과 같이 사적 소유의 원리로써 민주주의 원리와 충돌시킨다면, 노동자의 투쟁은 사적 소유의 원리를 넘어서서 자본주의의 틀을 벗어나는 투쟁, 자본주의를 넘어서는 투쟁으로 나아가게 되는 것이다.

이와 같이 현재 한국 사회에서 자본과 노동의 모순은 기본모순일 뿐만 아니라 주요 모순으로 작동하고 있으며, 노동자계급은 자본주의의 틀을 넘어서는 투쟁을 시도할 때만 생존이 담보되고 민주주의의 주체로 설 수 있는 상황에 이르고 있다. 그런 점에서 현재 한국 사회의 정치지형에서 일차적 전선은 자본과 노동의 전선이다. 그리고 윤석열 정권이 민주주의를 제한하는 것에 맞서는 민주주의 투쟁은 2차적 전선을 형성하는 것이며, 노동자계급은 민주주의 투쟁 전선을 자본가계급에 맞서는 노동자계급의 투쟁 전선에 종속시켜야 한다.

2) 정의당의 사민주의 노선에 대하여

진보정당의 한 축인 정의당은 지난 대선에서 참패하며 다시 대표 선거를 치르는 과정에서 사민주의 노선을 공식화하고 있다. 그러나 이는 문제의 원인을 전혀 잘못 짚는 것이다. 정의당이 대선에서 참패한 것은 노동자계급의 계급적 이익을 저버리고 민주당의 이중대, 문재인 정권의 이중대가 되었기 때문이었다. 그리고 이는 자본가계급과 노동자계급의 계급협조 노선에 따른 것이었다. 그런데 지금 정의당은 계급협조 노선 자체를 자기비판하여 극복하는 것이 아니라 아예 사민주의 노선을 표방하여 계급협조 노선을 심화시키고 있다.

유럽에서 사민주의 노선은 2차 대전 이후 세계 사회주의 진영의 영향력이 성장하는 상황을 조건으로, 유럽의 노동자계급의 혁명성을 제어하기 위해 자본가계급의 양보를 바탕으로 계급협조 노선을 시행하는 것이었다. 그러나 쏘련의 해체 전후하여 유럽에서 사민주의 노선은 쇠퇴를 거듭하였고, 자본가계급은 신자유주의 공세 속에서 노동자계급에 대한 양보를 철회하였다. 즉, 유럽에서조차 계급협조 노선은 자본가계급에 의해 철회되고 있고 그 지반은 약화되고 있는 것이 현실인 것이다.

그런데 정의당은, 자본가계급이 양보를 하기는커녕 노동운동과 노동자계급에 대한 탄압에 골몰하는 지금, 한국의 자본가계급에 대해 사민주의라는 명백한 계급협조 노선을 선물하고자 하는 것이다. 이는 노동자계급을 자본가계급에 대한 굴종으로 이끄는 것이며, 노동자들을 임금노예의 사슬에 단단히 결박 지우는 역할을 정의당 자신이 하겠다는 것에 다름 아니다.

계급협조 노선은, 특히 한국의 상황에서는, 자본가계급의 정치적, 경제적 지배를 전제로 하는 것으로서, 따라서 노동자들을 원자화하여 경쟁으로 내몰면서 노동자계급의 계급적 단결을 해체하는 것을 내용으로 하는 것이다. 그렇기 때문에 민주노총에서는 사회적 합의주의와 경사노위 참가를 둘러싸고 격렬한 대립이 있었던 것이며, 그러한 계급협조와 사회적 합의주의를 저지했기에 민주노총이 최소한의 대중적 지반을 유지할 수 있었고 노동운동의 전투력이 유지될 수 있었던 것이다.

그런데 정의당은 자신의 실패의 원인을 자각하고 자기비판 하기는커녕 아예 계급협조 노선을 공식화하고 심화시키겠다는 공언을 하고 있는 것이다. 민주당의 이중대가 아니라 사민주의를 표방하면 노동자계급의 독자성이 확보되는 것인가? 민주당의 2중대는 전술적인 차원이었다면, 사민주의의 표방은 전략적 차원에서 계급협조를 표방하는 것이지 않는가? 이는 노동자계급의 계급적 단결을 뿌리까지 파괴하여 정의당이 살아남겠다는 것 아닌가?

그러나 정의당에게는 불행하게도 한국 사회에서 계급협조 노선의 지반은 매우 약화되고 있다. 자본주의의 세계적 경제 위기 속에서 한국 또한 경제위기 국면으로 들어가고 있어서 자본가계급의 양보의 물적 토대가 약화되고 있다. 또 윤석열 정권은 노동자계급에 대해 양보하기는커녕 노동자의 파업의 권리 자체를 공격하고 있다. 그리고 노동자계급은 한국 자본주의의 발전에 따른 자본과 노동의 모순의 심화를 토대로 새로운 사회주의 사회를 꿈꾸며, 사회주의 사회로의 이행전략의 수립을 자신의 과제로 하고 있고 노동자계급의 계급적 이익을 전면적으로 표현하는 사회주의 당 건설이라는 과제를 앞두고 있다. 그리고 이러한 사회주의 당의 건설은, 계급협조 기구였던 기존의 진보정당의 한계와 오류를 극복하고 노동자계급의 계급적 단결의 폭을 확대하고 깊이를 심화시키며 한국 사회를 변혁하여 사회주의 사회로의 이행을 이끄는 주체로서 노동자계급의 자기 정립의 과정이 될 것이다.

3) 전략적 방어에 집중하면서 지구전의 전략을 세워나가자!

지금 윤석열 정권은 군부를 동원하여 전쟁 위기를 조장하고 있고 또 검찰을 동원하여 수사를 통한 정치, 사정정국을 이끌고 있고 또 극우 이데올로기의 확산에 주력하고 있는 등 국가 기구를 총동원하여 전방위적인 반동적 공세를 하고 있다. 그리고 그러한 반동적 공세의 방식은 부르주아 민주주의를 활용하면서 부르주아 민주주의를 제한하는 것이다. 그리하여 노동자계급은 파업의 권리 등 노동권이 무력화되어 노동자의 생존권이 짓밟힐 위험에 처해 있는 것이다.

이러한 상황에서 윤석열 정권을 파쇼 정권으로 규정하여 반파쇼 민주주의 투쟁을 하는 것으로는 윤석열 정권에 맞설 수 없다. 지금은 그러한 단순한 접근을 넘어서서 복잡한 정세에 대응하는 과학적이고 정교한 전술을 수립하는 길을 가야 한다.

지금 한반도 정세의 악화, 수사를 통한 정치, 노동운동에 대한 탄압, 시민사회에 대한 공격 등 주요한 정치적 쟁점은 윤석열 정권이 정권 초기 압도적 힘을 바탕으로 전방위적 공세를 하고 있다는 것을 가리키고 있다. 따라서 이러한 상황에서 노동자계급의 주요한 전술은 노동자계급의 계급적 이익을 방어하고 주요한 역량을 보존하며 주요한 진지를 방어하는 것에 초점이 맞추어져야 한다. 그런 점에서 지금 노동자계급은 전략적 방어에 집중하면서, 윤석열 정권에 대한 반격을 가할 수 있는 준비를 하면서, 정세의 변화를 조건으로 공세로 넘어갈 수 있는 시기를 따져야 한다.

그리고 지금 정세의 복잡성, 그리고 윤석열 정권이 국가 기구를 총동원하여 공세를 하고 있는 점을 고려할 때, 윤석열 정권에 맞서는 싸움은 단기간에 끝날 수 있는 성질의 것이 아니며, 장기적인 지구전적인 싸움이 될 수밖에 없다. 모택동은 1930년대 일본의 전면적인 침략이 시작된 후 일본에 맞서는 중국인민의 항전을 이끌면서, 이 전쟁은 지구전적인 전쟁이 될 것이라고 판단하면서 그에 맞는 전략을 세워서 싸워나갔으며, 이러한 지구전 전략은 중국의 객관적 조건, 주체적 조건과 맞아 떨어지면서 중국의 일본에 대한 승리를 이끄는 견인차가 되었다.

물론 지금 21세기 한국의 상황이 20세기 초의 중국과 같지는 않지만, 세계정세의 급격한 변화, 한국을 포함하는 세계적 차원의 경제위기의 확산, 한미일 군사동맹의 발전, 검찰과 군대라는 국가기구의 동원, 자본가계급의 압도적인 힘의 우위, 그리고 노동자계급과 민중의 힘의 열세, 그럼에도 존재하는 한국 사회의 높은 민주주의 역량, 자본주의를 넘어서고자 하는 노동자계급의 지향의 발전 등등의 제반의 주객관적인 요소는 지금의 싸움이 단기간의 싸움이 아니라 장기간에 걸친 지구전적인 싸움이 될 것이라는 점을 가리키고 있다.

그리고 지구전은 전략적 방어를 하면서 역량을 보존하고 방어하는 단계와 아 측의 역량이 강화되고 적의 힘이 약화되면서 상호 간에 대치하는 단계, 그리고 객관 상황의 변화와 주체역량의 변화에 따라 전략적 공세를 펴는 시기로 나뉠 수 있다. 그리고 자본주의가 고도로 발전한 한국의 상황에서 자본가계급과 윤석열 정권은 많은 진지와 참호를 갖고 있어서 운동전적인 공세만 하는 것이 아니라 진지전적으로 노동자계급과 민중 세력에 대해 압박하고 공세를 펴기도 할 것이다. 그런 점에서 장기적인 지구전에 있어서는 다양한 싸움의 형태가 교차할 것이며, 노동자계급은 진지전과 운동전 모두에서 윤석열 정권과 자본가계급에 맞설 수 있는 준비를 해가야 한다.

그리고 이러한 전술의 수립과 운용에서 노동자계급은 투쟁의 성과가 자유주의 세력에게 귀속되는 것을 저지하고 노동자계급의 주체적 발전으로 귀결될 수 있도록 각별한 주의를 기울여야 한다. 박근혜 당시의 촛불시위처럼 재주는 곰이 넘고 돈은 누가 버는 식으로 투쟁의 성과를 허망하게 유실해서는 안 된다. 노동조합 투쟁의 차원에서, 노동자계급의 정치적 활동의 측면에서, 당 건설을 포함하는 조직적 전망의 측면에서 그 성과들이 노동자계급에게 귀속될 수 있도록 하나하나의 투쟁에서 노동자계급의 독자성을 새겨가야 한다. 노사과연

윤석열 정권에 맞선 투쟁에서 민주당에 대해 취해야 할 노동자계급의 태도

박문석 | 연구위원

머리말

윤석열 정권이 출범한 지 6개월이 되었다. 예상대로 독점자본의 정치적 분견대로서 노동자계급과 민중들에 대한 적대적 행보가 노골적이다. 5년 만에 재개되는 이북을 겨냥한 한미일 합동군사훈련의 전면적 재개는 한미동맹에서 한미일 군사동맹의 강화로 나아가고 있다는 것을 보여주며, 이러한 도발은 이북의 연이은 미사일 발사 대응으로 한반도에서 군사적 긴장을 극대화시키고 있다.[1]

정권에 대한 지지율 하락과 연계하여 자유주의 정치세력들은 반윤석열 정치시위[2]를 개시하였고, 민주노조운동 내에서도 반윤석열 전선으로 힘을 모으자는 목소리가 커지고 있다. 여기에 더해 민주

---

[1] 지난 9월 26일부터 29일까지 동해상에서 전개된 한미연합훈련에 이어, 30일부터는 일본 해상자위대까지 참여하는 한미일 대잠수함 훈련이 이어 졌다. 3국이 참여하는 대잠수함전 훈련은 2017년에 이어 5년 만에 개최되는 것이었다. 북은 한미일의 군사작전에 대응하여 9월 25일부터 보름간 7번의 탄도미사일을 발사하였다.

[2] 10월 8일, 서울 청계광장 앞 세종대로에서 '촛불행동'주최로 열린 '김건희 특검·윤석열 퇴진 9차 촛불대행진'이 열렸고 3만 여명이 참여했다. 이들은 10월 15일에도 촛불집회를 할 계획이며, 22일에는 첫 전국집회를 개최할 예정이다. (민중의 소리. 10.08 기사)

노총의 현장간부들 중에서 더불어민주당 활용론이 언급되고 있는 실정이기도 하다. 노동탄압에 대응하여 윤석열 정권과의 투쟁은 힘차게 조직되어야 하겠으나, 자칫 노동자 민중투쟁의 정치적 성과가 박근혜 탄핵에서처럼 또다시 독점부르주아 정치세력의 한 부분인 더불어민주당으로 넘어가는 상황이 재연될 가능성이 있어 우려스럽다. 그만큼 민주노조운동의 내부에 독점부르주아 정치세력이 조장한 계급협조주의의 영향력이 크다는 것이고, 이것은 지난 민주노총 임원선거에서도 드러난 바가 있다.[3]

아쉽게도 노동자계급 투쟁의 정치적 성과를 수렴할 노동자계급의 정치부대가 없다. 노동자계급의 정치세력화에 대한 전망은 갈피를 못 잡고 우왕좌왕하며 진보정당의 그늘 속에서 헤매고 있는 실정이다. 피해갈 수 없는, 보다 치열하게 조직하고 맞서 싸워야 할 윤석열 정권과의 투쟁에서 노동자계급은 사상적·정치적·조직적 독자성을 확보하고 견지해 나가야 할 것이다. 이 글은 윤석열 정권에 대한 투쟁이 자칫 더불어민주당에 대한 정치적 기대와 지지로 경도될 가능성을 염두에 두며 작성한 글이다. 똑같은 역사가 계속해서 반복되는 일이 더 이상 용납되어서는 안 될 것이기 때문이다.

1. 윤석열 정권의 등장 배경

자본주의적 생산의 거대한 팽창과 제한된 시장으로 인해 경쟁이 격화되고 있고, 2008년 도래한 세계적인 규모의 공황은 15년

---

3) 2020년 진행된 민주노총 10기 임원선거에서 사회적 합의주의 세력들의 전면적 등장이 있었다.

이 지난 지금의 시점까지도 세계경제가 침체상황을 벗어나지 못하게 하고 있다. 이러한 사정은 시장 확보를 위한 우크라이나에서의 제국주의 전쟁으로, 미제를 중심으로 한 서방 제국주의 군사동맹인 NATO의 확대로 나타나고 있고, 동아시아 지역에서도 군사적 충돌의 가능성이 높아가고 있다. 한미동맹 강화와 한미일 군사동맹으로의 발전이 강조되는 것도, 윤석열 정권이 등장하여 국방부에 업무공간을 마련한 그 상징적인 행위에서도, 위기에 직면한 지배계급의 두려움이 묻어나고 있다. 바야흐로 자본주의 국가에서의 극우세력의 지배가 더욱 노골적으로 나타날 수밖에 없는 시기이다.[4] 오늘날과 같이 전쟁밖에는 출구가 보이지 않는 제국주의시대의 통치방식은 파시즘을 향하고 있다.

세계적인 수준의 자본주의 체제의 위기로 인해 불안정한 처지로 몰리는 국내 독점자본들은, 노동자 민중을 향한 선제적 조치로서, 탄압을 통한 저항의 무력화와 더불어 노동개악과 재벌특혜 및 각종 규제 완화 등을 밀어붙이고, 한미동맹의 강화를 통해 체제 안정을 공고히 하고, 미 제국주의가 바라는 한미일 군사동맹으로의 발전을 향해서 나아가고 있다. 이들 지배계급은 자신들에게 닥친 위기를 노동자 민중에게 전가하고, 생존권과 정치적 요구를 내세우고 투쟁에 나설 피억압 인민들을 다스릴 보다 강력한 권력을 행사하고자 하는 것이다. 권력의 행사는 보다 파쇼화 될 것이고, 지배계급과 피지배계급 간 충돌은 보다 거세어질 수밖에 없는 상황이다. 미제와 국내독점자본은 보다 강압적인 통치를 통해 안정적인 권력과 지배체제를 유지하고자 윤석열 정권을 만들어 냈고, 윤석열은 자신에게 주어진 역할을 거침없이 수행해 가고 있다. 노

---

[4] 우크라이나 젤렌스키 신나치 정권. 무솔리니를 추종하는 이탈리아 멜로니 정권. 대처를 표방하는 영국의 트러스 총리 등, 극우세력들의 집권이 확대되고 있다.

동자 민중에 대한 경제적·정치적 공격과 탄압, 저항투쟁의 무력화를 위한 강압적 지배는 파시즘으로의 길을 열어가고 있다. 그리고 윤석열 정권을 통한 강압적 지배는 일부 진보세력의 전망과는 달리 임기를 거뜬히 채우고도 남을 것이다. 온갖 공작을 동원한 선거를 통해 안정적으로 권력을 재창출한 한 이상, 여론 따위는 신경 쓸 필요가 없기 때문이다.

더불어민주당의 문재인 정권의 등장도 미제와 국내 지배계급의 필요에서였다. 앞서 박근혜 정권을 세운 것도 그들이었지만, 부정선거가 들통이 나고 노동자 민중들의 생존권 투쟁이 치열하게 상승하던 시점에서 세월호 학살에 대한 분노까지 겹치면서, 민중봉기를 통한 정권교체의 위협을 느낀 지배계급은 스스로의 주도적인 정권교체 프로젝트를 가동하여 안정적인 권력 재창출을 이루어 낸 것이다. 민주당의 문재인 정권을 통한 지배계급의 위기탈출은 다시 한 번 완벽하게 성공하였다. 지배계급의 철저한 통제 속에서 박근혜 탄핵 시위는 전개되었고, 혹시라도 통제가 무너질 때를 대비해 세워두었던 계엄령의 선포[5]까지는 하지 않아도 되었던 것이다. 더불어민주당의 문재인 정권의 탄생은 노동자 민중들의 투쟁의 결과이기도 하겠으나, 사실은 지배계급의 철저한 계산과 공작의 산물이었던 것이다. 노동자 민중들은 투쟁의 정치적 성과를 온전하게 담아 낼 정치부대도 없었고, 그것 역시도 지배계급의 오랜 세월 지속된 정치적 탄압의 결과였던 것이다.

한마디로 문재인 정권의 등장은 미제와 국내 독점자본이 노동자 민중투쟁에 따라 한 양보 조치였다. 따라서 지배계급 역시도

---

5) 박근혜 탄핵정국이 한창이던 2017년 3월 당시 국군기무사령부가 작성한 '계엄 검토 문건'이 뒤늦게 폭로되었고, 당시 기무사령관이었던 조현천은 군사반란 예비음모 혐의로 검찰에 고발당하면서 2017년 12월경 미국으로 도피했고, 수사는 흐지부지되었다.

문재인 정권은 자신들의 입맛을 충족시킬 수 없는 한계로 인식되었을 터이고, 문재인 정권이 시작되는 시점에서부터 이들 지배세력은 권력을 자신들의 입맛에 딱 들어맞는 수구 보수세력으로 되돌리려는 노력들을 임기 내내 진행했던 것이다. 문재인 정권 시작과 끝에서의 사회적 분위기가 완전히 딴판으로 전도되었다는 것은 그러한 사정을 반영한다. 따라서 윤석열 정권의 등장은 박근혜 탄핵에서부터 작동된 지배계급의 정치공작의 완성판이라고 볼 수 있다.

그렇다면 민주당 문재인 정권에서 한 일을 들여다보자.

민주당 정권이 지배계급의 입맛을 충족시키지 못했다고 노동자 민중의 '기대'를 만족시킨 것은 아니라는 것! 노동자 민중의 정치적 열망을 가로챈 민주당 정권은 '포퓰리즘'에 의존해 노동자 민중을 기만해 왔다. 기억에 남는 몇 가지만을 꼽더라도, '공공기관 비정규직의 정규직 전환', '최저임금 1만 원', '남북관계 개선' 등등 노동자 민중들을 현혹시킨 화려한 내용들로 가득했다. 그러나 그러한 포퓰리즘 정책의 결과는 분노를 자아냈을 뿐이다. 정규직 전환 정책은 또 다른 비정규직인 자회사로 대체되었고, 최저임금은 산입범위를 확대하여 더욱 개악되었다. 판문점을 넘나들었던 남북관계도 미제의 말 한마디에 꼬랑지를 내려버렸다. 뒤늦게 민주당 정권의 기만적인 행위에 인민들은 분노했지만, 어쩌랴! 그것이 신식민지 (독점)부르주아 독재 권력의 민낯인 것을.

국가보안법은 1948년 12월 제정되었고, 일제의 치안유지법에서부터 기산을 해본다면 지금까지 100여 년간 존속하며 민주·통일·노동운동가들을 감옥으로 보내고 처형해 왔다. 한국전쟁을 거치면서 국가보안법으로 학살된 사람은 그 수가 100만 명 이상으로 보고되고 있다. 48년 제정 당시부터 논란이었던 국가보안법이 아직까지도 존재하고 있는 것이다. 2021년 5월 국가보안법 폐지 국민동의 청원이 열흘 만에 10만 명을 넘겨 국회에 제출되었건만, 그 결과는 21대 국회 마지막 날인 2024년 5월 29일까지 심사를 유보하는 것으로 결정되었다. 그리고 이것은 정권과 국회의석의 과반까지도 손아귀에 움켜쥔 민주당 정권에서 벌어진 일이다. 사실 국가보안법은 민주당에게도 또한 활용의 대상이었고, 민주당은 자신들 또한 지배계급의 일원이었음을 국가보안법의 존재를 보장해오면서 드러내 왔던 것이다. 이것만 보더라도, 노동자 민중이 민주당 정치세력에 대한 '기대'가 있었다면, 그것이 얼마나 무망한 것이었는지를 깨닫게 하는 것이리라. 그러나 아직까지도 민주당 세력에 대한 정치적 기대를 걸고 있는 민주노총의 전·현직 간부들과 민중운동 활동가들이 있으니 답답할 뿐이다.

앞서 살펴보았듯이 이 땅을 지배하는 세력은 국내 독점자본, 그리고 이와 결탁한 미 제국주의이다. 한국은 미제가 꼭두각시로 내세운 정치적 대리인(대통령)을 통하여 식민 지배를 하는 미제의 신식민지 지배국이다. 미제의 힘을 등에 업고 자국의 노동자 민중을 착취하고 수탈하는 독점자본이 있기에 이러한 지배형태는 존속이 가능하다. 일제의 직접적인 식민통치와 미제의 간접적인 신식민지 지배의 오랜 역사로 인해 한국은 세계적으로 손꼽히는 비정상의 사회가 되어버렸다. OECD 회원국 중에서 노동자들의 연간 노동시간은 최장시간에 속하고 임금은 최하위 수준이다.[6] 산재사망률도 제일 높고, 출산율[7]은 0.75명으로 경악할 지경이다. 자

---

[6] 2021년 기준 한국의 근로시간은 1,928시간으로 OECD에 보고된 비교 대상 국가들 가운데 가장 길다. 독일과 네덜란드나 덴마크의 근로시간은 1,400시간 미만이고, 한국 다음으로 긴 미국의 근로시간도 1,802시간에 그친다. <국가지표체계 홈페이지 자료 참고>

[7] 2022년 2/4분기 합계출산율은 0.75명이고, 전년 동기 대비 0.07명 감

살률은 1위이고 평균치보다 2.2배나 높다.8) 노인빈곤율과 노인의 자살률도 최고이다. 정치적 저항을 봉쇄하고자 국가보안법은 아직도 건재하다.

미제와 국내 독점자본은 보다 센 놈을 필요로 한다. 생산력의 눈부신 발전에 따른 자본주의적 생산의 모순은 극단에 달했고, 노동자 민중의 생존권은 벼랑 끝에 내몰려 있으며, 체제는 위기에 직면해 있다. 이러한 시점에서 지배세력은 보다 센 국가권력을 담보하여 자신들의 지배를 유지하고자 한다. 국가권력의 본질은 폭력이다. 노동자 민중들의 생존권 투쟁이 격화될 수밖에 없는 상황에서 이것을 억누르고 분쇄할 국가의 폭력이 필요한 것이고, 그것을 제대로 만족시킬 정권을 세워내는 것이 중요했던 것이다. 그들의 선택은 보다 센 놈을 세우는 것이었다.9) 자본에게는 보다 전면적인 규제완화와 전폭적인 지원을, 노동자계급에게는 노동개악과 구조조정 그리고 저임금의 고착화를, 도발적인 대북정책으로 군사적 긴장을, 미 제국주의에게는 군사비 증강과 무기수입을, 그리고 한미일 군사동맹의 방향으로 …

미제와 국내 독점자본은 윤석열을 선택했고, 선거라는 장치를 통하여 윤석열 정권을 세웠다. 선거가 인민들의 의지를 그대로 반영했고, 정상적으로 치러졌다는 환상은 깨야 한다. 역사 속에서 부정선거는 언제나 있어 왔다. '암살·여론공작·테러·매수·개표조작 …' 부르주아 선거의 잔치판 뒤편에서는 언제나 이 같은 일들이 있어 왔다. 설령 이러한 공작이 전혀 없었다손 치더라도 날 때부터 반공의식으로 세뇌시키고 정치의식을 왜곡시켜온 지배계급의

소하였다.
8) 2020년 한국의 자살자 수는 13,195명이다.
9) 그렇다고 민주당 정권이 약했음을 말하는 것은 아니다. 그들은 보다 '세련되게' 노동자 민중에게 폭력을 행사했을 뿐이다.

마수는 한 치 어긋남이 없이 작동한다. 윤석열 정권은 앞선 정권들과 마찬가지로 이들 지배계급의 계획 속에서 출발하였다. 인민들은 "자신들의 지배자를 누구로 할 것인가를 선택"했을 뿐이고, 선택과는 다르게 결과물이 나왔을 수도 있다. 그리고 지금 이것을 되돌릴 수는 없다.

    48.56%의 득표율로 이재명 후보와는 0.73%의 차이로 당선(?)된 윤석열 정권은 집권 6개월이 지난 시점에서 여론 지지율이 29%로 나타나고 있다.[10] 언론에 발표되는 여론조사라는 것이 객관 사실을 반영하지 못한다는 것은 많이 알려진 사실이다. 특히나 선거철이 되면 여론조사는 여론공작을 노골적으로 반영한다. 선거 시기와 6개월이 지난 평상시의 윤석열에 대한 지지율 차이는 일정 정도 이러한 것을 반영하고 있다고 할 수 있다. 물론 구체적인 정치활동의 결과가 여론조사에 수렴된 결과이기도 할 것이다.

    윤석열 정권은 자신들이 어떤 일을 해야 하는지를 잘 안다. 한 치 어긋남 없이[11] 맡은 바 임무를 수행 중에 있다. 검찰총장까지 하였으니 권력이 무엇인지를 잘 아는 사람이고, 그러한 권력을 마음껏 누려왔던 경험도 있다. 제대로 된 권력을 부여 받았으니 이제 피지배계급을 향하여 마음껏 휘둘러야 한다는 것, 그것이 맡은 바 소명이라는 것을 잘 안다. 지배계급에게 닥친 위기를 철저히 막아내고, 지배계급의 이익을 위해 봉사하는 길, 그리고 그 길을 거침없이 가고 있다.

---

10) 한국갤럽 2022년 10월1주차 집계 결과
11) 취학연령을 5세 미만으로 낮추고자 했다가 철회했던 것처럼, 간혹 헛발질도 있다. 여가부 폐지는 관철할 지 궁금하다.

2. 더불어민주당은 어떤 정치세력인가?

더불어민주당은 독점부르주아 정치세력의 일부이다. 그 오른편에는 국민의 힘이라는 독점부르주아 정치세력의 절반이 있다. 이 둘은 한 몸일 따름이다. 이들 정치인들의 이합집산의 정치 이력을 살펴본다면 더욱 뚜렷해진다.

민주당 정치세력은 부르주아 민주주의의 신봉자들이다. 의회주의이자 반공주의자들일 뿐이다. 미제에 충성하는 괴뢰 정치세력의 일부일 뿐이다. 노동자 민중의 투쟁 성과를 매번 정치적으로 가로채 가는 지배계급의 일원일 뿐이다. 노동자계급의 정치적 성장을 가로막고, 부르주아 계급의 안정적인 권력창출과 지배에 철저히 복무하는 반동적 정치세력일 뿐이다. 친일에서 친미로 제국주의에 봉사하는 정치적 하수인들일 뿐이다. 노동자계급에게 계급협조주의를 설파하고 노동운동 상층부를 지속적으로 회유·매수하는, 계급의 적일 뿐이다. 자유주의 정치세력으로서 이들은 1987년 6월 민주항쟁 이후 지배권력에 편입되어 적극적으로 신자유주의 정책을 펼쳐왔던 독점자본의 왼팔일 뿐이다.

보다 구체적으로 확인 들어가 보자.

더불어민주당의 뿌리는 한국민주당이다. 건국 이후 한민당의 주요 인물들이 소수의 독립운동가들을 제외하고는 대부분 일제 말기 친일경력의 소유자들이었다. 한민당은 이승만의 자유당과 크게 다를 바 없는 반공주의와 보수주의 정당을 표방하였다. 여야 정치인들의 철새 행각은 그러한 이념과 정치노선의 공통점에서 기인한다.

이인제 전 의원은 철새 정치인을 대표하는 인물이다. 그가 가졌던 당적은 13개이며, 정치입문 24년 동안 13번 자리를 옮겼고, 6

선에도 성공했다. 2년에 한번 꼴로 자리를 옮긴 셈이다. YS에 발탁된 그는 DJ에게 갔다가 JP를 거쳐 이후 다시 새누리당 최고위원이 되는 등 두루두루 가리지 않고 당적을 변경했다. 국민의 힘에 입당한 민주당의 전 대표인 김한길 의원은 더불어민주당 당무위원 겸 상임고문, 새정치민주연합 공동대표, 민주당 당무위원 겸 대표최고위원, 중도통합민주당 공동대표 겸 당무위원, 동도개혁통합신당 당무위원 겸 대표최고위원, 열린우리당 원내대표, 새정치국민회의 중앙행정위원, 통일국민당 당무위원, 통일국민당 당무위원 겸 부대변인을 지냈다. 민주당을 탈당한 오제세 4선 의원도 국민의 힘에 입당하여 윤석열을 지지하고 나섰다. 이용호 의원도 조경태, 박주선, 김영환 의원도 더불어민주당에서 국민의 힘 쪽으로 날아간 정치인들이다.[12]

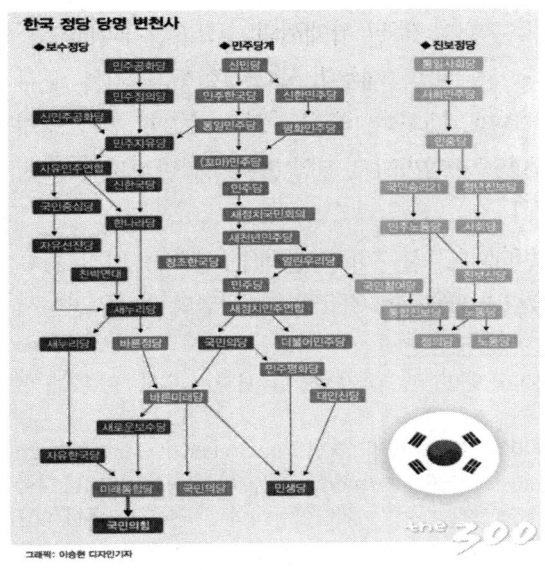

---

12) 김용택의 참교육 이야기 <https://chamstory.tistory.com/4179>

(위 표에서는 '진보당'이 누락되어 있다.)

민주당 정치세력이 펼쳐 왔던 정책을 보자. 먼저 국가보안법에 대한 태도이다. 김대중 정부 출범 첫 1년 간 국가보안법 구속자 수(269명)는 전두환, 노태우 집권 초보다 더 많았다. 당시 법무장관 박상천은 "경제 위기 때문에 국가보안법이 필요하다"며 IMF 경제위기와 구조조정에 맞선 저항을 억압하기 위해 국가보안법을 이용하겠다는 의도를 노골적으로 드러냈다. 노무현 정권에서 국가보안법으로 264건이 기소되었으며, 구속자는 138명이다. 이것은 이명박 정권에서보다도 높은 수치이다. 국가보안법 폐지와 관련해서는 변죽만 울리다가 덮었다. 문재인 정권에서도 자주시보 김병길 대표, 수원시민신문 강호석 기자, 평양시민 김련희씨, 재미교포 최재영 목사, 대북사업가 김호씨 등 국가보안법을 동원한 탄압은 이어진다.13) 다수당인 문재인 정권 하에서의 국회(법사위)에서는 열흘 만에 10만 명 동의를 받아 제출한 국가보안법 폐지를 요구하는 국회 국민동의 청원에 대하여, 심사 기간을 21대 국회 임기 마지막 날인 2024년 5월 29일까지로 연장하는 데 만장일치 결정을 하였다.

농축산어업인들의 반대에도 불구하고 문재인 정부는 임기 종료를 앞둔 시점에서 2022년 4월 중 CPTPP 국제협약14)가입신청서

---

13) 박문석, ≪노동사회과학≫ 11호, "국가보안법 폐지는 미룰 수 없는 당면투쟁 과제이다" 참조.
14) 포괄적·점진적 환태평양 경제동반자 협정(Comprehensive and Progressive Agreement for trans-Pacific Partnership)은 아시아·태평양 11개국이 2018년 3월 칠레에서 결성한 다자간 무역협상이다. 기존 TPP에서 2017년 1월 미국이 탈퇴한 뒤 호주, 캐나다, 일본 등 남은 회원국이 CPTPP를 결성했다. CPTPP의 가입은 개방을 대폭적으로 확대하는 것으로서 한국의 농축수산업의 몰락을 전면화 할 것이라는 우려가 높다.

제출을 서둘러 선언하였다. 농수축산업계 생산자들의 반대가 거세게 나타나고, 윤석열 정부가 출범하면서 일단 가입이 유보되고 수면 아래로 가라앉은 모양새가 되었다.

김대중, 노무현, 문재인 정권에 걸친 이들 자유주의 정치세력이 노동운동에 미친 영향은 지대하다. 이들 정권이 들어설 때마다 노동운동 진영은 홍역을 겪는다. 김대중 정권에서의 노사정위원회,15) 노무현 정권에서의 노사정대표자회의16), 문재인 정권에서의 경제사회노동위원회17)로 표현되는 계급협조주의의 공세가 그러하다.18) 이러한 정권의 공세에 민주노총을 중심으로 하는 노동운동 진영은 치열한 내부투쟁으로 분열의 골이 깊어진다. 물론 계급운동 내에서의 이러한 혼란은 노동자계급의 정치·사상적 독자성이 무너진 탓이다. 노동자계급의 독자적인 정치조직이 존재하지 않았기에 발생된 것이다. 부르주아 이데올로기의 물량 공세에 계급의식마저 혼미한 탓에 발생되는 일이다. 무엇보다도 이러한 혼란과

---

15) 1998년 김대중 정권은 배석범 민주노총 직무대행과 제1기 '노사정위원회'를 운영하여 '정리해고제'와 '파견법'을 통과시켰다.
16) 2006년 노무현 정권에서 민주노총 조준호 집행부가 노사정대표자회의에 참여하여 1년 단위 기간제 제도를 2년으로 확대하고 근로자 파견제를 확대하는 등 비정규 관련 법 개악에 협조하였다.
17) 2018년 문재인 정권과 김명환 민주노총 집행부는, 산업범위를 확대하는 최저임금법 개악과 파견법 확대 등 노동관련법 개악을 위한 경제사회노동위원회를 운영하다가 민주노총 대의원대회에서 부결되었고, 2020년 코로나19 원 포인트 노사정대표자회의에 참여했다가 민주노총에서 부결 이후 김명환 집행부 동반 사퇴로 마무리가 되었다. 이후 윤석열 정권 들어서 9월 29일 김문수 전 경기도지사를 경사노위 위원장으로 임명하여 노동계의 비난을 샀다.
18) 민주당과 문재인 정권하에서의 반노동자 정책과 관련해서는 김태균의 글 ≪노동사회과학≫ 제14호, "사회적 합의주의 공세에 맞선 노동자계급의 투쟁"/ ≪노동사회과학≫ 제16호, "문재인 정권의 노동정책 평가 및 향후 방향"을 참고할 필요가 있다.

갈등은 노동운동 지도부 내에서 더욱 심각하다. 민주노조 운동으로 대변되는 노동자계급 운동의 한계가 드러나는 지점이다. 계급투쟁이 정치적 조직적으로 발전하지 못한 한계는 국가보안법과 반공주의의 영향 때문이다. 제도권 교육의 한계 때문이기도 하고, 이것 또한 국가보안법 등을 동원한 국가의 파쇼적 통치가 73년, 길게는 100여 년에 걸쳐서 지속되고 있기 때문이다. 그러나 노동자계급 해방을 위해 투쟁한다는 민주노총의 지도부에서 전·현직 중집위원들을 포함한 상당한 간부들이 정권과 자본이 던지는 계급협조주의의 그물 속에 스스로 기어들어가고자 하는 것에 대해 변명의 여지는 없어 보인다. 계급조직 대오 속의 간부들의 계급의식의 일천함이 부끄러울 뿐이다.

지난 민주노총 임원선거에서도 드러났듯이 상당한 계급협조 세력들이 민주노총 선거에 조직적으로 나설 정도로 계급협조주의는 그 심각성이 크다. 이번 대선에서도 이재명을 지지하는 입장에 섰던 사람들이 많았다. 이들은 민주당을 정치적으로 활용해야 하고 전술적으로 연대해야 한다면서 대중들을 호도한다. 이러한 현상은 이들이 생산수단에 대한 사적 소유를 통한 착취관계를 기반으로 하는 노·자간 계급모순은 적대적 모순임을 모르는 까닭이다. 적대적인 모순은 투쟁을 통해서 극복해야 함을 중국혁명의 지도자 마오는 주장하였다. 그리고 그것은 절대적으로 옳다. 노동자계급과 자본가계급은 적대적인 이해관계에 있다. 두 계급이 존재하는 한 계급 간 투쟁은 멈출 수가 없다. 노동자계급의 혁명을 통한 계급관계 분쇄만이, 생산수단에 대한 사적 소유의 철폐만이 유일한 길임을 노동자계급의 스승인 맑스와 엥엘스, 그리고 레닌을 비롯한 혁명가들은 밝혔고 입증하였다. 생산의 사회적 성격과 취득의 사적 성격이라는 모순은 자본주의 사회에서 노동자계급과 자본가계급 간의 대립으로 나타나며, 오늘날 이 모순은 기본모순이자 주요 모순으로 통일되어 있다. 즉, 지금은 자본과 노동의 모순이 주요 모순이며, 이 모순은 또한 결코 화해가 불가능한 적대적 모순이며, 혁명적 방식을 통해 극복되어야 할 대상이다.

계급의식의 부재와 역사인식의 부재, 노동자계급의 과학적인 해방사상의 부재는 이렇게 계급투쟁 대오에 심각한 혼란과 갈등을 유발한다. 국가보안법 철폐 투쟁과 더불어 노동자계급의 사상과 이론으로 무장할 수 있는 구체적인 프로그램들이 지금 당장 절실하게 요청되고 있는 상황이다. 더 이상은 적대계급인 자본가계급의 정치부대에 정치적 노예로 스스로를 족쇄 채울 수는 없는 노릇이다.

한국의 정치지형은 양당 정치 지배구조이다.[19] 미국 역시 동일하다.[20] 한국은 미국과 너무 닮아있다. 양당 정치 지배구조는 지

---

[19] 한국의 양당제는 6월 항쟁 이후부터 작동된다. 그 이전에는 일당독재의 시대였다. 6월 민주항쟁의 결과로 자유주의자들의 정치적 영향력이 확대되면서 권력 나눠먹기가 시작된 것이다. 자유주의자들은 독점자본의 지배권력에 편입되어 적극적으로 신자유주의 정책을 펼침으로써 미제와 독점자본에 봉사하고 있다.
[20] "미국 공산당은 … 향후 17개월 동안 노동자계급과 그 동맹자들에게 있어서 가장 긴급한 과제는 광범한 인민연합을 동원하여 2004년 선거에서 조지 부시와 극우 공화당을 패배시키는 것이라고 결론 지었다"는 식의 지난 6월 29일의 미국 공산당 전국위원회의 정세인식과 대응은 비판받아야 한다고 생각합니다. 그러한 정세인식과 대응은 분명 본질을 외면한 피상적이고 편의주의적인 것으로서, 자칫 문제를 체제 차원에서 부르주아 정권 차원의 문제로 오인하게 하고, 그리하여 노동자 대중을 자신의 계급적 전망을 갖지 못하는 불모의 계급으로 오도할 위험이 크기 때문입니다.
  실제로도, '상대적으로 진보적'이라는 미국의 민주당 정권은 물론, 서유럽의 사민당, 사회당 정권들이 그와 한 패가 되어 벌인 코소보 전쟁은 물론, 클린턴 정권에 의해서 전쟁 직전까지 내달렸던 1994년의 한반도 전쟁위기도 망각하지 말아야 할 것입니다." 채만수, ≪피억압의 정치학≫(상), 노사

배계급의 폭력조직인 국가권력의 개입의 영향이 크다. 그리고 양당 지배구조는 피억압 인민들을 기만적으로 지배하는 데 효과적인 힘을 발휘한다. 물론 그것에 더해 이데올로기적 생산수단인 언론의 독점적 지배와 적극적인 활용이 가치를 더한다.

양당 지배구조는 정치적 대안세력의 성장을 차단한다. 이것은 노동자계급의 정치적 부상을 막고 지배계급의 안정적인 권력 창출을 위한 효과적인 수단이다. 혹여나 인민들의 이해를 대변하는 제3의 정치세력이 부상한다면, 지배 권력은 가차 없이 정당해산과 집중된 탄압으로 싹수를 밟아버린다. 통합진보당의 해체와 내란음모 조작사건이 그것이다.

자본가들의 정치세력인 '국민의 힘'과 '더불어민주당'은 돌아가면서 효과적으로 피지배 인민들을 기만하며 정치적 노예로 가두고 착취와 수탈의 대상으로 채찍질을 가한다. 부르주아계급을 몸통으로 하는 오른팔과 왼팔! 그 팔들이 칼춤을 출 때마다 노동자 민중들 속에서는 곡소리가 난다. 오른팔이 싫다고 왼팔을 따를 때 그 왼팔은 사정없이 기회를 틈타 노동자 민중의 뒤통수를 후려갈긴다. (독점)자본가계급의 왼팔이 더불어민주당이다. 눈을 크게 뜨고 정신을 좀 차려야 하겠다.

3. 윤석열 정권의 통치(6개월)와 이후 전망

윤석열은 대선 당시에도 '주 120시간 노동', '최저임금법 개악', '중대재해처벌법 개악' 운운 하며 독점자본이 바라는 내용들로 선거운동을 가득 채웠다. 집권 이후 저항에 봉착하여 부침을 거듭하

―――――――――――
과연, p. 170.

면서도 독점자본에 봉사하는 외길을 굳건히 걷고 있다. 노동자계급에게는 '탄력근로제 확장' '최저임금법 개악' 등의 노동법 개악과 '직무·성과급제 적용' 등을 통한 저임금 정책을 밀어붙이고 있고, 건강보험 국가지원도 없애려 한다.

그리고 자본가들, 특히 독점자본가들에게는 종합부동산세21)와 법인세22) 삭감과 규제완화 등의 온갖 특혜의 보따리를 안겨주고자 한다. 원전도 친환경적이라면서 지원정책을 밝혔고, 영리병원의 도입과 철도, 공항, YTN, MBC 지분 매각을 통한 전격적인 민영화 정책을 밀어붙일 심산이다.23) 선제타격 강조와 사드 추가배치, 한미/한미일 합동훈련의 전개 등 군비 증강 정책과 공격적인 군사전략으로 한반도 군사적 긴장을 높이고 있다. 한미일 연합훈련의 강도 높은 재개는 이북의 연속되는 미사일 대응으로 체면을 구기긴 했지만, 그 상징성을 부각하기에는 충분하다.

미제에 대해서도 한미동맹 강화를 나불대며 충성을 맹세한다.

---

21) 추경호 부총리 겸 개획재정부 장관의 2022.9.2.일 국회 예산결산특별위원회에서의 답변, "여야가 대선 과정에서 공히 공약하신 부분인데다 금년에 공시가격도 워낙 높고 부담이 과도하다 보니 2020년 수준으로 완화해주겠다고 국민들에게 약속한 부분이다."
*2022.9.01. 국민의 힘과 더불어민주당이 '일시적 2주택자에게 종부세를 낮춰주고 고령자 등에게는 납부를 유예'해주는 내용을 담은 종부세법 개정안을 국회 기획재정위원회에서 통과시켰다.
22) 윤석열 정부가 6월 16일 발표한 '경제정책 방향'에서 문재인 정부와 달라진 경제정책 기조를 가장 뚜렷하게 보여주는 건 법인세 감세다. 정부는 14년 만에 법인세 최고세율 인하를 다시 추진하고 각종 비과세·공제를 확대할 방침이다. 주로 대기업의 세금부담을 줄여 투자확대, 일자리 창출을 유도한다는 친기업 '낙수효과' 전략이다. <한겨레. 2022.6.16.일 기사>
23) 지난 5월 5일, 제주 녹지병원에 대한 대법원의 최종 판결로 영리병원 도입의 논란이 재점화되었다. 윤석열은 영리병원의 허가자인 원희룡을 국토부장관으로 지명하고, 한미 FTA의 체결자인 한덕수를 국무총리에 앉혔다.

우크라이나 전쟁이 한창일 때 나토회의에 방문하여 지지를 선언[24]하고, 최근 국회에서조차도 윤석열의 외교활동 과정에서 빚어진 비속어 "이 새끼"[25]논란으로 아직은 어설프지만 외교행각에 있어서도 독점자본과 미제의 과업에 충실하게 복무 중이다.

독점자본에게는 선물 보따리를, 노동자 민중에게는 노동개악과 물가폭등, 금리폭등 등의 생존권 폭탄을, 미 제국주의에게는 한미일 군사동맹을 향한 충성 맹세를 … 머지않아 서방 제국주의 국가들의 총알받이로 한국의 노동자 민중의 자식들을 내몰 가능성 또한 없지 않다.

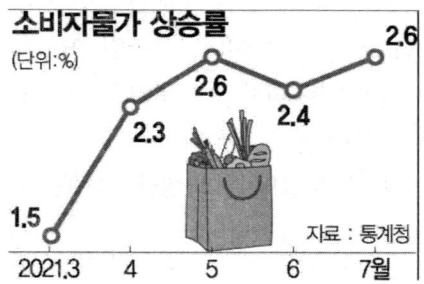

---

24) 6월29일, 윤석열 대통령은 나토 동맹국·파트너국 정상회의에 참석하여 "자유와 평화는 국제사회의 연대에 의해 보장되는 만큼 대한민국과 나토의 협력 관계가 자유와 민주, 법치 등 보편적 가치를 수호하는 연대의 초석이 되길 바란다", "대한민국과 나토는 2006년 글로벌 파트너 관계를 수립한 이래 정치·군사 분야에서의 안보 협력을 발전시켜 왔으며 이제는 대한민국이 국제사회와 역량을 갖춘 국가로서 더 큰 역할과 책임을 다할 것", "대한민국은 우크라이나에 대한 1억 달러 규모의 지원을 집행하고 있다"고 연설을 하였다. <외교부 홈페이지>
25) 9월21일 미국 뉴욕에서 개최된 글로벌 펀드 제7차 재정공약회의에 참석하여 바이든 미 대통령과 짧은 대화를 나눈 후 행사장을 빠져나가는 과정에서 "국회에서 이 새끼들이 승인 안 해주면 바이든은 쪽팔려서 어떡하나?"라고 발언하는 것이 언론에 포착되어 보도되면서 논란이 됨.

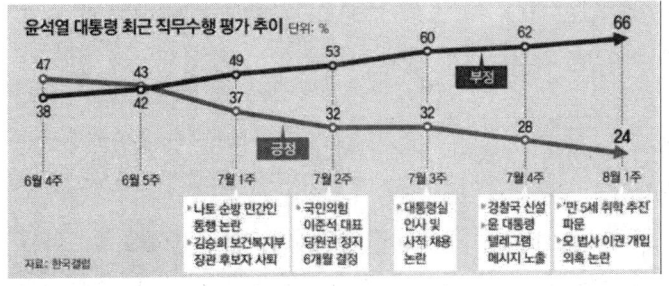

　　　　　　　　　　　　　　　　　　　　　더불어
민주당의 서은숙 최고위원은 10월 5일 당내 행사에서 "윤석열 정부는 국면 전환용 이슈 만들기 차원이 아니라 감히 사정권력 독재, 반민주주의 독재의 길을 걷고 있습니다. … 법치를 하는 것이 아니라 과거 독재정권의 정적 죽이기를 통한 정권 유지 행태를 따라가고 있습니다. … 대통령에게 불리한 보도를 했다는 이유로 MBC를 시범케이스로 삼아 겁을 주면서 수사를 예고하고 … 언론 자유 탄압입니다 … 고등학생이 출품한 <윤석열차>라는 작품이 카툰 부문 금상을 수상 … 탄압에 나서고 있습니다. 표현의 자유 탄압입니다. … 윤석열 정권은 자유민주주의를 버리고 독재정권의 길을 가려고 합니다."라고 발언을 하였다.

　그렇다면 윤석열 정권 6개월 동안 더불어민주당은 무엇을 했나 짚어보자.

　더불어민주당은 노동자 민중에게 행하는 정치에 있어서나 군사정책 및 외교활동에 있어서 윤석열 정부와 파트너 쉽을 유지하고 있다. 그러나 언론에 비춰진 모습들은 양당 간 "이 새끼" 논쟁 수준으로 정치 쇼만 부각된다. 국정감사라는 무대 위 카메라 앞에서 '국민'을 위한 듯 언쟁을 펼치며 마치 정치적으로 대립되는 입장으로 포장된다. "정치는 없고 당파 싸움만 한다"는 비판은 잘못된 것이다. 이들은 서로 물어뜯고 싸우는 것처럼 보여도 카메라가 지나가면 태도가 달라진다. 이들은 카메라 앞에서 개뼈다귀를 놓고 으르렁대며 싸워도 자본과 미 제국주의를 위한 정치행보에 있어서는 한마음 한뜻으로 보조를 같이한다.26)

국가보안법 폐지의 절박한 목소리에도 양 당의 정치꾼들은 한마음 한뜻이었다. 한미군사훈련에도 이들이 다른 목소리를 내지는 않는다. 노동자계급에 대한 공세에 있어서도 협조적이다.27) 이들은 여전히 윤석열 정권과 손잡고 자본가계급과 미제에 충성하고 있다. 언론에 비춰진 모습은 저급한 정치 쇼에 불과하다.

이들 지배계급의 정치세력으로서의 더불어민주당의 예상되는 행보는, 파쇼적인 국가보안법을 동원한 통치의 전면화, 그리고 정치·외교·군사적인 문제 등에서 여전히 '국민의 힘'과 함께 한 몸으로 움직이며, 서로 간 미제에 대한 충성심 경쟁에 바쁠 것으로 보인다. (독점)자본가계급의 요구에 부응하는 정치적 행보를 양당이 손잡고 전면화 할 것이며, 호시탐탐 노동자 민중의 투쟁의 성과를 정치적으로 가로챌 기회만을 또다시 엿볼 것이다.

4. 노동자계급의 민주당 세력에 대한 입장과 태도는 무엇이어야 하는가?

앞에서 살펴보았듯이 민주당은 독점부르주아 정치세력의 일부일 뿐이다. 양당 구조의 정치지배가 작동하는 상황에서 미제와 결탁한 (독점)자본은 민주당과 국민의 힘 두 정치세력을 정세의 흐름에 따라 번갈아 가며 정치적 대리인으로 내세우며 지배를 유지

---

26) 종부세 인하에 대한 합의 등.
27) 직무급제와 성과급제는 문재인 정권에서부터 추진되어온 사업이다. 전교조와 공무원노조의 정치적 자유에 대한 억압도 동일하다.

하고 있다.

　노동자계급은 계급사회인 자본주의 사회에서 자본가계급은 적대적인 관계라는 것을 한시도 잊어서는 안 된다. 자본가계급의 정치세력으로서 민주당 또한 노동자계급의 적이라는 것을 자각해야 한다. 당장의 절박함에 쫓기어 민주당과의 협력과 연대 연합을 모색한다면 그것은 노동자계급을 저들의 정치적 노예로 갖다 바치는 것이다. 이는 저들 세력이 의도하는 것이고, 그러한 행위는 곧 노동자계급에 대한 배신행위에 해당한다. 저들 양당 간 당파싸움의 정치 쇼에 현혹되어서는 안 된다. 저들이 연출하는 저들 간 당파싸움은 우리 노동자 민중을 기만하기 위함이라는 것을 잊지 말아야 한다. 결코 저들이 노동자계급의 정치적 이해를 대변해 줄 수 없다. 저들에게 곁눈질을 하기 보다는 노동자계급의 정치적 대안을 마련하는 데 우리는 집중해야 한다.

　적과 아군을 구별할 수 있는 정치적 안목을 갖기 위해서는 노동자계급의 과학적 사상과 이론으로 무장해야 한다. 무엇보다도 노동자계급 상층부의 이론적 소양을 높이는 것이 시급하다. 계급의식으로 무장하는 것이 첫 번째 순서이다. 계급의식은 노동운동 지도부부터 먼저 획득해야 한다. 이것은 민주노총의 전·현직 중집 간부들이 줄줄이 민주당으로 투항해 들어가는 것을 확인하면서 더욱 절실히 요구되는 내용이다.[28] 계급협조주의는 노동자계급의 것이 아니라 지배계급인 자본가계급의 이데올로기이다. 노동자계급은 오로지 계급내부의 단결과 투쟁하는 민중들과의 연대를 통하여

---

28) 민주노총은 지난달 26일 성명에서 "이수호·조준호·김영훈·신승철 전 위원장이 보수정치권의 대선후보를 지지하기 위해 민주노총 지도위원직 사퇴의사를 밝혔다"며 "노동자투쟁의 선두에 섰던 지도위원들이 보수정치의 품으로 달려가는 것을 유감스럽게 생각한다"고 밝혔다. <매일노동뉴스. "노동자정치세력화 방해, 여당투항 중단하라". 2021.09.02.>

착취와 억압의 자본주의 세상을 철폐하고 새로운 사회를 건설하는 데 중심이 되어야 한다.

5. 진보정치세력(당)은 노동자계급의 대안인가?

더불어민주당에 또다시 노동자계급의 투쟁의 정치적 성과를 빼앗길 수는 없는 일이다. 그렇다면 투쟁의 정치적 성과를 어디에다 수렴해야 하는가? 진보정당인가? 어떤 진보정당??

민주노총 내 몇몇 산하 조직에서는 특정 진보정당(진보당)에 대한 배타적 지지 입장을 이번 선거에서 가진 바 있다.29) 배타적 지지 입장은 민주노총이 '민주노동당'에 대하여 가진 바 있으나, 2012년 5월 중앙집행위원회에서 최종적으로 철회된 바 있다. 철회된 정치방침이 산하조직에서 새록새록 살아나오고 있는 모양새다. 이들은 노동자계급의 정치적 성과를 '진보당'에 담아야 하는 것으로 입장을 가지고 있다. 그러한 정치적 입장이 옳은 것일까? 과연 현재의 진보정당은 노동자계급의 정치세력화의 대안이며, 노동자계급의 정치방침을 진보정당 강화로 정할 수 있는 것인가? 결론은 아니올시다(!)이다.30)

---

29) 사례를 들자면 민주일반연맹 산하 공공연대노조가 있다.
30) 레닌은 "제국주의 노동운동론"을 통해 노동조합 운동의 특정 정당 지지 주장에 대한 각종 종류에 대해 다음과 같이 이론적 비판을 했다.
첫째, '조합원 방침과 그 정당의 방침이 일치'하기 때문이라는 주장 => 정당과 노동조합의 차이를 무시하는 행위 = 특정 정당의 강령이나 이데올로기에 기초를 둔 '정치 노선' 전체가 노동조합의 '정치 노선'이 된다는 것은 노동조합의 기본성격에서 보아 결코 있을 수 없는 일이다.
둘째, '이것에 계급적 성격을 갖게 하려고 부르주아 민주주의의 헌법에 규정된 개인의 정당 지지의 자유를 근거로 노동조합이 특정 정당 지지를 민

존재하는 진보정당은 투쟁 전선에서는 함께 할 수 있고 연대의 대상이기는 하지만, 이들의 비과학성과 몰계급성은 노동자계급의 정치세력화와는 거리가 멀다. 노동자계급의 정치적 전망은 노동자계급의 권력을 통하여 궁극적으로 착취관계를 끝장내고 생산수단에 대한 사적 소유를 철폐하며 평등세상을 건설하는 것이다. 일상의 모든 투쟁은 이와 같은 정치적 전망 하에 조직하고 복무하는 것이어야 한다. 그러나 존재하는 진보정당들을 본다면 이와 같은 정치적 강령들을 가지고 있지 않다. 사민주의와 민족주의에 경도되어 있고, 정치적 실천 또한 소부르주아적이며 소부르주아의 계급적 이해관계를 대변한다. 따라서 국민의 힘보다는 민주당, 민주당보다는 진보정당이라는 것으로 정치적 이해를 따질 것이 아니라, 노동자계급의 독자적인 정치조직(당)을 건설하는 데 집중해야 한다. 노동자계급의 사상적·정치적·조직적 독자성이 무엇보다도 강조되는 시기이다.

주적으로 결정하는 것은 올바르다'라는 주장 => 노동조합 조직 자체가 정치적 결사체가 아니고, 또 그 정치적 결사체의 지지부대가 아닌 다음에 이것은 '정당 지지의 자유'라는 기본적 인권을 극히 좁고 형식적으로 파악한 것이다.
셋째, '단결의 필요상, 개인의 사상과 신조의 자유보다도 단결권 보장을 우선시 하는 것은 헌법에서 볼 때도 정당하다'라는 주장 => 이것은 소위 단결 우선권이다. 그러나 단결권과 기본적 인권은 분리될 수 없는 것, 우열의 문제도 아님. 이 잘못된 방침이 현실에서는 단결로 나타나기는커녕 단결의 파괴로 나타난다.
넷째, '노동조합과 당 조직의 관계가 긴밀해지면 질수록 프롤레타리아트의 투쟁은 그만큼 효과적이고 유리해진다'(제2 인터내셔널의 슈투트가르트 대회(1907년)의 결의)는 주장 =>이 결의는 노동조합의 '중립주의'를 비판하고 정당과 노동조합의 단단한 결합을 강조한 것임.
<김태균. 레닌의 '제국주의 노동운동론'으로 바라본 2022년 노동운동의 과제, ≪노동사회과학≫ 17호. 노사과연, p. 70.>

노동자계급의 정치세력화에 대한 논의가 다시 시작되고 있는 민주노총의 정치방침에 대한 고민도 보다 근본적인 관점에서 접근이 되어야 한다. 과학적인 세계관인 유물사관과 올바른 정세인식으로부터 시작해야 한다. 지금은 자본주의적 생산의 전면적 위기이자 체제변혁의 시대이다. 모든 조건이 무르익었으나 변혁으로 나설 노동자계급의 정치 사상적 무장해제 상태가 문제인 것이다.

  자본주의에 대한 대안세력으로서 노동자계급의 독자적인 정치세력화가 중요하다. 윤석열 정권에 맞서 투쟁하면서 독점자본의 또 다른 정치부대인 민주당에 의지하고 기웃거릴 것이 아니라, 그리고 진보정당에 정치적 기대를 둘 것이 아니라, 자본주의를 넘어서는 정치적 전망을 확고히 가지고 노동자계급의 독자적인 정치적 참모부(당)를 건설하는 데 관심을 집중해야 한다. 착취관계를 끊어낼 유일한 계급으로서, 사회변혁의 주체로서 노동자계급의 정치적 전망을 확고히 하고 계급대중을 조직하고 설득하며 안내해 가야만 한다. 구시대의 유물로 치부하고 던져버린 맑스·엥엘스·레닌의 저작들을 다시 꺼내 학습하고, 연구하고, 조직하고, 실천으로 나서자. 노사과연

윤석열 정권의 노동정책 방향과 대응 방안

김태균 | 연구위원

1. 윤석열 정권의 노동정책

지난 2022년 5월 3일 대통령 인수위원회는 국정목표 달성을 위해 국정과제 '6대 목표' 및 '국민께 드리는 20개 약속'과 '110대 국정과제'와 '520개 실천과제'를 선정·발표했다. 이후 윤석열 대통령은 5월 16일 국회 시정연설에서 '국내외적인 정치·경제 질서의 위기를 언급하면서 "연금개혁, 노동개혁, 교육개혁은 지금 추진되지 않으면 우리 사회의 지속가능성이 위협 받는다"라고 말했다. 더불어 경쟁력을 강화하기 위한 핵심과제로 '노동과제'를 역설했는데, 그 주요 내용은 '노동 유연화를 통한 유연근로제 확산'이었다. 이후 윤석열 정부는 '대한민국 정책브리핑'을 통해 '6대 목표와 국민께 드리는 23개 약속, 120대 국정과제'로 확대해서 제출했다. 또한 노동정책 관련해서는 지난 6월 23일 고용노동부를 통해 '노동시장 개혁 추진 방향'이라는 제목으로 노동 통제 전략에 대한 구체적 방향을 제시했다.

이에 우리는 '6대 목표'와 '국민께 드리는 23개 약속', '120대 국정과제'가 단지 공약임에도 불구하고[1] 윤석열 정권의 노동정책 전반을 '윤석열 정권의 노동정책 방향과 대응 방안'이라는 제목으로 분석해 보고자 한다. 그 이유는 공약임에도 불구하고 부르주아 계급이 '6대 목표'와 '국민께 드리는 23개 약속', '120대 국정과제'을 통해 바라보고 있는 정세에 대한 시각, 그리고 노동자계급을 상대로 한 노·자간의 계급 전쟁의 통치 전략, 즉 부르주아 계급이 무엇을 가지고 어떻게 수행할 것인가라는 점을 엿볼 수 있다는 판단 때문이다. 특히 지난 6월 23일 고용노동부를 통해 제출한 '노동시장 개혁 추진 방향'은 윤석열 정권이 노동시장을 바라보는 시각, 그리고 무엇을 통해 자본의 이윤확대를 꾀하고 있는지를 살펴볼 수 있다고 판단된다.

우선 조금 길지만 보다 친절한 설명을 위해 '6대 목표'와 '23개 약속'과 '노동시장 개혁 추진 방향'을 구체적으로 나열해 보자.

6대 국정 목표(표 1 참조)는 1, 상식이 회복된 반듯한 나라. 2, 민간이 끌고 정부가 미는 역동적 경제. 3, 따듯한 동행, 모두가 행복한 사회. 4, 자율과 창의로 만드는 담대한 미래. 5, 자유, 평화, 번영에 기여하는 글로벌 중추 국가. 6, 대한민국 어디서나 살기 좋은 지방 시대이다.

표1) 6대 국정 목표
1, 상식이 회복된 반듯한 나라.
2, 민간이 끌고 정부가 미는 역동적 경제.

---

1) 여기서 '공약'이라고 표현한 것은 두 가지 의미가 있다. 우선 첫 번째는 부르주아 정치권에서 사용하고 있는 '공약'이라는 의미이다. 즉 지켜지지도 않는 '공약'이라는 의미에서 사용했다. 그리고 두 번째는 윤석열 정권이 집권하고 있는 앞으로의 5년간 예상되는 치열한 노·자간의 계급 전쟁을 염두에 두고 보면 윤석열 정권의 '공약'은 단지 지켜지지 못할 '공약'이 아니라 제출된 '공약' 이상의 노동 통제 전략이 예상되기에 '공약'이라는 표현을 사용했다.

3, 따듯한 동행, 모두가 행복한 사회.
4, 자율과 창의로 만드는 담대한 미래.
5, 자유, 평화, 번영에 기여하는 글로벌 중추 국가.
6, 대한민국 어디서나 살기 좋은 지방 시대이다.

  그리고 23개 국민께 드리는 약속(표 2 참조)은 1) 상식과 공정의 원칙을 바로 세우겠습니다. 2) 국민의 눈높이에서 부동산 정책을 바로 잡겠습니다. 3) 소통하는 대통령, 일 잘하는 정부가 되겠습니다. 4) 경제 체질을 선진화하여 혁신성장의 디딤돌을 놓겠습니다. 5) 핵심전략산업 육성으로 경제 재도약을 견인하겠습니다. 6) 중소·벤처기업이 경제의 중심에 서는 나라를 만들겠습니다. 7) 디지털 변환기의 혁신금융시스템을 마련하겠습니다. 8) 하늘·땅·바다를 잇는 성장 인프라를 구축하겠습니다. 9) 필요한 국민께 더 두텁게 지원하겠습니다. 10) 노동의 가치가 존중받는 사회를 만들겠습니다. 11) 국민과 함께하는 일류 문화 매력 국가를 만들겠습니다. 12) 국민의 안전과 건강, 최우선으로 챙기겠습니다. 13) 살고 싶은 농산어촌을 만들겠습니다. 14) 과학기술이 선도하는 도약의 발판을 놓겠습니다. 15) 창의적 교육으로 미래 인재를 키워내겠습니다. 16) 탄소 중립 실현으로 지속 가능한 미래를 만들겠습니다. 17) 청년의 꿈을 응원하는 희망의 다리를 놓겠습니다. 18) 남북관계를 정상화하고, 평화의 한반도를 만들겠습니다. 19) 자유민주주의 가치를 지키고, 지구촌 번영에 기여하겠습니다. 20) 과학기술 강군을 육성하고, 영웅을 영원히 기억하겠습니다. 21) 진정한 지역 주도 균형발전 시대를 열겠습니다. 22) 혁신성장기반 강화를 통해 지역의 좋은 일자리를 만들겠습니다. 23) 지역 스스로 고유한 특성을 살릴 수 있도록 지원하겠습니다. 그리고 각각의 약속 밑에는 120개의 국정과제가 놓여있다.

표2) 국민께 드리는 23개 약속
1) 상식과 공정의 원칙을 바로 세우겠습니다. 2) 국민의 눈높이에서 부동산 정책을 바로 잡겠습니다. 3) 소통하는 대통령, 일 잘하는 정부가 되겠습니다. 4) 경제 체질을 선진화하여 혁신성장의 디딤돌을 놓겠습니다. 5) 핵심전략 산업육성으로 경제 재도약을 견인하겠습니다. 6) 중소·벤처기업이 경제의 중심에 서는 나라를 만들겠습니다. 7) 디지털 변환기의 혁신금융시스템을 마련하겠습니다. 8) 하늘·땅·바다를 잇는 성장 인프라를 구축하겠습니다. 9) 필요한 국민께 더 두텁게 지원하겠습니다. 10) 노동의 가치가 존중받는 사회를 만들겠습니다. 11) 국민과 함께하는 일류 문화 매력 국가를 만들겠습니다. 12) 국민의 안전과 건강, 최우선으로 챙기겠습니다. 13) 살고 싶은 농산어촌을 만들겠습니다. 14) 과학기술이 선도하는 도약의 발판을 놓겠습니다. 15) 창의적 교육으로 미래 인재를 키워내겠습니다. 16) 탄소 중립 실현으로 지속 가능한 미래를 만들겠습니다. 17) 청년의 꿈을 응원하는 희망의 다리를 놓겠습니다. 18) 남북관계를 정상화하고, 평화의 한반도를 만들겠습니다. 19) 자유민주주의 가치를 지키고, 지구촌 번영에 기여하겠습니다. 20) 과학기술 강군을 육성하고, 영웅을 영원히 기억하겠습니다. 21) 진정한 지역 주도 균형발전 시대를 열겠습니다. 22) 혁신성장기반 강화를 통해 지역의 좋은 일자리를 만들겠습니다. 23) 지역 스스로 고유한 특성을 살릴 수 있도록 지원하겠습니다.

윤석열 정권의 '6대 목표'와 '국민께 드리는 23개 약속', '120대 국정과제'는 앞으로의 5년에 대해 부르주아계급이 가지고 있는 정세관이다. 노동자계급을 향한 부르주아 계급의 통치 전략이다. 윤석열 정권이 노·자간의 계급 전쟁을 어떻게 해석하고, 무엇을 중심에 두고 있는지 그리고 무엇을 향해 나아가야 하는지를 제시하고 있는 부르주아계급의 통치 전략이다.

그리고 윤석열 정권의 구체적인 노동정책을 엿볼 수 있는 것은 지난 6월 23일 고용노동부를 통해 제출한 '노동시장 개혁 추진 방향'(표 3 참조)인데 그 내용은 다음과 같다.

한국의 노동시장은 이중구조, 양질의 일자리 부족 등 구조적 문제 속에 4차 산업혁명과 저출산·고령화 등 거대한 변화의 흐름이 겹치면서 여러 도전에 직면했다는 분석이다. 그리고 플랫폼 기반의 새로운 고용형태의 확산과 재택, 원격근무 활성화 등 일하는 방식이 변화하고 있고, 이러한 변화 과정에서 생산 가능 인구의 감소와 노동생산성과 성장잠재력이 약화 되는 상황이고, 2030 청년층을 중심으로 공정하게 보상받아야 한다는 요구가 커지고 있다고 분석하고 있다. 이에 기존의 법과 제도 그리고 불합리한 관행이 경제의 성장과 혁신 그리고 공정하게 보상받고자 하는 요구에 걸림돌로 나타나고 있으며 이러한 걸림돌 제거를 위해 고용 노동 시스템을 현대화하기 위한 노동시장 개혁 추진의 필요성을 제시하고 있다.

표3) 노동시장 개혁 추진 방향	
근로시간 제도개편	① 현재 '주 단위'로 관리하는 연장 근로시간을 노사합의로 '월 단위'로 전환, ② '근로시간 저축계좌제' 도입, ③ '선택제 근로시간제(현재 연구개발 분야는 3개월 타 분야는 1개월)를 확대, ④ 스타트업·전문직의 근로시간 개편이다.
임금체계 개편	연공제 폐지 및 직무·성과 중심의 임금체계로의 개편
추가 개혁 과제	① 노동법 사각지대 해소, ② 노사정을 중심으로 한 사회적 대화

구체적인 추진계획으로는 "근로시간 제도 및 임금체계 개편"을 제시했다. 근로시간 제도개편 관련해서는 지난 2018년 '주 최대 52시간제' 도입 이후 '주 최대 52시간제' 기본 틀 속에서 운영방법과 이행수단을 현실에 맞게 개편할 것을 제시했다. 구체적으로는 ① 현재 '주 단위'로 관리하는 연장 근로시간을 노사합의로 '월 단위'로 전환, ② '근로시간 저축계좌제' 도입, ③ '선택제 근로시간제(현재 연구개발 분야는 3개월, 타 분야는 1개월)를 확대, ④ 스타트업·전문직의 근로시간 개편이다. 임금체계 개편은 일한 만큼의 보상을 받고, 고령자 계속 고용을 위한 제도적 기반 마련을 위해 연공제 폐지 및 직무·성과 중심의 임금체계로의 개편. 이외 추가 개혁과제로는 ① 노동법 사각지대 해소, ② 노사정을 중심으로 한 사회적 대화 등을 제시했다.

물론 굳이 이렇게 많은 지면을 통해 윤석열 정권의 공약을 나열할 필요가 있을까라는 질문을 받을 수도 있겠다는 생각을 한다. 왜냐하면 누구나 알고 있듯이 공약은 단지 공약일 뿐이라는 만고의 부르주아 정치 상식을 모두는 다 알고 있기 때문이다. 그러나 이렇게 많은 지면을 할애하면서 윤석열 정권의 공약을 나열한 이유는 위에서도 잠깐 지적을 했지만, 기존의 부르주아 정권과 윤석열 정권과의 차이를 공약을 통해 조금은 확인해 볼 수 있지 않을까 하는 생각이 있었기 때문이다. 그리고 윤석열 정권을 통한 부르주아계급의 계급 통치 내용이 무엇을 향하고 있는지 엿볼 수 있겠다는 판단이기 때문이다.

2. 윤석열 정권의 노동정책은 무엇을 향하고 있는가?

여하튼, 부르주아계급과 윤석열 정권은 '6대 목표'와 '국민께 드리는 23개 약속', '120대 국정과제'로 향후 5년을 바라보고 있다. 그리고 '6대 목표'와 '국민께 드리는 23개 약속', '120대 국정과제'와 '노동시장 개혁 추진 방향'은 노동자계급의 목줄을 겨냥한 부르주아계급의 계급적 통치 전략을 공공연하게 '공약'이라는 이름으로 표현한 지배 계급의 칼날일 뿐이다. 차근차근 부르주아 지배 계급의 칼날을 확인해 보자.

윤석열 정권의 6²³ '노동시장 개혁 방향'을 요약해 보면 1) '주'에서 '월' 단위로 연장 근로시간 정산 방법 개편을 중심으로 한 노동시간 개편, 2) 연공제를 직무·성과 중심으로 전환하는 것을 주 내용으로 하는 임금체계 개편, 3) 노사정을 중심으로 한 사회적 타협이다. 결국 앞으로의 5년 동안 윤석열 정권을 통한 부르주아지의 통치 전략은 노사정 사회적 타협을 통하여 연장 근로시간 정산 방법 전환을 하고, 노동시간 연장과 직무·성과급제 도입을 통한 임금체계 개편으로 요약될 수 있다.

1) 노사정위원회

윤석열 정권은 22년 9월 19일 김문수 전 경기도지사를 노사정위원회 위원장으로 임명함으로써 연장 근로시간 정산 방법 개편을 중심으로 한 노동시간 연장과 직무·성과 중심으로의 임금체계 개편을 위한 첫걸음을 시작했다. 6월 23일 '노동시장 개혁 추진 방향' 발표 이후 3개월이 채 안 되는 시점에 노사정위원회 위원장을 임명함으로써 발 빠른 움직임을 보인 것이다. 노사정위원회 공세는 자본의 입장에서는 사회적 대타협을 통한 노동시장 유연화 전략 관철과 노동자계급의 투쟁의 혼란이라는 성과가 있다. 이것은 설혹 사회적 대타협이 안 되더라도 노동자계급 투쟁의 전선을 혼란시킨다는 점에서 자본가계급의 입장에서는 유의미한 전술이다. 노태우 정권 시절 노·경총 임금 합의라는 형태로 나타난 한국형 노사정위원회는 역대 부르주아 정권이 일상적으로 사용했고 또한 지금도 효과(?)를 톡톡히 보고 있는 부르주아계급의 노동 통제 전략이다.

예상컨대 윤석열 정권의 노사정위원회 공세는 민주노총이 참여하지 못한 상황에서라도 강행할 뜻을 보이는 듯하며, 결국 사회적 합의라는 이데올로기 공세 속에 추진될 것으로 예상된다.

2) '주' 단위에서 '월' 단위로의 연장 근로시간(OT – Over Time) 정산 방법 전환이란?

윤석열 정권의 "'주' 단위에서 '월' 단위로의 연장 근로시간(OT – Over Time) 정산 방법 전환"은 다소 복잡한 듯해도 핵심 내용은 노동시간의 연장을 기도하는 꼼수이다. "'주' 단위에서 '월' 단위로의 연장 근로시간(OT – Over Time) 정산 방법 전환"을 이해하기 위해서는 1997년으로 거슬러 올라가야 한다. 1997년 IMF 이후 김대중 정권의 근로기준법 개악을 통해 탄력근로제와 선택근로제가 존재해왔는데, 2018년 문재인 정권의 '주 52시간 상한제'를 중심으로 한 법 개악 이후 다시금 관심이 쏠렸던 제도였다. 이 두 개의 제도에 대해 이번 윤석열 정권은 "'주' 단위에서 '월' 단위로의 연장 근로시간(OT – Over Time) 정산 방법 전환"을 통해 다시 한 번 근로시간을 연장하겠다는 의지를 노골화한 것(표 4 참조)이다.

유형	탄력근로제	선택 근로제	623 '노동시장 개혁 방향' 연장근로 주->월 단위 변경
내용	6개월 이내 1주 평균 52시간 근로시간 기준으로 '일' 또는 '주' 근로시간 연장	3개월 이내 총 근로시간만 정하고 노동자가 1일 근로시간 선택	현행 월 52시간 한도 이내 연장근로(11시간 연속 휴식 없이 한 주에 몰아 근로 시 최대 주 92시간 가능)
조건	1) 근로자 대표(노동조합)와 서면 합의 2) 3개월 초과 근무 시간 시 11시간 연속휴식 보장	1) 근로자 대표(노동조합)와 서면 합의 2) 1개월 초과 근무 시간 시 11시간 연속휴식 보장	1) 개별노동자 동의 2) 11시간 연속 휴식 병행 계획

표4) 유연근로제와 연장 근로제 비교

즉, 탄력근로제는 성수기에 많이 일을 시키는 대신 비수기에는 적게 일을 시킬 수 있도록 최대 6개월까지 평균 근로시간을 주

52시간 이내로 유지하는 대신 업무량이 많은 특정 주에는 52시간을 넘겨 최대 64시간까지 일할 수 있도록 한 제도다. 근무 일정을 미리 짠 뒤 '과반수 노동조합 또는 근로자대표'(이하 근로자대표)와 서면 합의를 하면 도입할 수 있다. 선택 근로제는 최대 3개월 동안 주 52시간 한도 안에서, 반드시 근무해야 하는 필수 근무시간을 제외하고는 노동자가 근무 시작 및 종료 시각을 자유롭게 선택할 수 있는 제도다.

이러한 탄력근로제와 선택 근로제에 대해 연장 근로시간 단위를 '주'에서 '월'로 변경해 줄 것을 지난 6월 9일 한국경영자총협회(경총)가, 15일엔 전국경제인연합회(전경련)가 이러한 내용을 잇달아 건의했고, 노동부는 경영계 요구를 '노동시장 개혁 방안'에 포함시켜 발표한 것이다.

'월' 단위 연장 근로 관리가 도입되면 자본은 유연근로제에 근거해서 노동자들을 더 쉽게 연장 휴일 근로를 시킬 수가 있다. 이에 반해 노동자계급은 ① 노동시간이 늘어나고 ② 이로 인해 건강권이 심각하게 훼손되며, 마지막으로 ③ 실질 임금 삭감이 예상된다.

근로시간 총량은 유지한다고 하지만 스타트업과 전문직 종사자에게 주 12시간을 넘는 연장근로를 허용하게 되면 결국 실근로시간이 늘어나게 된다. 연장·야간·휴일근로를 수당으로 지급하지 않고 이후에 휴가로 사용하는 근로시간저축계좌제도 역시 나중에 휴가를 다 사용하지 못하게 되면 결국 실근로시간이 늘어나는 결과가 된다.

일을 몰아서(예를 들면 한 주에 92시간) 하게 되면 그만큼 피로가 몸속에 쌓이게 되고 집중력도 저하된다. 따라서 심혈관질환으로 알려진 과로사의 위험이 커질 수 있으며 주의력이 떨어져 작업장 안전사고도 늘어날 수 있다. 마지막으로 임금하락 또한 작은 문제가 아니다. 그동안 노동자는 회사의 요청으로 법정 근로시간 40시간을 넘어서 일할 경우, 연장·야간·휴일수당 등 초과근무수당을 받아 왔다. 그런데 근로시간저축계좌제와 전문직·스타트업 근로시간 유연화 같은 정부 발표가 현실화하면, 앞으로 연장근로를 하더라도 초과근무수당은 받을 수 없게 되어 결국 실소득이 줄어들게 된다.

결국, 윤석열 정권의 "'주' 단위에서 '월' 단위로의 연장 근로시간(OT - Over Time) 정산 방법 전환"은 노동시간과 노동강도 그리고 임금(노동력 판매 대가)을 둘러싸고 법과 제도로 부르주아 계급의 입장대로 강제하겠다는 것을 의미한다.

3) 연공제를 직무·성과 중심으로 전환하는 것을 주 내용으로 하는 임금체계 개편이란?

윤석열 정권의 6월 23일 '노동시장 개혁 방향'의 핵심 내용 중 한 가지가 바로 연공제를 직무·성과 중심 임금체계로 전환하는 것이다. 직무·성과 중심 임금체계는 우리가 흔히 말하는 능력급제 또는 직무급제를 의미하며 그 형태는 대부분 연봉제 형태를 가진다. 회사가 임의대로 결정하는 기준에 따른 직무나 성과에 따라 개별노동자의 임금이 결정되는 제도로 호봉에 근거한 연공급제와는 성격 자체가 다른 임금체계이다.

직무·성과 중심 임금체계는 우선 ① 노동자를 회사에 종속시킨다. 직무·성과 중심 임금체계는 자신의 임금 수준을 회사가 결정하는 구조이기에 불가피하게 개별 노동자들은 회사에 종속될 수밖에 없다. ② 직무·성과 중심 임금체계는 노동자 상호 간의 경쟁을 심화시킨다. 본인의 임금수준을 결정하는 직무와 성과를 잘 받기 위해서는 불가피하게 회사에 종속되는 것과 동시에, 노동자 상호 간에 자발적 경쟁이 심해진다. 결국 그것은 단결보다는 경쟁을 조직해 들어간다. ③ 직무·성과 중심 임금체계는 기본적으로 임금수준을 저하시킨다. 우선 연봉제 임금체계의 경우 호봉에 따른 매년 자동 승급분이 있는데 직무·성과 중심의 임금체계는 자동 승급분이 없다. 그리고 직무·성과 중심의 임금체계는 기본적으로 임금 총액을 낮추고, 적어진 임금 총액 파이를 중심으로 각각의 노동자가 나누는 형태로 결국에는 임금 수준이 저하된다. 마지막으로 직무·성과 중심 임금체계는 ④ 노동조합을 무력화한다. 직무·성과 중심 임금체계는 개별노동자의 직무 또는 성과에 근거해서 임금 수준이 결정되는 임금체계이다. 즉 임금 관련한 교섭이 노동조합의 집단적 힘으로, 집단적 교섭과 투쟁을 통해 쟁취되는 것이 아니라, 개별 노동자의 직무와 성과에 의해 결정됨을 의미한다. 임금노동자의 임금인상 투쟁이라는 경제적 투쟁이 노동조합의 집단적 힘이 아닌 개별 노동자의 직무와 성과에 의해 결정된다면, 결국 노동조합의 가장 기본적인 기능이 무력화된다.

결국, 윤석열 정권의 노동정책의 핵심은 노사정위원회를 통한 사회적 대화를 통해 "'주' 단위에서 '월' 단위로의 연장 근로시간(OT – Over Time) 정산 방법 전환"과 "연공제를 직무·성과 중심의 임금체계로 전환하는 것을 주 내용으로 하는 임금체계 개편"을 통해 임금수준 저하, 노동시간 연장, 노동강도 강화 그리고 이를 저지시키는 유일한 노동자계급의 대중조직인 노동조합을 무력화하겠다는 것이다. 노동력과 임금을 교환하는 노동시장에서 임금과 노동시간 그리고 노동강도를 중심으로 부르주아계급의 이해와 요구에 근거한 것은 기존의 정권과 지금의 윤석열 정권이 하등 차이가 없다. 아니 오히려 윤석열 정권은 기존 역대 정권이 마무리하지 못했던 노동시장의 유연화를 일단락한다는 의미가 있다.

윤석열 정권의 노동정책의 방향은 연장 근로시간 정산 방법 전환(주→월)과 직무·성과 중심의 임금체계 개편과 이를 위한 노사정위원회 설치뿐만이 아니다. 윤석열 정권의 노동정책은 노조로 조직되지 못한 미조직 노동자들의 이해를 대변한다는 명분으로 노사협의회나 직무·직군·직급별 근로자대표와 서면 합의를 강화함으로써 노동조합을 무력화하겠다는 의지를 노골화하는 것이다. 지불능력이 부족한 중소자본을 지원하고 최저임금보다도 덜 받고도 일하려는 노동자들을 보호해야 한다는 명분으로 업종 및 지역별 최저임금 차등 적용을 주장하고 있다. 그리고 이러한 윤석열 정권의 노동정책에 반발하는 노동자계급에게 엄중한 법의 잣대로 (불법) 행동을 처벌하겠다는 협박을 공공연하게 하는 상황이다. 그리고 박근혜 정권 때의 단체협약 시정명령 등을 부활하겠다는 의도도 보인다. 노동조합 운영비 원조, 유일 교섭 단체 조항 등 그동안 피어린 투쟁을 통해 쟁취한 노동자들의 권리를 불법으로 규정하고 시정을 요구해 들어올 것으로 전망된다.

3. 윤석열 정권의 노동정책에 대해 무엇을 가지고 투쟁할 것인가?

윤석열 정권의 노동정책의 특징은 노동 관련된 공약이 별로 없다는 점이다. 노동 관련된 공약이 별로 없다는 의미는, 첫 번째, 이미 노동시장이 자본의 입맛대로 유연화가 대부분 완료되었다는 것을 의미한다. 그리고 두 번째, 없는 공약이나마, 연장 근로시간을 '주' 단위에서 '월' 단위로 변경하려 하고 직무·성과 중심의 임금체계 개편과 노사정위원회 설치를 제기했다는 것은 최소한 위의 3가지 핵심 내용을 관철하겠다는 것을 의미한다. 마지막으로 노동공약이 별로 없다는 것을 다른 의미로 해석하면, 노동자계급 및 노동조합 운동을 의도적으로 배제하겠다는 것을 의미한다.

윤석열 정권의 노동정책에 대해 노동자계급은, 임금과 노동시간 그리고 노동강도를 둘러싼 노동자 대중의 이해와 요구에 근거하여 노동조합을 중심으로 다음과 같이 대응해 들어가야 할 것이다.

1) 고금리, 고물가 경제 위기에서 생활임금을 전제로 한 임금인상 투쟁

살인적인 고금리, 고물가 속에서 노동자계급은 생존권의 위협을 받는 상황이다. 이러한 상황에서 임금수준을 저하하고, 노동시간을 늘리고, 노동강도를 강화하는 윤석열 정권의 노동정책에 대한 가장 기본적인 대응 방향은 '생활임금에 근거한 대폭적인 임금인상 투쟁'이다. 물론 임금인상 투쟁과 더불어 노동시간 단축 및 적정한 노동강도 유지도 같이 요구하고 투쟁해야 한다. 생활임금을 중심으로 임금을 둘러싼 비타협적인 투쟁을 하는 것은 바로 부르주아 계급의 이해와 요구에 근거한 윤석열 정권의 노동정책을 정면에서 대응하는 유일한 길이자 파열구를 낼 수 있는 투쟁이다.

윤석열 정권은 임금 저하를 위해 다양한 이데올로기 공세를 동반할 것으로 전망된다. 예를 들면 다음과 같다. '국가 경제가 어려우니 임금인상을 자제해야 한다', '임금이 오르면 물가가 오른다', '나라 경제가 어려운 상황이니 온 국민이 나라 경제를 위해 허리띠를 졸라매야 한다' 이에 대해 노동자계급은 노동시간 단축과 적

정한 노동강도 유지를 전제로 한 생활임금 쟁취투쟁에 더하여, 위에서 열거한 자본의 다양한 이데올로기 공세에 맞선 전면적인 이데올로기 투쟁을 함께 해야 한다.

2) 노동조합을 중심으로 한 노동자의 단결권의 강화

윤석열 정권의 직무·성과급제 임금체계 전환 의도는 노동자 상호 간의 경쟁 유발뿐만 아니라 노동조합이 가지고 있는 임금인상 관련한 단체교섭권을 파괴하는 역할을 한다. 한 걸음 더 나아가, 임금교섭이라는 노동조합의 고유한 경제투쟁 영역을 무력화함으로써 노동조합으로 노동자 대중이 결집하고 단결하는 것을 저지하는 역할을 한다. 또한 윤석열 정권은 근로조건 저하 시 개별 노동자 또는 노동조합의 동의 조항 삭제를 통해 노동자의 노동조합으로의 단결권을 훼손한다.

이에 구체적인 투쟁 방향은 윤석열 정권의 직무·성과급제 분쇄를 통한 연공제 임금체계 사수와 노동조건 저하 시 노동조합의 동의 유지 투쟁 등 현장권력 쟁취 투쟁을 해야 한다는 것이다. 더불어 노동조합의 일상 활동 강화, 단체교섭 진행 시 전체 조합원의 단일한 요구안 마련, 블라인드 교섭 무력화, 잠정 합의안에 대한 찬반투표, 파업 프로그램 강화 등 다양하게 노동조합을 중심으로 노동자의 단결을 강화해야 한다.

3) 노사정위원회 중심의 사회적 합의주의 공세에 대한 대응 투쟁

윤석열 정권의 노사정위원회를 통한 사회적 합의주의 공세는 사회적 대타협을 통한 노동시장 유연화 강제와 함께, 설사 사회적 대타협이 안 되더라도 독점이윤에 의해 운영되는 노동조합 내부의 개량·기회주의 세력을 동원하여 노사정위원회 참여 여부 논란을 조직하고 이러한 논란의 과정에서 당면 투쟁을 방기하게끔 노동자 투쟁을 무력화하겠다는 이중적 의미가 있다.

이에 노동자계급은 사회적 합의주의의 기제로서 노사정위원회의 계급적 본질을 폭로하고, 윤석열 정권의 사회적 합의주의 공세에 대한 참여 여부에 대한 논란을 할 것이 아니라 투쟁으로 사회적 합의주의를 분쇄해 들어가는 비타협적 투쟁을 해야 한다. 되돌아보면 민주노총의 역사는 자본과 정권의 사회적 합의주의 공세에 대한 대응 투쟁의 역사로 규정해도 무리가 없을 정도이다. 참여 여부를 둘러싼 논쟁과 논란의 과정에서 투쟁이 방기되는 것을 저지해야 할 뿐만 아니라, 윤석열 정권의 노동시장 유연화 공세에 대한 전면적인 전체 노동자계급의 투쟁을 통해 사회적 합의주의 공세를 애초부터 공세적으로 분쇄해 들어가는 투쟁을 조직해 들어가야 할 것이다.

4) 노동자계급의 선도 투쟁, 민중의 단결 투쟁으로 윤석열 정권의 퇴진 투쟁을 넘어서서, 자본주의 철폐 투쟁으로!

윤석열 정권의 노동정책은, 한편으로는 자본의 위기라 할 수 있는 경제 위기의 한복판에서 허덕이고 있는 부르주아계급을 살려내고자 하는 자본의 위기 탈출 전략이다. 그리고 동시에 지금의 한국 자본주의의 현실이 임금 저하와 장시간 노동 그리고 살인적인 노동강도 강화라 불리는 노동시장 유연화를 추진하지 않으면 안 되는 상태, 즉 전반적 위기상태라는 점을 역설적으로 보여주고 있다.

그리고 이러한 자본주의 경제 위기라는 물적 토대는 노동자계급에게 '자본주의 체제로는 더 이상 인간답게 살 수 없다'라는 혁명적 의식을 확산시키고 있다. 그러나 노동해방은 혁명적 의식의 확산이나 자본주의 경제 위기의 심화만으로는 쟁취될 수 없다. 그리고 윤석열 정권 퇴진이라는 정권 교체 투쟁만으로도 쟁취할 수 없다. 따라서 이에 대한 대안으로서 자본주의 체제를 넘어 노동해방 된 세상을 쟁취할 때만 인간다운 삶이 가능함을 투쟁의 현장에서부터 조직해 들어가야 할 것이다. 공공연한 노동해방 쟁취를 2022년 하반기에 투쟁의 전면에 내걸고 투쟁을 조직해야 할 것이다.

5) 투쟁의 과정에서 형성되는 노동자계급 당의 주체 형성 투쟁으로!

윤석열 정권의 노동시장 유연화 공세 저지와 사회적 합의주의 분쇄 투쟁 그리고 노동해방 쟁취 투쟁은 자연발생적인 노동자 대중 투쟁을 통해서는 가능하지 않다. 노동자 대중의 자연발생적인 경제투쟁을 노동해방 쟁취투쟁으로 발전시키고, 전국적으로 그리고 계급적으로 조직해 들어갈 전국적 활동가들로 조직된 투쟁 주체 건설이 절실하게 요구된다. 이렇게 조직된 투쟁 주체는 하반기 노동자 대중의 자연발생적 투쟁을 전국적으로, 전 계급적으로 조직해 들어가는 역할을 통해, 노동해방 쟁취투쟁의 핵심 대오로, 노동자계급의 유일한 계급 정당 건설의 토대로 발전되어야 할 것이다. **노사과연**

윤석열 정권 하에서 청년운동의 대응과 전략

박한솔 | 청년위원장

1. 윤석열에 등을 돌린 청년들

지난 수개월 간 윤석열 정권의 반노동·반민중성이 광범한 대중들로부터 규탄·외면의 대상이 되고 있는 가운데 청년 대중에 대한 파급도 덩달아 확대되고 있다. 윤석열 정권에 대한 청년대중의 비토 여론은 급락한 지지율에서도 확인된다. 지난 10월 6일 기준 18-39세 청년들의 윤석열 정권 지지율은 16%로 나타났다.[1] 이는 연령대를 통틀어 40대(12%) 다음으로 낮은 수치이다. 청년들로부터 과반에 가까운 지지를 얻었던 지난 대선 시기와 임기 극 초반의 지금을 비교하면 실로 극단적인 하락세다. 마찬가지로 반동적이었던 이명박, 박근혜, 문재인 집권기에도 이 정도로 가파른 임기 초 지지율 추락은 관측되지 않았음을 감안하면 윤석열 정권에 대한 청년들의 냉소가 상당한 수준임을 유추할 수 있다.

이에 대해 (소)부르주아 언론들은 '대통령이 청년을 챙기지 않

---

[1] 데일리 오피니언 제514호(2022년 10월 1주), 한국갤럽, 2022.10.6., https://www.gallup.co.kr/gallupdb/reportContent.asp?seqNo=1329

았기 때문'이라거나 '여성가족부 폐지 공약을 이행하지 않아 핵심 지지층인 이대남이 떠났기 때문'2)이라는 둥, 청년 지지율 하락의 본질이 마치 윤석열 정권의 잘못된 '정책'에 있는 것처럼 해석하고 있다. 언론이 여성가족부 폐지를 청년 지지율 하락의 대표적인 원인으로 꼽는 까닭은 윤석열 당선에 20대 남성의 지지가 미친 영향이 크기 때문으로 분석된다. 실제로 지난 대선에서 윤석열은 20대 남성의 표심을 얻기 위해 여성혐오 이데올로기를 적극 이용, '여성가족부 폐지'를 비롯해 여성의 권리를 제약하는 공약을 내놓았고, 이에 윤석열은 20대 전체에서는 이재명보다 근소하게 낮은 표를 받았지만, 20대 남성으로부터는 과반의 표를 확보할 수 있었다. 그러나 윤석열에 대한 청년대중의 비토는 윤석열 정권이 보인 반동적 본질로부터 비롯되는 것이지, 그들이 어떤 정책을 내놓는다고 해서 삽시간에 바뀔 수 있는 성질이 아니다. 설령 윤석열 정권이 몇몇 20대 남성이 바라는 바와 같이 여성가족부를 폐지한다거나, 다른 회유책을 써서 지지율 회복에 안간힘을 쓴다고 해도 지지율은 반짝 상승에 그치고, 장기적으로 청년들의 거센 저항에 직면하게 될 것이다. 이는 부르주아 민주주의에서 '지지율'이란 이른바 '민심'을 온전히 반영하지 못한다는 사정과 관련되어 있다.

  대통령 선거를 비롯한 자본주의 하의 모든 선거는, 본질적으로는 자본가계급의 보편적 이해가 통일되는 공간이며, 자본가계급의 독재에 대해 피지배계급의 동의를 구하는 절차이다. 즉 자본의 독

---

2) 윤석열 20대 지지율 대위기, 여가부 폐지 추진으로 '이대남' 마음 돌릴까, 비즈조선, 2022.10.0., https://www.businesspost.co.kr/BP?command=article_view&num=294888

재가 '민주적 정당성'을 확보하였다는 근거로서 활용 가치가 있는 것이며, 때문에 선거에서의 득표가 '민심'을 절대적으로 반영할 수는 없다(그러나 일정하게는 반영된다). 물론 부르주아 선거는 대중에 대한 노동자계급의 정치적 영향력을 시위하고, 비교적 운신이 자유로운 합법공간을 창출할 여지가 있다는 점에서 유용하며, 무엇보다도 부르주아 정치의 모순을 폭로하는 기회로서 유의미하다. 다만 부르주아 선거의 '본질'이 독점자본의 여러 분파 중에서 한 곳에만 표를 주도록 사실상 강제한다는 점을 지적하는 것이다. 피지배계급은 그들의 열악한 정치적·경제적 지위에 얽매여 출마의 기회를 거의 박탈당하고 있으며, 정세가 노동자계급에게 대단히 유리하지 않는 이상 당선 가능성도 0에 수렴한다. 이런 가운데 지난 대통령 선거를 통해 윤석열이 당선되었다는 것은, '민심'이 윤석열을 선택했다는 점을 보여주는가? 그렇지 않다. 그것은 다만 이 사회의 실질적인 주권을 지닌 자들(즉 부르주아 계급)이 지난 정권에서 펼친 노동자계급에 대한 '회유' 기조를 폐기하고, '파쇼적 폭력'으로 노동자계급의 투쟁을 짓밟아 독점자본의 배타적 지배를 유지하겠다는 일종의 정책 전환을 의미할 뿐이다. 마찬가지 견지에서 보면, 윤석열 정권에 대한 청년들의 지지도 자신들의 계급적 처지를 대자적으로 이해한 결과가 아니라, 청년들이 실업, 저임금 문제 속에서 생존에 허덕대는 사이, 독점자본의 가장 반동적인 분파가 펼친 이데올로기 공세로 인해, 이전 정권보다도 한층 반동적인 정권을 선택하는 것이 강제되었다고 보는 것이 정확할 것이다. 청년대중은 자본이 유포한 각종의 반동적 이데올로기(노력에 따른 보상, 공정한 채용 절차, 실낱같은 '계급이동'의 가능성

등)의 영향으로 더불어민주당이라는 부르주아 정당의 대안으로서 국민의힘이라는 부르주아 정당을 지지하며, 그 역의 사례도 심심찮게 발생한다. 더욱이 노동자계급의 정치세력화, 대선후보 전술의 효과가 몹시 부진하였던 지난 대선 시기에는 그러한 '양자택일'이 강요되었을 것이다.

그렇다고 해서 청년들이 독점자본의 의도에 따라 기계적으로 사고하고 행동하는 수동적인 존재라고 간주해서는 곤란하다. 다시 말해, 청년대중이 윤석열 정권에 보인 일순간의 호의는 결코 윤석열 정권과의 계급적 이해가 일치하였기 때문이 아니라, 문재인과 당시 여당이었던 더불어민주당에 대한 누적된 실망감과 분노를 일정하게 반영하고 있다. 그리고 이는 (미성숙한 상태이지만) 본질적으로는 노동자계급적 분노이다. 문재인정권이 어떤 정권이었던가? 박근혜 퇴진 촛불의 반사이익으로 정권을 획득한 뒤 각종의 친자본·반노동 정책들을 쏟아내며, 추운 겨울 거리를 지켰던 인민대중의 투쟁을 수포로 돌아가게 한 정권이었다. '노동 존중'의 이름으로 최저임금 1만원 공약을 폐기하였고, ILO 핵심협약 비준을 선전하면서 '사업장 내 쟁의행위 금지'로 대표되는 노동법 개악을 시도하였으며, 청년노동자 김용균의 피로 쓴 중대재해처벌법을 누더기로 전락시켰다. 세월호 참사의 진상규명은 어떠한 진전도 없었으며, 광주학살 주범 노태우의 '공헌'을 인정하고 성대한 국가장을 치러주기도 했다. 문재인정권의 실체가 이러하였기 때문에 민주당 정권이 노동자계급, 청년대중의 삶을 유린한 책임이 있는 정치세력이라는 인식을 갖게 되었고, 민주당의 정권재창출을 거부한다는 의미에서 윤석열을 뽑은 것이다. 단적으로 말해 '자해적 투표가 강제된 상황'이라고 볼 수 있다.

앞서 언급하였다시피 청년대중들은 절대다수가 노동자계급이기는 하나 각이한 계급적 이해관계가 혼합된 집단이기 때문에 문재인 정권의 몇몇 개량적 정책들, 혹은 주택시장에 대한 개입이 극소수 청년들의 불만을 샀을 가능성도 존재한다. 다시 말해 문재인을 '좌파적'이라고 여긴 지배계급 청년들이 부르주아 계급의 이익을 한층 폭력적으로 관철시키려 하는 윤석열, 국민의힘에 표를 주었을 수 있다는 것이다. 허나 이러한 경향이 청년대중 일반의 계급적 성격을 규정한다고 보기는 어렵다. 절대다수 청년들은 생산수단을 소유하거나 불로소득으로 생활할 수 없는 데다, 청년들은 '예비노동자'로서 자본주의적 재생산 구조에 강력히 속박되어 있기 때문이다. 특히 현재 한국 청년대중 가운데 적지 않은 수를 차지하는 대학생의 경우, 지난날처럼 인텔리겐챠로서의 독점적 지위를 누릴 수 없게 되어 그 사회적 지위 또한 격변하였다. 대학 진학률이 70%대에 육박하고, 대학이 기업에 고학력 노동자를 공급하는 전진기지로 전락(이를테면 00년대부터 본격화된 '산학협력', '정부 재정지원 사업' 등)한 지금에 와서는, 대학생 대부분은 더 이상 지식인이 아니라 노동자계급으로의 편입이 예정된 계층으로 보아야 한다.

한편 일각에서는 청년대중의 '우경화'나 '탈정치화'를 근거로 그들이 계급투쟁 전선에서 어떤 역할을 할 수 있을지에 대한 회의적인 시선이 존재한다. 하지만 청년대중은 객관적으로 계급투쟁의 핵심 동력으로 부상할 가능성을 담지하고 있다. 한국 자본주의의 발전으로 자본의 유기적 구성이 고도화됨에 따라(즉, 노동력 수요가 감소함에 따라) 청년대중이 만성적인 실업, 상대적 빈곤을 면치 못하는 경제적 조건은, 청년들이 더 이상 부르주아 정치세력의 기만에 넘어가지 않고, '노동자계급의 정치권력 장악'의 필요성을 인식할 수 있는 조건이 되기 때문이다. 더욱이 윤석열 정권의 행보는 이러한 가능성에 기름을 붓고 있다. 윤석열의 언행('120시간 노동', '민간주도', '여성가족부 폐지' 등)에서 보듯, 윤석열 정권은 노동자계급에 대한 절대적·상대적 착취의 강화와 더불어 공기업 민영화, 민중 생존권·민주주의적 권리의 박탈을 통해 기존의 개량적 조치마저 무력화시키려는 의지를 공공연히 드러내고 있다. 윤석열 정권의 이러한 반동성은 작게는 한국 자본주의, 나아가서는 자본주의 세계체제 자체의 전반적 위기가 투영되어 있으며, 궁극적으로는 노동자계급을 파쇼적 예속 아래에 두려는 전망을 포함한다.

국제 공산주의운동의 후퇴와 자본주의의 위기가 서로 보폭을 맞추는 이상, (독점)자본에게는 '개량'이나 '양보'를 할 만한 압력은 물론 그럴 여유도 존재하지 않는다. 계급협조를 조장하였던 조건들의 상당 부분이 무의미해진 오늘날, 자본가계급의 사회적 회유정책은 국가독점자본주의의 파산과 아울러 결국 실패하였다. 자본주의의 모순은 자본주의의 운동법칙으로부터 야기되는 것이어서, 자본주의 국가의 개량 정책과 노동자계급이 얻어낸 양보는 국가독점자본주의의 상시적인 위기 앞에서 필연적으로 '바람 앞 등불'이 될 운명이다. 이에 자본주의가 배태한 모순은 나날이 그 심각성을 더해갈 것이며 이는 주기적인 경제공황으로, 부르주아 이데올로기와 의회 민주주의의 동요로, 격화되는 노자간의 투쟁으로

비화될 것이다.

위에서 살펴본 바에 따라 다음과 같은 결론이 도출된다. 자본주의 모순의 첨단에 선 한국 청년대중이 독점자본, 윤석열 정권과의 투쟁에 나서야 할 객관적 조건은 충분히 무르익었다. 거꾸로 말하자면, 자본가계급과 노동자계급 사이의 투쟁이 첨예화하고 있는 지금의 정세는 기나긴 침체에 빠진 청년운동의 재도약을 도모할 수 있는 조건을 마련해주고 있는 것이다.

2. 청년운동의 과거와 현재

1) 팽창기의 학생운동(~90년대 초·중반)

'청년운동'의 범위를 구한말 이후(대략 1900년대 초반 이후)로 한정한다면 한국 청년운동사는 100년이라는 제법 긴 시간 동안 역사의 복판에서 투쟁의 선봉에 서 왔다. 조선의 봉건적 질서가 내외의 모순으로 해체되고 조선에서도 갑오개혁 이후 근대적 교육 제도가 확립되면서 마침내 근대적 의미의 '청년(학생)'이 등장했다. 이 시기 청년(학생)은 아직 계층적으로 결집될 만큼 유의미한 세력을 확보하지 못하였으나, 1900년대 이후 일제의 조선 강점은 점차 '계층으로서의 청년(학생)'이 형성되게 하였다. 당시 조선의 청년(학생)들은 1905년 을사조약이 체결되자 동맹휴학에 나서고 전국 각지에서 반일투쟁을 전개하거나, 몇몇은 의병운동에 합류하는 등 일제의 침략행위에 격렬히 저항했다.3) 이후에도 청년(학생)들의 반일 투쟁은 지속됐다. 청년(학생)운동은 3.1 운동과 6.10 만세시위, 광주 학생 항일운동 등을 거치며 조직적·사상적으로 성장하였으며, 청년(학생)운동의 이러한 변혁적 성격은 해방 이후 친일파 청산을 위한 노력, 단선·단정 반대투쟁으로도 이어졌다.

이승만 정권 시기에도 청년(학생)운동은 들불처럼 번져나갔다. 3.15 부정선거의 정황이 속속 드러나며 불법적인 장기집권을 목적으로 하는 이승만과 자유당 정권에 의해 민주주의가 유린당했다는 사실에 분개한 마산 시민들과 청년(학생)들은 마산 시내 거리로 쏟아져 나왔다. 쿠데타로 정권을 장악한 박정희 정권, 뒤이어 나타난 신군부와의 투쟁에서 청년운동의 전선은 반파쇼투쟁으로 발전하였다.

특히 1980년대는 한국 청년(학생)운동이 양적·질적 측면에서 폭발적으로 성장한 시기였다. 당시의 이러한 대도약은 한국 자본주의의 발전 수준과 긴밀한 연관을 맺고 있다. 80년대 한국경제는 정부의 저곡가 정책 등으로 인한 농민층의 분해, 그에 따른 농민층의 도시 하층 노동자계급으로의 유입, 파쇼체제 하 노동자계급의 무권리 상태에 기초한 저임금·장시간 노동의 폭력적 강요(절대적 착취), 이른바 '3저 호황'으로 불리는 대외적 조건이 결합함으로써 자본 축적이 활황을 띄었다. 즉, "자본의 유기적 구성은 완만하게 높아졌지만, 자본의 양적 성장은 폭발적이었기 때문에, 자본은 계속해서 더 많은 노동력을 요구"4)하는 상황이었다. 80년대

---

3) 이정식, ≪새로운 학생운동사≫, 도서출판 힘, 1993, p. 44.
4) 노준엽, ≪청년(학생)운동의 발전에 있어서 청년 세대의 정치적 발전의

까지는 여전히 생산력 수준이 낮았던 관계로, 자본은 생산설비에 대한 투자를 지속하면서도 동시에 많은 노동력을 필요로 했다.

이러한 경제적 조건에서 상대적으로 저학력이었던 청년노동자들은 육체노동자로 고용돼 생산 현장에 투입된 반면, 미약한 생산력 수준으로 인해 지금처럼 고등교육이 보편화되지 못했던 시기에 대학에 진학할 수 있었던 소수의 청년들은 지식인 계층으로 자신들의 정체성을 가지고 있었다. 청년의 일부를 구성하는 대학생들이 자신들을 "소위 '이데올로기적 존재'로 보고, '존재 이전'의 문제를 주요하게 제기"[5]하였던 것이 바로 이 때문이다.

존재 이전이 핵심적으로 부상하였던 것은, 당시 청년운동이 대학 교육을 받은 소수의 청년들에 의해 주도되었던 탓에 그 확장성에 있어 한계가 뚜렷했기 때문이다. 당시 청년운동은 철저한 맑스-레닌주의에 입각하지는 못하였으나, 노동자 민중에 대한 착취와 진보적 인민에 대한 악랄한 탄압으로 지탱되는 파쇼 체제를 타도하고 (정파마다 노선의 차이가 존재했지만 대체적으로) '민주정부'를 수립하려는 목적을 가지고 있었다. 이를 위해서는 대중의 정치의식이 발전해야 하며, 발전된 의식을 파쇼 통치를 끊어낼 수 있는 물질적 힘으로 전화시키는 작업이 요구됐다. 이런 작업의 일환으로 '농활'이나 '위장취업' 등이 활발히 이뤄졌다.[6] 대학생 운동

필요(연)성≫, 2022.7.17., http://lodong.org/wp/archives/17544
5) 노준엽, 위의 글,
6) 대학가에서 노동자계급의 의식화·조직화를 목적으로 한 위장취업은 현재로서는 전무한 상태이나, 농활의 경우 '농촌 학생연대활동'이라는 기존의 목적이 상당 부분 희석된 채 '봉사활동'의 형태로 근근이 명맥을 유지하고 있다.

권은 직접 민중의 삶 속으로, 그러니까 생산현장으로 들어가서 대중과의 접점을 확대하여 현장 노동자에 대한 의식화, 조직화를 촉진함으로써 운동의 범위를 확장하고 대중적 동력을 확보하려 하였다.

생산관계로부터 비교적 자유로운 '이데올로기적 존재'로서 운동 주체인 청년을 규정하고 '존재 이전'을 목표로 삼은 당시의 청년운동은 80년대 노동운동에서 일정한 역할을 하였으며, 6월 항쟁으로 대표되는 민주주의 투쟁에서도 막대한 영향력을 행사했다. 하지만 90년대 중반에는 청년운동의 기세가 점차 꺾이기 시작하더니 일반대중은 물론 청년대중들까지 기존의 청년운동에 무관심해지거나 심지어 적대시하는 경우가 늘기 시작했다. 이는 80년대 운동의 존립 기반이었던 국내외의 경제적, 사회적 조건이 90년대 들어 격변하였기 때문이다. 이처럼 더 이상 이전과 같은 방식의 운동을 전개할 수 없었던 사정이 있었고, 결론적으로 청년운동의 존재 이전 시도는 실패했다. 말인즉, 정세의 변화로 청년운동의 존립 기반이 흔들리면서 캠퍼스 밖 청년대중을 대상으로 한 존재이전 시도는 중단되었으며, 이렇다 할 성과를 남기지 못한 채로 마무리되었다.

2) 현재의 학생운동(00년대 이후)

필자는 청년운동이 그 양적·질적 고양이 두드러졌던 80년대를 뒤로 하고 현재에 이르러서는 그 영향력을 대부분 상실했다고 판단한다. 물론 이는 전체 청년운동 중 대학가를 중심으로 전개된 청년(학생)운동 양상임에 유의할 필요가 있다. 그럼에도 청년운동에서 상당한 지분과 영향을 확보하고 있던 전대협, 한총련 등 '전국적으로 조직된 거대 청년(학생)조직'의 쇠락은 전체 청년운동의 거대한 후퇴를 가져왔다고 보아도 무방할 것이다. 이러한 후퇴는 한국 청년운동 자체가 군사독재정권에 대한 자생적 저항의 형태로 조직된 이래, 그 양적·질적 성장에도 불구하고 비교적 늦은 시기에 맑스-레닌주의라는 과학적 이론을 수용하게 되었다는 사정과 관련된다. 나아가 6월 항쟁을 통한 부르주아 민주주의의 쟁취는, 당시 '대통령 직선제 쟁취' 등을 중심으로 광범한 대중의 참여를 이끈 일반 민주주의적 의제의 중요성이 약화됨을 의미했고, 이는 청년운동의 대중적 호소력 감소라는 후과를 가져왔다. 여기에 쏘련을 비롯한 현실 사회주의의 붕괴라는 외부 정세의 변화도 청년운동에 커다란 충격을 주었다. 당시 운동권은 현실 사회주의의 패배를 맑스-레닌주의에 내재한 오류로부터 비롯된 것으로 오인함으로써, 맑스-레닌주의의 문법 자체를 시효가 다한 과거의 유산으로 치부하는 오류를 범했다. 이들 요인은, 맑스-레닌주의에 대한 청년들의 이해가 성숙하고 맑스-레닌주의가 운동의 확고한 지도사상으로 자리 잡기도 전에, 운동사회를 휩쓸었던 탓에 그 부정적 파급이 더욱 컸다. 결국 맑스-레닌주의가 소실된 운동 공간에는 비과학적 소부르주아 사상들이 하나의 '대안'으로 자리 잡으면서 청년운동의 사상적, 정치적 후퇴가 거듭됐고, 이 시기 확산한 소부르주아 이데올로기(이를테면 포스트모더니즘)는 현재까지도 청년운동의 발전을 저해하는 장애물이 되고 있다.

현재는 대학 캠퍼스를 거점으로 활동하는 운동조직들도 수도권의 소수 대학을 제외하면 괴멸된 상태고, 그나마 잔존한 조직들조차 전망이 어둡다. 00년대 이후 진보정당 별 학생위원회 형식으로 근근이 유지되던 학내 정치조직은 박근혜 정권에 의한 통합진보당 해산을 기점으로 큰 타격을 입었으며, 현재로서는 학내에서 이렇다 할 영향력을 확보하지도 못하고 있다. 이에 더해 진보적 담론들의 유통 창구이자 학생사회의 한 축으로 기능하던 학내 운동권의 붕괴는 학생사회의 공론 구조가 총체적으로 붕괴되는 상황으로까지 이어졌다. 결국 2010년대 후반 들어서 '학생회'보다 '에브리타임'과 같은 극우성을 띤 익명 학생 커뮤니티에 의해 학내 여론이 주도되는 상황이 꾸준히 연출되고 있다. 총여학생회 폐지, 학내 정치조직·인권기구에 대한 공격 등은 이러한 극우·반동적 학생 무리의 영향력이 운동권을 압도하고 있음을 상징하는 사례들이다.

청년운동은 어쩌다 반동에게 자리를 내어주게 되었나? 외부 요인을 무시할 수 없지만 주체 측면에서 붕괴의 원인을 추정한다면, 그것은 변혁운동 주체로서 '청년'의 성격을 잘못 설정하였다는 데 있다고 본다. 이를테면, 80년대에는 변혁운동 주체로서 청년이 설 수 있는 근거를 '기성의 관습에 저항'하는 특유의 진보적 성정(性情)에서 찾는 경우가 많았는데, 이러한 정의는 지나치게 포괄적이고 추상적인 개념이 됨은 물론, '기성의 관습에 대한 저항이 오직 청년만의 몫인가?'하는 의문이 뒤따르게 된다. 과거의 학생 운동권은 청년(학생)운동의 규정력을, 청년이 '피교육자'라는 특성에 한정짓는 오류[7]를 범한 탓에 청년운동의 특수성을 올바르게 인식하

---

7) "청년학생은 무엇보다도 사회 속에서 '배우는 사람', 즉 피교육자로서의 지위를 차지하고 있다. 사회생활에 본격적으로 나서기 전에 청년학생은 대

지 못했다.

한편으로 청년운동은 변혁운동이며, 변혁운동의 본질은 계급투쟁이다. 계급은 사회적 생산관계에서 차지하는 지위에 따라 객관적으로 결정되는 것이다. 그런데 청년이 '이데올로기적 존재'라는 점을 강조하거나 청년이 선험적으로 '진보성'을 가지고 있다는 식으로 변혁운동에서 청년의 주체성을 설명한다면, 이는 지극히 피상적이며 비과학적인 접근이 된다. 이처럼 청년에 대한 비당파적인 전형적 견해에 근거하여 청년운동의 정의를 하게 되면, "청년 범주를 고정된 것으로 바라보게 됨으로써 다른 것들과 연관 속에서 변화하는 청년 범주의 내용들을 전혀 포섭할 수 없다."[8] 즉, 고정불변한 청년의 속성을 강조한 이러한 관점에 의하면, '청년'이 포섭하는 영역이 '대학생'이라는 협소한 범주에 머무르게 되고, 청년운동은 부단히 변화하는 주체적, 정세적 조건에 대한 기민한 대응 능력을 상실하게 됨은 물론, 청년운동의 중핵이 청년대중의 요구를 올바르게 파악할 수도 없게 되며 종국에는 청년운동의 소멸로 나아가는 결과를 초래하는 것이다. 이러한 주체적 관점의 오류가 00년대 이후 청년학생운동이 현재와 같은 극심한 침체기에 접어드는 데 일정한 영향을 미쳤다고 할 것이다.

학생활의 과정에서 전체 사회의 구조와 운동에 대해서 이해하게 되고 세계관과 인생관을 확립하게 되며, 또 '진리와 정의'를 탐구하는 과정에서 사회에 대한 주체적 시각, 즉 '비판적 이성'을 함양하게 된다. 이와 같이 사회적 생산관계 속에 직접 편입되어 있지 않고 사회에 대해 배워나가는 입장과 처지에 있는 피교육자라는 청년학생의 사회적 지위는 청년학생계층의 전체적·개인적 특성과 의식 및 운동을 규정하게 된다.", 조지훈, ≪80년대 후반 청년학생운동≫, 형성사, 1989, p. 97.

8) 노준엽, 위의 글.

그러나 일각에서는 이러한 주체의 오류를 과장하고 청년운동의 침체를 그 객관적 조건으로부터 분리하는 그릇된 견해를 보이기도 한다. 예를 들어 청년운동 지도층이 '시대적 변화'를 읽지 못하고 '철 지난 학생운동'에 매달린 탓에 청년운동이 몰락하였다는 주장이 그러하다. 이러한 관점은, 주로 1996년 김영삼 정권의 범민족대회 무산 시도에 맞서 싸운 한총련 학생들의 '연세대 항쟁(사태)'을 언급하면서, 87년 '민주화'를 달성한 이후 학생운동은 과거와 같은 '강경투쟁' 일변도의 방식에서 벗어날 필요성이 제기되었음에도 '구시대적' 운동을 고집하였기 때문에 청년(학생)운동이 청년대중으로부터 외면당했다고 주장한다. 그러나 이는 당시 청년(학생)운동 주체에 대한 부당한 비난일뿐더러, 운동 소멸의 객관적 조건을 괄시한다는 점에서 관념론적 해석이다. 물론 주객관적 조건의 변화를 수용하고 현 시대에 걸맞는 전략·전술을 고안하여 청년운동의 전망을 제시해야 할 책임은 청년대중의 선진인자에게 있는 것이 사실이다. 하지만 청년운동의 쇠퇴 원인을 주체의 오류에서만 추궁하는 것은 바람직하지도 않거니와, 이는 청년운동의 재건에 조력할 수도 없다. 중요한 것은 당면한 조건 속에서 청년운동을 어떻게 복원할 것이며, 윤석열 정권과의 투쟁에서 청년운동이 어떻게 대응할 것인지 검토하는 일이다.

3. 윤석열 정권에 맞서 청년들은 무엇을 할 것인가?

현재는 80년대와 조건이 다르다. 특히 청년의 경제적·사회적 처지가 80년대와는 결코 동일하지 않다. 80년대 이후로 꾸준히 성장했던 한국 자본주의는 격화되는 자본의 위기 속에서 그 성장의 한계에 부딪혀 있다. 즉, 호황 국면의 자본주의 하에서 운동을 했던 80년대 청년(대학생)들은, 넘쳐나는 노동력 수요로 취업을 걱정할 일이 적었다. 반면 현재에는 청년실업 문제가 사회현상으로 본격화된 지도 20년이 다 되어 가고 있다. 그만큼 실업의 확대는 청년들의 피부에 와 닿는 문제다. 그러나 자본주의 체제에서 실업의 확대와 실업자의 증가는 필연이며, 이는 자본주의의 축적의 일반법칙에 의해 규정되는 현상이므로 청년들의 '의지'나 '노력'으로 해결할 수 있는 문제가 결코 아니다. 부르주아 언론이 청년들을 "단군 이래 최대 스펙"이라는 표현으로 수식하듯이, 한국 사회의 생산력은 고학력 노동자들을 대량으로 만들어낼 만큼 발전했는데, 이러한 노동생산성의 발달이 역설적으로 실업을 증대시켰다. 노동생산성의 향상이 자본의 기술적 구성도를 높여 가변자본(노동력) 비중을 감소시켰고, 이것이 멀쩡한 노동력 상당수를 쓸모없게 만듦으로써 노동자들을 실업 상태에 빠뜨렸다. 그리고 이러한 실업 상태의 노동자 무리는 자본주의의 유지 및 존속에 필수적인 요소인 대량의 산업예비군으로 전락하며, 자본주의적 생산이 고도화될수록 이들의 수는 계속 확대된다. 오늘날에는 과학기술혁명의 결과로 자동화, 인공지능 기술이 노동자를 대체하면서 이런 경향을 더욱 부추기고 있으며, 이는 자본주의에서 거스를 수 없는 법칙이다. 즉 자본주의 체제가 유지되는 한 청년들이 실업에서 벗어날 방법은 없는 것이나 마찬가지다. 결국 청년들이 작금의 실업과 빈곤을 타개하기 위해서는 필연적으로 자본주의를 분쇄하는 투쟁이 요구되는데, 이것이 청년들을 변혁적 청년운동으로 끌어들일 강력한 동인을 제공한다.

그런데, 앞서 지적한 바와 같이 변혁운동의 주요세력을 담당하던 청년(학생)운동은 괴멸 상태다. 그나마 남아있는 청년(학생)운동도, 80년대 운동의 성과에 기대어 그 형식만 간신히 유지하고 있다. 또한 변혁적 실천을 담보하는 '내용', 즉 맑스-레닌주의 세계관에 입각하지 못하는 상태이며 이로 인해 사상적 구심도 확보하지 못하고 있다. 다시 말해 청년운동이 하나의 과학적 세계관에 기초하지 못하며, 잡다한 소부르주아 이데올로기를 운동의 지도이념으로 삼고 있다는 의미다. 이는 한때 '체제 변혁'이라는 거시적 전망을 공유했던 청년운동 진영이 사회경제적 조건의 변화, 특히 쏘련 해체로 촉발된 이데올로기적 혼란을 거치며 맑스-레닌주의를 섣불리 청산해버린 탓이 크다. 맑스-레닌주의의 성급한 청산은 이제 막 과학적 토대 위에 정초되려 하고 있던 청년운동의 잠재력을 감소시켰고, 지금의 청년운동은 과학성·변혁성을 상실한 채 각 부문(인권, 노동, 농민, 여성, 장애, 빈민, 환경, 통일 등) 별로 뿔뿔이 흩어져, 때때로 상호 간의 느슨한 '연대'를 구하며 각개전투를 벌이는 실정이다.

이들 부문운동은 '다양성'과 '연대'라는 기치 아래 맑스-레닌주의가 청산된 이후 청년운동의 중요한 축을 담당하고 있다. 특히 여성운동과 소수자 운동은 지난 몇 년 사이에, 청년운동 전반의 침체 속에서도 양적 성장세가 두드러졌다. 이들 부문운동은 성폭력과 상대적 저임금으로 점철된 여성의 삶과 성소수자, 장애인, 이주민 등 사회적 소수자들이 일상에서 겪는 차별이 개인의 박약이나 부족함으로부터 비롯되는 것이 아니라, '구조적 문제'임을 명확히 하고 있다. 나아가 이들은 구조적 모순의 해결을 위해 피억압 계층 당사자들이 연대하여 정부, 입법기관 등을 '압박'하여 차별적인 법과 제도를 '개선'해야 한다고 목소리를 높이고 있다. 비록 부문운동의 이런 전략은 사회를 사적 유물론에 입각하여 분석한 것이 아니고, 차별과 불평등의 원인을 경제적 토대가 아닌 상부구조(이를테면 가부장제, 성소수자에 대한 주관적 혐오감 등 문화적 요인)로부터 추출하면서, 그 해결책까지 상부구조의 변화, 개량적 실천으로부터 찾는 까닭에 한계가 분명하다. 또한 일반적으로 부문운동은 뚜렷한 계급성을 띠지 않는다. 따라서 부문운동 그 자체만으로는 변혁성이 있다고 볼 수 없다. 하지만 부문운동은 피억압 민중의 즉자적인 문제의식을 반영하고 있으며 그러한 한에서 유의미하다는 사실을 잊지 말아야 한다. 즉 노동, 농민, 여성, 장애, 빈민, 환경, 통일 등 여러 부문에 망라된 청년운동은 객관적으로 볼 때 현 시기 청년들이 자본주의가 만들어낸 모순에 대항하는 여러 양상들을 표현하고 있다. 그렇기에, 부문운동에서 과학성·총체성이 부족하다는 사실은 청년운동 전반의 발전에 즉각적인 피해를 야기하지는 않는다. 오히려 부문운동에 헌신·동조하는 청년들을 무시하거나, 그 의의를 무조건적으로 기각하는 행위야말로 청년운동의 발전에 해악을 끼친다. 부문운동의 의의와 한계를 구체적으로 인식한 가운데, 전체 운동의 발전이라는 장기적인 목표를 가지고, 부문운동을 비롯한 청년운동의 각 영역에 적극적으로 개입하는 것이 맑스-레닌주의를 지향하는 청년들이 견지해야 할 자세다.

부문운동이 청년운동에서 차지하는 비중과 영향력을 생각했을 때, 부문운동에 대한 올바른 관점을 견지하는 것은 향후 윤석열 정권과의 투쟁에서도 중요한 실천적 의의를 갖는다. 윤석열 정권이 자행하고 있는 민주적 권리의 후퇴, 인플레이션과 저임금, 공공부문 축소, 친자본·반노동 행보에 맞선 청년들의 즉자적 분노를 대자적으로 전환하는 데서, 부문운동과의 관계 설정이 중요하다. 11월 5일에는 윤석열 개악저지 청년학생연석회의의 주최로 '청년학생 총궐기'가 열릴 예정이다. 이들이 내건 10대 요구안은 ▶최저임금 인상 ▶대학공공성 강화 ▶일자리 마련 ▶청년부채 해결 ▶남북대화 이행 ▶대기업 규제 ▶성평등 사회 실현 ▶청년주거권 보장 등 독점자본과 윤석열 정권을 정면으로 겨냥하고 있다. 윤석열 정권이 사사건건 청년대중과 충돌함에 따라, 당면한 정세는 청년운동이 주도적인 역할을 할 것을 요구하고 있다.

따라서 청년운동 내부의 혁명적 부위는 부문운동의 한계와 오류를 섣불리 비난하거나 당위에만 치우쳐 맑스-레닌주의에 입각한 운동을 강요하여서는 안 된다. 오히려 혁명적 청년은 이들 부문운동의 성과와 문제의식을 존중하고, 이들 운동이 한층 높은 단계로 이행할 수 있는 과학적 이론을 제공함으로써 전체 청년운동의 발전을 제1의 목적으로 삼아야 한다. 레닌은 ≪학생≫지를 인용하며 "혁명적 감정만으로 학생의 사상적 통일을 이룰 수 없다"[9]고 지적했다. 전체 운동의 발전을 사고하지 못한 채 혁명적 감정만을 앞세운다면 청년운동은 사상적 통일을 달성할 수도 없고, 운동의 발전을 도모할 수도 없다는 것이다. 부문운동의 한계는 현실에 대한 과학적인 분석, 다시 말해 사회의 운동과 모순을 객관적으로 분석하지 못하는 데 있다. 청년의 현실을 과학적으로 분석한다는 것은 세계의 물질적 통일성을 인정한 가운데 그 매개 연관으로부터 자연과 사회의 운동 법칙을 규명한다는 것이다. 이를 가능케 하는 이론이 바로 노동자계급의 과학적 세계관인 맑스-레닌주의이다.

결론적으로 윤석열 정권의 반민중 폭거에 맞선 혁명적 청년의 임무란, 청년대중과 청년운동 주체 속에서 각 부문에서 벌어지고 있는 투쟁의 현재적 의의를 인정하면서도, 그들의 한계를 극복하기 위해서는 '과학'의 도움이 필요함을 적극적으로 선전하는 것이다. 또한 청년운동 주체의 오류를 지적하고 그들의 변화를 유도하는 사업은 부문운동의 실천적 의의를 무시하는 고압적인 태도로 이뤄져서는 안 된다. 오직 전체 청년운동의 발전이라는 대전제 속에서 행위 하여야만 맑스-레닌주의가 장차 청년운동의 지도이념으로 자리 잡을 수 있다.

청년운동에서 과학성의 회복이란 단순히 청년운동의 '복원'만을 의미하지 않는다. 과학성의 회복이란, 과거 청년운동의 성과를 계승하되, 동시에 이를 지양하는 변증법적 발전 궤도로 청년운동을 재정립한다는 것을 뜻한다. 이 때 변혁 지향적 청년활동가들의 역

---

9) 레닌, ≪청년 학생론≫, 두레, 1990, p. 10.

할은 맑스-레닌주의 철학과 경제학을 학습하고, 학습을 바탕으로 한국 사회에 창조적으로 적용된 맑스-레닌주의 이론을 청년대중의 눈높이에 맞추어 선전·보급하며, 청년운동의 맑스-레닌주의화를 위해 적극적인 조직사업을 벌여 나가는 것이다. 청년들은 이미 당면한 고통과 억압이 자신의 부족함 탓이 아님을 깨달아가고 있다. 단지 주변 세계에 대한 과학적인 인식에 닿지 못해, 그릇된 방향으로 향하고 있을 뿐이다. 이른바 '청년세대의 우경화'는 이런 이데올로기적 혼란상을 반영한다. 일부 청년들이 약자를 향해 산발적으로 내뿜는 비논리적인 혐오와 분노, 진보적 청년들의 즉자적 의식을 반영하는 부문운동들의 기저에는 공통적으로 자본주의 모순이 도사리고 있다. 이때 중요한 것이 전일적이고 총체적인 세계관을 습득하는 일이다. 그리고 이런 이념이 현실을 바꾸는 하나의 물리적인 힘으로 전화될 때 마침내 청년들에게 존재하는 모순도 아울러 해소된다. 이것이야말로 맑스-레닌주의가 청년운동에서 갖는 중요성이며 청년 문제를 해결할 유일한 방안임을 입증하는 것이다. **노사과연**

독점자본의 위기와 인플레이션

조명제 | 회원

일반적으로 인식되는 물가인상이 아니면서 물가인상의 주된 원인이며, 노동자와 인민에게는 커다란 경제적 고통을 안겨주며, 독점자본의 위기 극복을 위해 탄생했지만 미봉책에 불과해 더 큰 모순을 추동하는 인플레이션에 대해 ≪노동자 교양경제학≫[1])의 내용을 중심으로 해서 살펴보고자 한다.

1. 물가, 즉 상품의 가격과 금

1) 상품과 그 가치 그리고 가격

생산수단에 대한 사적 소유가 지배하는 사회에서 노동과 생산물이 사회적 노동과 사회적 생산물로 될 수 있는 것은 상품교환을 통해서만 가능하다. 그리고 그 교환은 가치의 크기에 따른다. 이를 채만수 노동사회과학연구소 소장은 다음과 같이 말하고 있다.
생산수단이 사적으로, 즉 배타적·독점적으로 소유되어 있는 곳에서는 각 개인의 노동 역시 독립적·배타적으로 수행되기 때문에, 그 노동과 노동생산물은 교환을 통해서만 유통되고, 사회적인 노

---

1) 채만수, ≪노동자 교양경제학≫ 제6판, 노사과연, 2013,

동이나 노동생산물로 될 수 있습니다. 따라서 생산수단이 사적으로 소유되어 있는 곳에서는 인간의 노동생산물은 상품으로 생산되고, <u>상품은 그 가치의 크기에 따라서 상호 교환되게 됩니다</u>.[2]

그런데 교환되는 상품의 가치의 크기는 그 상품에 대상화되고 응고된 추상적 인간노동의 량에 의해 결정된다. 역사적으로 잉여가 발생하면서 생산물, 즉 상품의 교환이 이루어지게 된다. 그 때 서로 다른 사용가치를 가진 상품을 교환하는 목적은 서로가 상대의 상품을 원하기 때문─다른 사람이 원하는 사용가치를 생산하는 것─이기도 하지만, 교환이 성립할 수 있는 이유는 그 상품 모두에 동일한 척도로서의 '추상적 인간노동'이 대상화되고 응고되어 있기 때문이다. 예를 들어 서로 다른 사용가치인 일정량의 땔감과 또 다른 일정량의 곡식이 서로 교환될 수 있는 것은 그것을 생산하는 데 들인 노동량, 노동시간이 같기 때문이다.

이러한 상품의 관계를 식으로 표현하면, x량의 상품 A = y량의 상품 B 이다.

여기서 'x량의 상품 A'를 '상대적 가치형태'라고 하고 'y량의 상품 B'를 '등가형태'라고 하며 이 등식 전체를 '가치형태'라 부른다. 즉 이 가치형태가 의미하는 것 중, x량의 상품 A의 입장에서는 y량의 상품 B라는 등가형태로부터 자신의 상대적 가치를 표현하고 (시장에서의) 교환 가능성을 보이는 것이다.

상품생산과 교환이 발전하면서 이 가치형태도 변화 발전하게 되는데, '단순한 개별적인 우연한 가치형태로부터 전체적인, 전개된 가치형태로, 그리고 다시 일반적인 가치형태로 발전한다. 그리고 <u>상품세계에서 배제되어 자신 이외의 모든 상품의 가치를 표현하는 재료가 되는 일반적 등가물이 특정한 상품, 그러니까 금에</u>

---

2) 채만수, 앞의 책, 제4장 가격, p. 164.

고착되게 되면, 금은 이제 화폐가 되며, 가치형태는 화폐형태, 혹은 가격 형태'3)가 된다.

여기서 그 자신 가치 생산물인—또 그래야만 가치척도로서의 역할을 하는—금(또는 은)이 화폐로 된 이유는 그 물질적 속성 때문인데, 금은 "그 자체 품질이 균질할 뿐 아니라 시간이 지나도 산화·부패하거나 변하지 않"으며, "따라서 가치의 보전이 어떤 생산물보다도 완벽"하다. "또한 금이나 은은 그것을 아무리 잘게 나누거나 크게 합해도 오직 량에서만 차이가 나는 금 그 자체, 은 그 자체"이다. "정확히 그 크기에 비례하여 그 가치의 량만 변할 뿐"이다."4)

따라서;

> 상품의 가격이란, 그 상품의 가치를 화폐로 표현한 것이고, 상품의 가치란 그 상품을 생산하는 데에 사회적으로 필요한 노동시간이어서, 결국 어떤 상품의 가격은 그 상품을 생산하는 데에 사회적으로 필요한 노동시간을, 동일한 시간에 생산할 수 있는 양의 화폐, 즉 그만큼의 금으로 표현한 것 … 5)

이다.

금은 '상품세계에서 배제되어' '자신 이외의 모든 상품의 가치를 표현하는' '유일한' '진정한' 화폐가 되었고 지금도 금만이 화

---

3) 앞의 책. p. 165.
4) 앞의 책. p. 142.
5) 채만수, ≪현장에서 미래를≫ 58호 (2000.8/9), 제4강 임금(2) — 인플레이션과 이른바 '생산성임금제' 등

폐이고 다른 무엇에 의해 대체될 수도 없다.6)

한편 금과 물질적 속성이 비슷한 은 역시 화폐로 기능한 시기가 있었다. 그러나 법적으로 둘 모두를 가치척도인 화폐로 사용하려는 '금은 복본위제'는 실패할 수밖에 없었다. 동일한 양의 금과 은의 가치의 비율, 즉 '금은비가'가 고정될 수 없고 끊임없이 변동하기 때문이다. 그것은 일정한 량의 금을 생산하는 데 필요한 노동의 량이 변동하고, 즉 노동생산성이 변동하고, 은 역시 마찬가지이기 때문에 금과 은 사이의 금은비가는 시장에서 변동이 생기게 마련이다. 국가가 법률로 확정하는 '법정비가'를 공포하더라고 시장에서의 금은의 가치 비율에 의해서 어느 한쪽으로 쏠리게 되는 것이다. 역사적으로 유럽에서는 1880년대 이후로 복본위제가 사라지고 이후 금본위제가 자리 잡게 된다.

2) 금태환제

상품의 유통에서는 그 상품의 가격에 해당하는 중량의 금이 있어야 하는데, 금화는 유통과정에서 마모될 수밖에 없다. 실질적 금량과 명목상의 금량 사이에 괴리가 생겼지만, 일정한 한도를 넘기 전까지는 명목상의 금량으로 유통하게 된다. 이러한 괴리에도 불구하고 명목상의 금량으로 유통된다는 사실에서, 금화가 주화기능에서는 다른 상징물로 대체될 수 있는 가능성을 가지게 된다.7)

---

6) 더 이상의 금의 유출을 막기 위해 벌인 1971년 8월15일 닉슨 정부의 금 달러 교환정지 선언, 국내에서는 1997년 말 소위 'IMF사태'라 불리는 외환위기 때 벌인 '금 모으기' 소동은 자본주의 생산이 위기에 처할 때 더 잘 드러나는, 금만이 진정한 화폐임을 보여주는 사례가 아닐 수 없다.
7) "유통수단 혹은 주화로서는 화폐가 이렇게 다른 상징물로 대체될 수 있는 것은 유통수단으로서의 화폐는 상품의 등가물로서 등장했다가는 곧 사라져 버리기 때문입니다." ≪노동자 교양경제학≫ 제6판, 제3강 화폐 3.

유통수단으로서의 화폐는 그 상징물 중에서도 가치 실체로부터 완전히 분리되어, 단순히 그 가치를 상징하는 증표-가치표장 혹은 가치장표-로, 그 전형적인 모습인 지폐로 대체될 수 있게 되었다

은행은 자신이 발행한 은행권에 대해 거기에 명기된 특정한 량의 화폐, 즉 금과의 교환의무를 지게 되는데, 이렇게 은행권과 금을 교환해주는 것을 태환이라고 하고, 그러한 화폐·통화제도를 '금태환제' 혹은 '금본위제'라고 한다. 참고로, 역사적으로는 금화본위제, 금지금본위제, 금환본위제라는 3가지의 형태가 있었다.

2. 물가변동의 원인과 인플레이션

많은 부르주아 경제학자들과 언론이 상품 가격의 상승을 인플레이션과 동일시하지만 이는 무지의 소치다. 물가변동의 원인을 살펴보자.

물가가 변하는 데에는 3가지 이유가 있다.

첫째로 노동생산력의 변화, 둘째로 수요-공급관계의 변화, 셋째로는 인플레이션에 의해서이다.

앞에서 물가, 즉, "상품의 가격이란, 그 상품의 가치를 화폐로 표현한 것이고, 상품의 가치란 그 상품을 생산하는 데에 사회적으로 필요한 노동시간이어서, 결국 어떤 상품의 가격은 그 상품을 생산하는 데에 사회적으로 필요한 노동시간을, 동일한 시간에 생산할 수 있는 양의 화폐, 즉 그만큼의 금으로 표현한 것"임을 염두에 두자.

화폐의 기능, p. 153.

1) 노동생산력의 변화와 물가

"노동생산성, 혹은 노동생산력이란 유용한 구체적인 노동이 사용가치를 생산하는 능력이고, 일정한 시간에 지출되는 노동이 얼마만큼의 사용가치, 즉 상품체를 생산하는가 하는 것으로 나타"[8] 난다. 가치형태, 즉 x량의 상품 A = y 량의 상품 B에서 등가형태인 B는 이제 일정한 량의 금이 되고, 만일 금, 즉 화폐를 생산하는 데 그 생산성에 변화가 없다면, '동일한' 시간에 생산하는 상품 A가 많이 생산되든 적게 생산되든(x량보다 많든 적든) 그 총 가치, 가격은 오로지 등가형태에 있는 금량과 같게 된다. 이렇게 해서 상대적 가치형태 A와 등가형태인 B가 같게(=) 되는 것이다. 결국 금, 즉 화폐의 노동생산성에 변화가 없는 상태에서 어떤 상품의 생산성이 높아지게 되면 그 생산된 사용가치 하나하나의 가치와 가격은 그만큼 떨어지게 되고, 그 상품의 생산성이 떨어지게 되면 그 반대의 현상 즉, 물가가 올라가게 되는 것이다. 상품 A의 노동생산성에 변화가 없고 금의 노동생산성에 변화가 생기면 위와 같은 방식에 대입하여 반대의 변화가 생길 것이다. "이것을 일반화해서 말하자면, 상품의 가격은 그 상품을 생산하는 산업에서의 노동생산력의 변화와 화폐인 금 산업에서의 노동생산력 변화 간의 상호 비례관계에 의해서 변동한다고 할 수 있습니다. 그리고 이것이 근본적이고 실질적인 가격의 변동입니다."[9]

그런데 엄청난 속도로 높아지고 있는 제반 상품의 노동생산성에 비해 금의 채굴을 위한 노동생산성은 상대적으로 떨어질 수밖

---

8) 앞의 책. p. 173.
9) 앞의 책, p. 174.

에 없다. 결국 자본주의적 생산이 발달하면 할수록 상품의 가격, 물가는 그만큼 하락해야 하는 것이다. 그런데도 물가는 완만하던지 급속하던지 간에 계속 상승하고 있는 것이 현실이다. 왜 그럴까?

2) 수요-공급관계의 변화와 물가

수요-공급관계에 변화가 생기면 물가, 즉 상품의 가격은 변화한다. 공급 대비 수요의 증대 속도가 빠르면 상품의 가격은 상승한다. 거꾸로 공급이 수요 대비해서 증대속도가 빠르면 상품의 가격은 하락하게 된다. 그런데 이와 같이 수요-공급관계의 변화에 의한 물가의 변동은 상품가격 그 자체의 변동은 아니다. "왜냐하면, 우선, 부문별로 수요-공급관계에 변화가 일어나고, 따라서 상품의 가격에 변동이 일어나는 경우 한 부문의 변화가 다른 부문의 반대 방향으로의 변화에 의해 상쇄되기 때문입니다. 다음으로, 호황기의 전반적인 물가등귀는 그에 이은 공황기의 전반적인 물가하락에 의해 상쇄되고, 그 반대 역시 마찬가지이기 때문입니다. 계절적인 물가변화도 역시 마찬가지"10)이다.

그런데 수요-공급관계와 물가의 변동을 위와 같이 설명하는 것으로 그친다면, 그것은 부르주아 속류경제학의 '현상기술(現像記述)'에 불과하다. 그 현상이 '사회적 필요노동시간'과의 관계 속에서 설명되어야 함에도 그러하지 못하기 때문이다.

글 첫머리에서 얘기했듯이 "생산수단이 사적으로, 즉 배타적·독점적으로 소유되어 있는 곳에서는 각 개인의 노동 역시 독립적·배타적으로 수행되기 때문에" 사회적 노동과 사회적 생산이 상품교

---

10) 앞의 책, p. 171.

환을 통해야만 하기도 하지만, 또한 그러하기 때문에 이윤의 최대 확보를 위한 자본의 경쟁과 무정부적 생산은 자본주의적 생산에서 필연적인 현상이다. 따라서 "어떤 상품의 총량에 포함되어 있는 사회적 노동시간은 사회적으로 필요한 노동시간보다 훨씬 많은 노동시간을 포함하고 있는 경우가 있을 수 있다."[11] 이것이 수요보다 공급이 과잉된 현상이고 이로 인해 개개의 상품의 가격은 하락하게 되는데, 그 이유는, '생산의 무정부성'으로 인해, 그 상품들의 생산에 투입된 총 노동시간이, 그 상품의 생산에 필요한 사회적 필요노동시간을 초과할 수 있지만, 그 상품들의 총 가치는 '사회적 필요노동시간'에 의해 결정되어, 개개의 상품의 가격은 떨어지기 때문이다. 공급 대비 수요가 많은 경우에는 반대로, 그 상품의 생산에 투입된 노동시간이 '사회적 필요노동시간'으로 되어 즉, 실제보다 더 많은 시간으로 되어 개개의 상품의 가격은 오르게 된다. 수요-공급관계의 변화로 인해 물가가 오르거나 내리는 원인은, 바로 사회적 필요노동시간과의 관계에 의해서만 설명될 수 있는 것이다. 이러한 경우를 맑스는 "함께 붙잡혀서 함께 목이 매달리는 격"이라고 표현했다.

참고로, 기술의 발달과 생산방식의 개선을 통해 '동일한 산업부문'에서 경쟁 자본보다 높은 노동생산력을 가진 자본이 생산한 상품은, 사회적 필요노동시간보다 적은 량의 노동을 포함하게 되고, 이 노동량, 노동시간의 차이로 획득하는 자본의 잉여가치가 '특별잉여가치' 혹은 '초과이윤'이다. 그리고 이 특별잉여가치는 열등한 경쟁 자본으로부터의 그만큼의 잉여가치의 이전이다. 이와 같이 상품의 '실질적인' 가치, 가격을 결정하는 것은 '사회적 필요노동시간'에 의해서이다.

---

[11] 앞의 책, p. 171.

3) 지폐유통의 특수법칙과 인플레이션

　물물교환이 아닌 발달한 상품경제에서는 상품은 화폐를 매개로 유통된다. 어떤 일정한 기간에 필요한 유통수단과 지불수단으로서의 화폐량이 '유통필요화폐량'이다.12)
　가치표장으로 등장한 지폐 혹은 지폐화된 은행권인 불환지폐는 인간노동이 거의 응고되지 않은 사실상 무가치물이다. 그것은 단지 금의 상징으로서 그 금을 대리할 뿐이다. 따라서 지폐 혹은 불환은행권은 그것이 대리하는 금량의 가치만큼의 가치만을 갖는다. 이것으로부터, 즉 금에 대한 지폐의 대리관계에서 지폐유통의 특수법칙이 발생하게 된다.
　시장에 유통필요화폐량, 즉 필요 금량에 비해, 같은 화폐명이 인쇄된 지폐의 량이 초과하여 투입되지 않는다면, 개개의 지폐는 동일한 금액의 금을 대리하게 된다. 유통에 투입된 지폐의 량이 부족하면 부족한 만큼의 금화나 태환은행권, 즉 금과의 교환이 보증된 은행권이 유통하게 되어 역시 동일한 금액의 금을 대리하게 된다.
　그런데 지폐 혹은 불환은행권이 유통에 필요한 화폐량을 넘어 유통에 투입되면, 상황은 전혀 달라진다. 투입한 지폐 혹은 불환은행권은 유통필요 화폐량, 유통필요 금량만을 대리할 수 있게 되

---

12) " … 주어진 어떤 기간에 유통하는 화폐의 총액은, 유통수단 및 지불수단의 유통속도가 주어져 있다면, 실현되어야 할 상품가격의 총액에 만기가 된 지불의 총액을 더하고, 거기에서 상쇄되는 지불을 뺀 후에 마지막으로 동일한 화폐조각이 유통수단의 기능과 지불수단의 기능을 차례로 수행하는 회수만큼의 유통액을 뺀 것과 같다." ≪노동자 교양경제학≫ 제6판, p. 158.―≪자본론≫ 제1권, *MEW*, Bd.23, S 153의 글 인용

므로, 그 가치는 초과 투입된 량에 비례하여 감가하게 되고, 지폐 한 장 한 장의 가치도 그만큼 감가하게 된다. 그 지폐 혹은 불환은행권의 가치가 저하한 만큼 상품의 가격, 즉 물가는 '명목적으로' 상승하게 되고 그것이 바로 **인플레이션**이다.

지폐유통의 특수법칙의 요체는 " … 이 법칙이란, 요컨대 지폐의 발행은 지폐에 의해서 상징적으로 표현되는 금(또는 은)이 현실적으로 유통하지 않으면 안 되는 량으로 제한되어야 한다는 것"13)이다.

이와 같이 지폐유통의 특수법칙으로 인해, 물가가 금량의 증대를 동반하지 않고 명목상으로 등귀하는 현상을 인플레이션이라고 한다. 노동생산력의 변화에 의한 물가 변동과 수요-공급관계의 변동에 따른 물가의 변동은 그 변동만큼의 금량의 증감을 수반하거나 금량에 의해 규정된다. 이것들을 가격의 '실질적 변동'이라고 함에 반해 인플레이션은 가격의 '명목적인' 상승이다. 즉 지폐가 유통에 필요한 화폐량 이상으로 남발되어 물가가 오르는 현상인 것이다.

그런데 물가의 명목적인 상승에는, 법률에 의해 가격의 도량기준이 변경되는 경우(denomination), 예컨대 '금 1g=1원'이었던 가격의 척도, 즉 도량기준을 법률에 의해서 '금 0.5g=1원' 식으로 변경하는 경우도 있다. 이 경우에는 모든 상품의 가격, 즉 물가는 일률적으로 오르거나 내린다. 반면에 인플레이션의 경우에는, 물가상승의 형태나 과정이 판이하게 다르다.

물가는 과잉의 지폐가 투입되는 지점에서부터 시차를 두고 마치 호수에 돌멩이를 던졌을 때 물결이 퍼져나가듯이 파상적으로

---

13) 앞의 책, p. 154. ≪자본론≫ 제1권, *MEW*, Bd. 23, s, 141의 글 인용

퍼져나갑니다.

그런데 과잉의 지폐가 투입되는 지점은 어디입니까?

바로 국가가 각종 물품을 구입하고, 각종 토목·건설공사를 발주하는, 재벌을 위시한 독점자본입니다. 그 때문에 각종 관급공사비를 포함하여 독점자본의 상품가격이 가장 먼저 등귀합니다. 그리고 그렇게 오른 가격에 판매한 대금으로 독점자본은, 아직 등귀하지 않은 상품들, 생산수단과 노동력 등을 구매하는데, 가장 나중에 상승하는 게 무엇인지 아십니까? - 바로 임금입니다.[14]

그런데, 인플레이션은 필요시 일시적으로 선택되는 정책이 아니라, 국가의 개입을 통해, 그 파장(波長)이 사그라들기도 전에 또 다른 파장이 몰려오는 '항상적' 인플레이션이다. 무엇으로 확인할 수 있는가?

누차 얘기하듯 지금과 같이 높은 노동생산력에 의해 생산되는 상품은, 그만큼의 노동생산력에 따라갈 수 없는 금량에 의해 화폐적으로 표현되므로, 가격이 이전보다 떨어지는 '실질적 하락'이 끊임없이 벌어져야 하는 것이 정상이다. 그런데 물가가 마이너스 상태라 하더라도, '실질적으로' 하락해야 하는 수준보다 덜 떨어진다면 이것은 인플레이션 상태에 있다고 보아야 한다. 현실은 물가가 계속 떨어지는 것이 아니라, 높거나 낮은 수준의 물가인상이 계속해서 이어져 왔다. '지폐유통의 특수법칙'에서 보았듯이, 불환지폐의 남발로 인해 벌어지는 물가의 '명목상의 상승'인 인플레이션이 전반적이고 지속적으로 이어지고 있기 때문이다. 금과의 태환이 정지되고 불환지폐가 남발하는 인플레이션 시대는 바로 독점자본의 '전반적' 위기에 의해 시작되었다.

---

14) 앞의 책. p. 191

3. 독점자본의 전반적 위기와 인플레이션

독점자본과 국가가 '긴밀하게' 결탁하는 국가독점자본주의 시대 이전에, 역사적으로 일정 기간 불환지폐가 등장한 적도 있었지만 실패를 맛보고 사라지게 된다.[15]

본격적인 인플레이션 시대는 1920년대 말 세계대공황 이후 전개된다. 과잉생산으로 인한 자본주의체제의 전반적 위기가 폭발하게 되자, 거대 독점자본은 지불 불능 상태에 도달하여 도산의 위기에 처하게 되고, 경쟁과 무정부적 상태의 극한 현상인 공황에서 그들을 구제하기 위해 드디어 국가가 적극적으로 나서게 된다. 미국의 경우 1933년 1월에 금 태환을 정지하고 불환지폐를 남발하기 시작했다. 이후 벌어진 급격한 물가상승은 그 원인이 태환정지와 불환지폐의 남발로 인한 것인데, 이는 태환정지 이전인 금본위제 시대의 물가동향이, 노동생산력의 발전을 반영해 1920년대 내내 꾸준히 내리고 있었지만, 태환정지 이후 급격한 상승곡선을 그리고 있다는 사실에서도 확인된다. 미국에서 태환을 정지하자 금태환을 유지하는 것이 어렵게 된 나머지 자본주의 국가들도 연이어 태환정지를 선언하고 불환지폐를 은행권으로 통용시키게 된다. 체제 위기에 다다를 정도의 인플레이션을 통제하고, 항상적이고

---

15) 대표적인 예가 프랑스 혁명(1789년)이후 혁명정부에 의해 발행된 '아시냐 지폐'이다. 이전 절대왕정 시기에 전쟁과 사치로 파탄 난 재정의 회복과 프랑스 혁명의 영향을 차단하려는 유럽 절대왕정과의 전쟁에서의 군비조달 문제를 해결할 목적으로 발행되었다. 처음에는 혁명에 저항한 귀족과 교회의 토지를 몰수하고 그것을 담보로 한 채권 형태로 발행했으나, 지나친 남발로 인해 극심한 인플레이션 현상이 벌어지고 말기에는 정부조차 아시냐 지폐를 세금으로 받지 않았다고 한다. 인민들의 고통도 덩달아 극심하게 되었고 나폴레옹 집권 이후 사라지게 된다.

체제 내화된 인플레이션 상태를 유지시키려는 화폐·통화제도로서 전면적인 불환은행권제인 '관리통화제'가 자리 잡게 되었다.

　국가의 강제력에 의해 무가치한 지폐가 화폐의 자리를 차지한 듯 보이고 그러다 보니 금에 대한 왜곡된 현상도 벌어진다. 금이 화폐, 즉 유일한 가격의 도량기준이 되자마자 자신의 가격을 가질 수 없는 위치에 서게 된다. 그것은 도량기준으로서의 '무게'가 특정한 무게를 가질 수 없고, '길이'가 특정한 길이를 가질 수 없음과 마찬가지이다. 그런데도 현실에서는 금의 가격, 금의 시세 등과 같이 일반 상품들과 동일하게 취급되고 있다. 불환지폐의 전면적인 등장으로 인해 그렇게 취급되고 있지만 유일하고 진정한 화폐는 금이다.

4. 노동자에 대한 책임전가 임금-물가 연동 논리

　세계경제와 한국경제가 극심한 경기침체를 보내고 있는 올해보다 2023년 더 큰 경기침체를 맞이하게 될 것이라고 최근 언론이 연이어 보도하고 있다.[16] 인플레이션과 경기침체가 동시에 벌어지

---

16) 9월19일 기획재정부에 따르면 OECD는 이날 발표한 '2022년 한국경제 보고서'에서 우리나라의 올해 물가 상승률 전망치를 종전 4.8%에서 5.2%로 0.4% 상향 조정했다. … 이러한 전망대로라면 올해 우리나라는 외환위기 당시인 1998년(7.5%) 이후 24년 만에 가장 높은 물가 상승률을 기록하게 된다. … 한국은행의 전망치와 동일한 수준이다. 내년 물가상승률은 3.9%로 기존 3.8%보다 0.1% 상향 전망했다. - 9월 19일자 ≪한경닷컴≫
　또한 경제협력개발기구(OECD)가 26일(현지시간) 발표한 '중간 경제 전망 보고서'를 통해 세계경제 회복세가 예상보다 크게 둔화되고 있다며 세계경제는 올해 3.0% 성장, 2023년은 2.2%로 6월 전망 대비 0.6%포인트 하향 조정했다. —9월 28일자 ≪중국망≫

는 소위 '스태그플레이션' 현상이 장기간 벌어지고 있는 것이다. 지금 한국의 노동자들은 심각한 저임금 상태에 처해 있다. 그것은 가구당 가계부채가 해마다 불어나 2021년에는 8,800만원에 이른다는 사실 하나만으로도 여실히 증명된다. 그런데 자본의 위기 때마다 그 책임을 노동자에게 전가하는 파렴치한 논리가 등장한다.

"임금이 오르면 물가가 오른다", "물가인상을 막으려면 임금인상을 억제해야 한다"

상품의 가치, 가격은 투여된 노동시간에 의해 결정되는데, 그 노동시간에 변화가 없다면 당연히 가격도 그대로이다. 단순화했지만 예를 들어, 1 노동일 8시간을 노동해서 어떤 상품이 생산되었을 때, 그 속의 지불노동시간(노동력 재생산 비용인 임금에 해당하는 노동시간)과 부불노동시간(자본이 잉여가치로 착취한 노동시간) 사이에 변동이 생겨도 전체 8시간에 의해 생산된 상품의 가치, 가격은 변함이 있을 수 없다. 그럼에도 자본가와 그들의 나팔수들은 "임금이 오르면 그만큼 상품가격을 인상할 테고 물가인상의 책임은 모두 노동자들에게 있다"고 겁박하고 있는 것이다. '임금인상이 물가에 미치는 영향이 크다느니 작다느니' 그래서 '거기에 비례해 임금을 인상해야 한다느니' 하는 말도 모두 근거가 없는 주장이다.

작년 말 기획재정부가 "대내외 경기변동에 선제적으로 대응 …"17)하기 위해 올해의 공공기관 총인건비 인상률을 1.4%로 확정했다. 올해 9월 30일 부산지하철 노사간의 임금협상은 이 지침에 따라 합의되었다. 예년의 경험에 비춰볼 때, 그리고 지금의 노동

---

17) 2022년 공기업·준정부기관 예산운용지침. 기획재정부

자의 힘의 상태를 볼 때, 거의 모든 공공기관의 임금인상 수준이 이 범위를 벗어나지 못할 것이고 전체 노동자의 임금수준에 가이드라인의 역할을 할 것이다. 물가는 폭등하는데 실질임금은 하락시키고 있는 것이다. 자본과 정부의 논리가 관철되었다고 할 수도 있다. '고군분투'라 할 만큼 어려운 노동자의 처지이지만 생각과 논리마저 저들 자본가에게 잠식당해서는 안 될 것이다.

덧붙이며 - 자본의 위기와 제국주의 전쟁

동일한 가치량을 가진 금과의 교환을 부정하는 태환정지와 불환지폐의 통용은 자본주의 하에서의 신용관계의 부정을 의미하는 것이다. 비약적인 과학기술의 발전과 노동생산력의 수직적 증대는 당연히 물가의 하락으로 이어져야 하지만, 인플레이션으로 인한 물가상승은 곧바로 노동자 인민의 고통으로 전화된다. 유기적 구성의 고도화를 동반하는 생산력의 발달은 생산현장에서 노동자를 쫓아내며, 자본으로 하여금 무인생산시대를 외치게 하고 있다. 그러나 자본주의 생산체제에서 가치의 원천인 노동력의 배제는 노동자 인민의 고통과 함께 자본의 이윤 확보를 더욱 어렵게 할 뿐이다. 한계에 도달한 독점자본과 그들의 착취 도구이자 '총 이성'인 국가와의 긴밀한 결합, 그리고 그 결과물인 항상적, 체제내적인 인플레이션은, 눈앞의 위기를 모면하기 위한 독점자본의 '임기응변적' 흐름이지만—지금의 자본주의 국가의 모든 경제·통화정책이 그러하다—그 자체 한층 거대해진 과잉생산의 모순을 쌓아가고 있는 과정이다. 제국주의 간의 대립과 전쟁은 원자재를 비롯한 상품의 수요-공급관계에 교란을 일으켜 경기침체와 물가폭등을 증폭시키고 있다. 노동자 인민의 혁명적 분위기를 저지하고 '지속 불가능성'의 모순으로부터 벗어나고자, 독점자본은 각자 상대를 악마화하는 명분을 내세워 제국주의 전쟁을 치르고 있다. 그러나 전쟁의 본질은 이윤 확보의 한계를 극복하려는 독점자본이 국가를 동원해 벌이는 살상 파괴 행위이다. 수천만 인류의 살상과 물적 파괴를 남긴 2차 세계대전 이후, 대공황의 수렁에서 벗어나고 일약 세계의 패권을 장악하게 되는 미 제국주의의 등장은 지금의 제국주의 전쟁에서 그들이 노리는 것과 다르지 않다. 독점자본이 위기에서 탈출하기 위해 서로 간에 벌이는 전쟁에서, 어느 한쪽을 지지하는 일들이 일부 진보를 자처하는 세력에서 벌어지고 있다. 그러나 그러한 주장과 행동은, 제국주의 전쟁에 대한 노동자 인민의 올바른 이해를 막고 혁명적 전진을 가로막는 역할을 할 뿐이다. 100여 년 전 인류 최초의 사회주의 국가가 이룩될 때 관건적인 역할을 한 것은 무엇이었는지 되새겨 보자. 제국주의 간의 세계적 대립이 낳은 제1차 세계대전이 각국의 인민들을 '국민'으로, 그들을 애국주의의 물결로 뒤덮을 때, 볼셰비끼 당은 전쟁반대를 외치며 노동자 인민을 단결시키고 그 힘으로 혁명을 완수할 수 있었다. 전 세계를 몇 번 파괴시키고도 남는다는 핵무기가 사용된다면 인류는 절멸할 것이다. 이윤밖에 모르는, 그를 위해 대량살상도 불사하는 자본의 야만으로부터 인류를 지키는 길은, 제국주의 전쟁가의 시기에 '전쟁반대' 평화운동을 외치고, 노동자 인민이 권력을 차지하는 투쟁을 지속할 때 가능할 것이다. **노사과연**

세계정세와 역사유물론
—우크라이나 전쟁과 금리 인상을 중심으로

전우재 | 회원

1. 배경과 목적

활동가는 결정해야 한다. 나아갈 때와 물러갈 때를 결정해야 한다. 유리한 정세에서는 나아갈 줄 알아야 한다. 불리한 정세에서는 물러날 때를 알아야 한다. 나아갈 때 혁명가가 할 일은 많은 이들이 알고 있다. 물러갈 때 혁명가가 할 일은 적은 이들만이 관심을 가진다. 레닌은 저서에서 다음과 같이 말한다. 투쟁의 조건이 없을 때는 고통스러울 만큼 집요해야 한다고. 나아갈 때와 마찬가지로, 물러갈 때에도 집요해야 한다. 고통스러울 만큼 기회를 노려야 한다는 의미이다.

레닌은 ≪좌익소아병≫에서 활동가는 수많은 선택지를 가져야 한다고 주장한다. 선거가 필요하면 선거를 활용하고, 그 밖의 신속한 여러 수단이 필요하면 그런 수단을 활용해야 한다. 자본주의 체제에 위협을 주는 모든 활동이 범법화된 상황에서는 선거 공간이나 의회 공간을 활용할 수도 있다. 비타협을 주장하는 건 바람직하지만 다수 대중이 주장하지 않는 상황이면 오히려 불리해질 수 있다. 물론, 상황이 나아지면 더 공세적인 활동을 진행할 수도 있게 된다.

상황에 따라 진행해야 할 사업이 다르다. 쟁점은 지금이 어떤 상황이냐가 된다. 지금을 어떻게 파악할 수 있는가? 상황을 정확하게 분석해야 알 수 있다. 정확하게 분석한다는 건 무슨 의미인가? 본질을 분석한다는 건 무슨 의미인가? 목적과 의도를 분석한다는 의미이다.

사회를 설명할 때는 다음을 유의해야 한다. 결정적인 무언가와 결정적이지 않은 무언가를 거꾸로 보지 않아야 한다. 때에 따라서, 결정적인 무언가는 바뀔 수 있다. 이 점에 유의해야 정확한 분석을 할 수 있다. 인간과 사회는 자기 자신을 유지하려는 성질이 있다. 자신을 유지하고, 보전하며, 확대재생산 하고자 한다. 자신을 둘러싼 자연세계를 목표에 맞게 변화시켜야 한다. 노동이라는 실천을 통해 생산물을 만들어내는 경제활동을 할 필요와 목적이 생긴다. 인간이 하는 모든 일들은 생활이 피규정된다. "물질적 삶의 조건에서, 즉 이 사상, 이론, 견해 등이 반영하는 사회적 존재에서 찾아야 한다."[1]

물질적인 생산물을 만드는 경제활동에서 수많은 사건이 발생한다. 거꾸로, 발생하는 수많은 사건은 물질적인 생산물을 만드는 경제활동을 통해 설명되고, 설명할 수 있게 된다. 인간이 자신을 유지하고 보전하려는 존재인 한, 이는 타당한 문장이 된다. 본질을 분석하기 위해서는 목적을 파악해야 한다. 인간사회가 가진 본질을 분석하기 위해서는 인간사회가 가진 목적을 파악해야 한다. 인간사회가 가진 목적은 생산과 재생산이다. 생산과 노동과 같은 경제활동을 분석하는 공부는, 본질을 분석하는 공부가 된다.

누구나 목적을 달성하기 위해서는 현재 상황을 정확히 판단해

---

1) 쓰딸린, "변증법적 유물론과 역사적 유물론(상)", ≪정세와노동 제174호≫(노동사회과학연구소, 2021년 9월), p. 135.

야 한다. 활동가는 인간사회를 변화시킨다는 목적을 달성하고자 한다. 인간사회가 어떤 상황인지 정확히 판단해야 한다. 인간사회는 경제활동을 통해 변화하고 변화된다. 생산력과 생산관계의 모순을 통해 변화 발전하는 역동성을 갖고 있다. 노동자와 자본가가 대립하며 독점자본가와 독점자본가가 대립하기도 하며 운동한다. 이들이 어떻게 대립하고 어떤 결과를 낳는지를 분석해야 현재 상황을 정확히 알 수 있고, 이를 활용해 사회를 변화시킬 수도 있다.

본 기고는 우크라이나 전쟁과 금리 인상이라는 인간 경제활동과 대단히 밀접한 사건을 분석하고자 한다. 경제활동은 인간사회에 가장 많은 영향을 끼치는 활동이다. 두 사건은 경제활동 중에서도, 현재 상황, 현재 국제정세에 가장 큰 영향을 미치고 있다. 이처럼 인간이 진행하는 경제활동과 관련한 부분을 분석하는 게 가장 근본적인 정세분석이 될 수 있음을 제시하며, 사회를 변화시키는 임무를 가지고 있는 활동가들이 정세를 분석하는 데 참고자료가 되고자 한다.

> "따라서 정치적 오류를 범하지 않기 위해서, 그리고 공허한 몽상가의 처지에 빠지지 않기 위해서, 프롤레타리아 당은 자기의 활동을 추상적인 "인간 이성의 원리"에 근거할 것이 아니라 사회 발전의 결정적 힘이 되는 사회의 물질적 생활의 구체적 조건에 근거해야만 한다. 그리고 "위대한 인물"의 선한 의지에 근거할 것이 아니라 사회의 물질 발전의 현실적 요구에 근거해야만 한다."[2]

---

2) 쓰딸린, 앞의 책, p. 135.

1) 범위와 방법

국제 수준에서 자본 간 대립이 격화돼 전쟁으로 나타나는 현상, 금리가 치솟아 금융시장이 하루아침에 오락가락하는 현상은 그 뿌리에서 공황을 찾아낼 수 있다. 겉으로 드러난 자본주의 모순인 공황이 자리하고 있다는 뜻이다. 현 정세는 경기순환주기 중 생산이 축소되는 국면인 공황기라고 분석할 수 있다.

자유경쟁 자본주의 시대에 나타난 경제 주기는 불황과 호황, 그리고 공황으로 비교적 규칙적으로 나타났다. 생산은 확대되었다가 공황기에 감소를 시작해 수많은 자본가들이 도산하고 흡수되었다. 이 과정을 거치면 다시 이윤율 조건이 초기화되어, 새로이 사업을 시작할 토양이 조성되었다. 공황이 태풍과 같은 역할을 한 셈이다.

지금은 자유경쟁 자본주의 시대가 아니다. 독점자본이 등장한 시대이고, 국가와 독점자본이 결탁한 시대이다. 국가는 금 태환을 포기한다. 자본가들이 진 부채를 녹이기 위해 불환지폐를 마구 찍어내야 하기 때문이다. 국가는 시장에 무한정으로 개입한다. 국가는 공황이 자본가계급에게 상처 입히는 것을 잠시 유예하는 역할을 한다. 문제는 이 때문에 공황이 보이는 양상이 달라졌다는 점이다. 이전에는, 즉 자유경쟁 자본주의 시기에는 공황이 찾아오면 호황이 찾아오기도 했지만, 지금은 자본주의에 위기가 찾아온 시기에 공황이 끝없이 이어지는 등 이전과 다른 모습을 보이게 되었다.

현재는 그런 불황기 중에서도 공황기에 속하는 시기이다. 현재 자본주의 사회가 보이는 극단적인 모습을 통해 내릴 수 있는 결론이다. 타국과 물리적인 충돌을 진행하는 우크라이나 전쟁, 타국과 금융 부문, 경제 부문에서 충돌을 진행하는 미국발 금리 인상이라는 대립과 모순이 공황기라는 진단을 내릴 수 있는 근거이다.

본 기고는 전쟁과 금리 인상이라는 비교적 한정적인 주제를 분석하는 한계가 있으나, 이 두 경제적인 요소를 통해 현재 자본주의가 어떤 상황에 부닥쳐있는지를 분석하는 것으로서 역사적 유물론이 제시하는 방법론을 통해 현재 국제정세를 파악하려 한다.

2. 이론

본 기고는 전쟁과 금리 인상을 통해 인간사회를 분석하고자 한다. 이는 역사적 유물론이 제시하는 방법론이다. 역사적 유물론을 거칠게 요약하면, 유물변증법에서 나타나는 대립물의 투쟁과 통일, 양질 전화 등을 사회 연구에서도 활용해 보자는 맥락이다. 쓰딸린은 저서에서 "변증법적 방법의 원리"를 "사회생활", 그리고 "사회역사 연구"에 확장해야 한다고 주장한다.

> "세계에 고립된 현상이 없고 모든 현상이 상호 연결되고 상호 의존적이라면 역사의 모든 사회 체제와 사회운동은 역사가들이 흔히 하는 것처럼 "영원한 정의"나 다른 선입관의 관점에서 평가해서는 안 되고 그 체제와 그 사회운동을 낳고 그와 연결된 조건의 관점에서 평가해야만 한다는 것이 명백하다."[3]

현실은 풍부하다. 수많은 사건이 서로 연결되어 있다. 사건들은 상황에 따라, 시대에 따라 다르게 평가된다. 그러나 단순히 우연적인 무엇들로만 이루어져 있지는 않다. 자연의 발전법칙이 과학

---

3) 쓰딸린, 앞의 책, p. 126.

이 될 수 있다면, 사회생활과 사회의 발전법칙도 과학이 될 수 있다. 그렇다면, 사회의 발전법칙은 무엇을 통해 알아볼 수 있을까.

"사회에서 정신적 삶을 이루는 원천, 즉 사회사상, 사회 이론, 정치 견해와 정치 제도의 기원은 사상, 이론, 견해와 정치 제도 자체에서 찾아서는 안 되고 물질적 삶의 조건에서, 즉 이 사상, 이론, 견해 등이 반영하는 사회적 존재에서 찾아야 한다."4)

사회에서 일어나는 여러 사건들은 그 이론이나 정치적 견해를 탐구하여 해석할 수 있지 않다. 사람은 먹고사는, 생산하는 존재이다. 자연을 자신이 목표하는 바를 이루기 위해 변형한다. 노동을 한다는 뜻이다. 인간은 자기를 보전하려는 의도를 가지고 경제활동을 하는 존재다. 인간사회를 분석하기 위해서는 경제활동을 분석하는 것이 가장 그 뿌리를 탐구하는 공부가 된다.

1) 관련한 다른 기사들

전쟁과 관련해서는 많은 분석이 이전부터 진행되었다. "전반적 위기의 세계정세와 투쟁의 침로"5) 에서는 우크라이나와 러시아 간의 대립을 반제진영과 제국주의 진영이 벌이는 전쟁이 아니라 제국주의 국가 간 전쟁으로 보아야 한다는 분석이 있었다. "오늘날 러시아의 제국주의적 본성을 부정하는 것은 현실을 부정하는 것입니다"6)는 위 기사에도 인용되었는데, 러시아가 자본 수출, 원

---
4) 쓰딸린, 앞의 책, p. 135.
5) 채만수, "전반적 위기의 세계정세와 투쟁의 침로", ≪정세와 노동≫ 제184호, 노동사회과학연구소, 2022년 10월, pp. 3-29
6) 아스트로 가르시아, "오늘날 러시아의 제국주의적 본성을 부정하는 것은 현실을 부정하는 것입니다", ≪정세와 노동≫ 제182호, 노동사회과학연

료 산지 확보 등 제국주의적 행보를 보이고 있고, 현재도 수송로, 시장 확보를 위한 전쟁이 벌어지고 있다며 러시아가 제국주의적이라는 분석을 하고 있다. 전쟁의 결과로는 "열강 간의 확전과 충돌의 증대, 그리고 미국과 중국이라는 두 주요 제국주의 국가를 중심으로 한 동맹의 재편성"이 찾아올 수 있다고 보았다. 물론 러시아가 제국주의적 성격을 띠는 게 아니라, 오히려 반제국주의적 성격을 띠고 있다고 분석하는 기사들도 있었다. 미국과 북대서양조약기구 같은 제국주의 국가, 제국주의 국가들이 맺은 연합과 대적하고 있기 때문이다. 러시아는 반제국주의적 성격보다 제국주의적 성격이 더 짙지 않겠냐는 재반론도 있을 수 있다. "21세기 러시아의 독점체 형성과 자본 수출 분석"[7]을 보면 러시아는 실제로 자본수출을 원활하게 수행하고 있지는 못하지만 끊임없이 시도 중이며, 독점자본이 형성되는 과정도 충실히 진행되어 있었음을 살펴볼 수 있었다.

금리와 관련해서도 적잖은 분석이 존재했다. 먼저 금리가 인상되는 현상 이전에 인플레이션이 무엇이냐에 관한 논의가 필요하다. "인플레이션으로 나타나는 세계경제질서의 위기와 노동자 민중의 과제"[8] 에서는 "일반적으로 인플레이션이라고 하면 물가상승을 말한다. 그러나 엄밀하게 말하면 인플레이션과 물가상승은 다르다. 인플레이션은 불환지폐 발행의 증가에 따라 상품가격이 명목상 올라가는 현상이다. 따라서 수요공급의 불일치에 의한 상품

구소, 2022년 7/8월, pp. 125-133.
7) 전우재, "21세기 러시아의 독점체 형성과 자본수출 분석-레닌의 ≪제국주의론≫의 방법론에 의거하여", ≪노동사회과학≫제17호(2022년 대선과 노동자), 노동사회과학연구소, 2022년 5월, pp. 157-181.
8) 신재길, "인플레이션으로 나타나는 세계경제질서의 위기와 노동자 민중의 과제", ≪정세와 노동≫제183호, 노동사회과학연구소, 2022년 9월, pp. 9-21.

가격 상승이나 생산비 증가에 따른 가격인상은 인플레이션이 아니다."라는 내용이 서술되어 있다.

3. 연구 가설 정립

1) 연구 가설

전쟁과 관련한 기사들을 살펴보았다. 러시아가 제국주의적 성격을 가지고 있느냐는 질문에 쉬이 아니라고 대답하기는 어렵다는 공통점을 발견할 수 있었다. 물론 반대되는 견해를 담은 기사들도 어렵지 않게 찾아볼 수 있었다.

러시아가 제국주의적 성격을 가지고 있느냐 아니냐가 쟁점이 되는 이유는 제국주의 국가라면 반드시 전쟁이란 과정을 거치게 되기 때문이다. 제국주의 국가는 자본주의 국가가 발전을 거듭하여 독점자본이 형성되고, 상품수출에 자본수출을 더한 형태를 말한다. 제국주의 국가는 거대한 상품시장을 확보하기 위해 타 제국주의 국가와 대립한다. 자본가계급은 타 자본가계급과 대립한다. 국가 단위로 표현되는 대립은 물리적인 충돌이 된다. 전쟁이 벌어진다.

위 기사들은 제국주의 국가가 상품수출, 자본수출을 진행하기 위해 타국과 대립하며 상황에 따라서는 전쟁도 불사함을 전제하고, 탐구대상이 제국주의적 성격이 있는지 없는지를 파악했다고 볼 수 있겠다.

인플레이션이라고 하면 상품가격이 오르는 현상으로 이해하기 쉽지만, 실제로는 불환지폐가 마구 유통되어 상품가격이 상승하는 경우를 말한다. 하지만, 모든 가격 상승이 불환지폐 남발로 발생하는 건 아니다. 이를테면 전쟁 때문에 원유나 밀이 귀해져 비싸게 거래된다고 가정하자. 상품을 생산하는 데 드는 비용이 상승한다. 생산비가 증가한다. 생산비가 증가하면 가격도 증가한다. 실질적인 가격 상승이다. 자본주의 국가가 주로 쓰는 방법으로는, 즉 금리를 올리거나 내려서 해결할 수 없는 문제가 된다. 명목상 인상은 금리를 조정하여 그 속도를 어느 정도 통제할 수 있겠으나, 생산비가 올라 가격이 상승한 경우는 금리를 조정해 그 속도를 조정할 수는 없다.

명목적인 가격 상승은 미국에게 딱히 불리하지 않다. "연준은 인플레이션을 잡고자 하는 것이 아니라는 것이다. 명목 수준이든 아니든 물가가 상승하면 가장 피해를 많이 보는 국가는 자원수입국, 채권국이다. 자원 수출국과 채무국은 인플레이션으로 이득을 본다. 자원은 에너지와 식량이 중심이다. 미국은 러시아와 함께 에너지와 식량의 자급자족이 가능한 유이한 대국이자 세계 최대의 채무국이다."9) 하지만 물가가 너무 가파르게 올라버리면 경제 자체가 붕괴되니 그 속도를 조절할 필요는 있다. 최근 미국이 진행하는 금리 인상은 그런 맥락이다. 미국이 금리가 낮으면 미국 돈으로 다른 나라에 투자하여 이익을 보다, 미국 금리가 높으면 돈은 미국으로 돌아간다. 이를 캐리 트레이드라고 한다. 여기서 달러 수요가 폭증하여 투자받은 나라가 외환위기에 빠지기도 한다. 이 또한 미국이 반기는 일이다. 미국은 타국이 약해지면 약해질수록 패권을 쥐고 흔들 수 있는 국가이다.

전쟁과 금리, 인플레이션과 관련해 앞서 작성된 기사들을 살펴보았다. 러시아와 서방권이 벌이는 전쟁의 제국주의적 성격과 금

---

9) 신재길, 앞의 책, p. 13.

리가 높고 낮음에 상관없이 미국 자본가계급이 유리함을 잃지 않고 이득을 봄을 살펴볼 수 있었다. 주목할 만한 점은 금리 인상과 전쟁이라는 두 사건이 특정 자본가계급에게 이익이 되면서, 또한 특정 자본가계급을 탈락시키는, 이중적인 성격을 갖고 있다는 점이었다. 이는 약소 자본가계급을 탈락시키고 흡수시켜 더 강한 자본가계급, 더 독점에 가까운 자본가계급만 살아남게끔 하는 공황의 성질이 잘 드러난 셈이라고 볼 수 있다. 즉 자본주의인 이상 공황이 나타나고, 공황인 이상 나타날 수 있는 현상이라는 해석을 할 수 있는데, 좀 더 확장하면 자본주의가 변화하는 일반적인 법칙으로 인해 전쟁과 금리 인상이 나타났다고도 볼 수 있다.

자본주의라고 하는 경제활동, 생산활동이 전쟁과 금리 인상을 불러온 게 아니라고 해석할 수도 있다. 러시아에서 나타나는 민족주의, 제국주의에서 전쟁이 비롯되고, 안보위협이라는 부분만으로 갈등이 발생했다고 볼 수도 있다. 또한, 미국 연준이 쉼 없이 진행하는 금리 인상도 다만 물가가 높기 때문에 이를 막기 위해서라는 분석만을 진행할 수도 있다. 하지만 그것은 전쟁과 금리 인상이 약소한 자본가계급, 상대 자본가계급을 탈락시킨다는 자본가계급 간 대립이라는 요소를 충분히 파악하지 못한 해석이 된다. 또한 금으로 바꾸어 주어야 할 부담이 없어 마구 인쇄가 가능한 현대 통화의 특징을 지적하지도 못하게 된다. 이렇게 되면 풍부한 현실을 모두 해석하지 못한 셈이 된다. 두 주장 모두 단순히 드러난 현상만을 서술한 분석이 되어버리기 때문이다.

앞서 진행한 연구가 말하는 바를 요약하여, 전쟁과 금리 인상 모두 자본주의가 발전하며 나타나는 일반적이고, 동시에 경제적인 현상이라는 가설을 세워볼 수 있겠다. 다시 말해, "전쟁과 금리 인상은 자본주의가 변화·발전하며 나타나는 일반적인 현상"이라는 주장이 가능하다. 이 주장이 타당하다면 러시아 민족주의가 우크라이나와의 대립에서 가장 중요한 요소를 차지하는 게 아니게 된다. 또한 금리 인상도 미국이 소비자물가로 골머리를 앓게 되는 것뿐만은 아니고, 이익을 보는 자본가계급과 손해를 보는 자본가계급 모두를 발생시키는 복잡한 사건이라는 해석도 가능하다.

2) 가설의 검증을 위하여

이를 알아보기 위해 공황이 가진 일반적인 성격을 파악하고, 그 진행 과정을 살펴보아야 한다. 공황은 지나친 생산수단, 즉 자본가치를 쓸어버린다. 약소한 자본가계급은 큰 타격을 받지만 강한 자본가계급에게는 기회가 되기도 한다. 전쟁과 금리 인상이라는 사건 또한 비슷한 성격을 가지고 있다. 전쟁과 금리 인상은 자본가계급을 탈락시키지만 동시에 자본가계급에게 이익이 되는 이중적인 성격이 있다.

자본주의가 충분히 발전하면 독점자본주의, 제국주의 단계에 진입하게 된다. 자본가계급은 서로 집단을 이루어 대립한다. 세계시장을 분할하고, 영향력에 따라 더 넓은 시장을 확보하기 위해 다른 자본가집단과 대립한다. 때에 따라서 이는 전쟁으로 나타날 수 있다. 전쟁은 아니지만, 타국은 이익을 얻지 못하고 자국만 이익을 얻는, 현재 나타나는 금리 인상과 같은 형태로 나타날 수도 있다. 전쟁과 금리 인상은 특이하게 내려진 결정이기도 하지만, 자본주의가 발전하며 나타날 수밖에 없는 일반적인 결정이 될 수 있다.

위 사건들이 특이하게 일어난 사건들이거나 특정한 이론가나 사상가가 주장했기 때문에, 이를테면 공화당과 민주당의 견해차로 생겨나는 게 아니라, 자본주의가 변화 발전하며 충분히 나타날 수 있는 일반적인 사건이라는 가설을 검증해 보자.

4. 에너지 패권 경쟁을 통해 본 러시아와 서방권 대립

자본주의 체제는 상품 판매를 통해 이루어진다. 판매, 구매가 이뤄지며 자본이 확대재생산을 진행하면 진행할수록 자본주의가 발전한다. 독점자본이 형성되고, 노동자와 대립하며, 다른 자본가와도 대립하게 된다. 자본주의는 발전을 거듭하며 독점자본이 나타나고, 독점자본은 다른 자본과 대립하고, 노동자와 대립한다. 제국주의 단계에 진입하게 된다. 제국주의 단계가 되면 독점자본가들이 벌이는 큰 규모의 대립이 발생하게 된다.

독점자본가들이 벌이는 대립이 국가적 무력이라는 껍데기를 쓰고 나타나면 이는 전쟁이 된다. 독점자본가들이 벌이는 대립이 규모가 큰 까닭은 국가들 하나하나가 상품생산으로 이어져 있기 때문이다. 국가는 독점자본이 진행하는 상품생산, 대립에서 자유롭지 못하다. 한 국가가 자국을 위해 내린 결정은 타국에 큰 피해를 줄 수 있다. 더욱 정확히 설명하면, 한 무리 자본가계급이 자기네 이익위원회를 활용해 내린 결정이 다른 무리 자본가계급과 다른 무리 자본가계급 이익위원회에 큰 피해를 줄 수 있다고도 말할 수 있겠다.

구체적인 사건인 우크라이나 전쟁과 금리 인상을 분석해 보자. 먼저 우크라이나와 러시아가 벌이는 전쟁은 우크라이나와 러시아 사이에서 찾아볼 수 있는 해묵은 민족감정만을 이유로는 해석할 수 없다. 서방세계가 우크라이나를 이용해 러시아와 대리전을 벌이고 있다는 해석이 좀 더 타당하다. "미국 일극 체제에서 다극 체제로"10)에서는 미국이 인플레로 인한 불만을 잠재울 필요가 있었음을 알 수 있다. "바이든, 우크라이나 파병 대신 경제 제재, "미군, 개입 않는다""11)에서는 미국은 절대로 군사개입을 하는 일은 없을 거라고 장담한다. 이를 통해 러시아가 사건을 벌이기를 일부 유도한 정황을 유추해낼 수 있다. 미국을 위시한 서방세계가 우크라이나를 내세워 러시아와 대립하고 있다는 점은, "[우크라 침공] 서방·러 대리전? … 바이든 "러, 자포자기 보여주는 것""12)과 같은 기사들이 지적한 적이 있는바, 본 기고에서는 깊이 있게 다루지는 않고자 한다.

"바이든 시기 러시아와 미국 관계의 주요 이슈와 전망"13)이라는 대외경제정책연구원의 보고서는 러시아와 미국이 벌이는 갈등에서 다음 요소와 같은 본질을 찾을 수 있다고 서술한다.

"바이든 시기 러시아와 미국 간 갈등 구도의 이면에는 양국 간 세계 질서에 대한 시각, 지정학적 이해관계, 가치규범 등에서 상당히 큰 간

---

10) 권정기, "미국 일극 체제에서 다극 체제로", ≪정세와 노동≫ 제178호, 노동사회과학연구소, 2022년 2월, pp. 37-69.
11) 박현영 기자, "바이든, 우크라이나 파병 대신 경제 제재 "미군, 개입 않는다"", ≪중앙일보≫, 2022. 2. 25. <https://www.joongang.co.kr/article/25051174>
12) 김병수 기자, "[우크라 침공] 서방·러 대리전?…바이든 "러, 자포자기 보여주는 것"", ≪연합뉴스≫, 2022. 4. 29. <https://www.yna.co.kr/view/AKR20220429005400071>
13) 박정호·정민현, "바이든 시기 러시아와 미국 관계의 주요 이슈와 전망". ≪KIEP 세계경제 포커스 21-25호.≫(대외경제정책연구원, 2022년 6월),

극이 존재함. … 바이든 정부는 원칙적으로 러시아를, 미국을 포함한 서방세계의 최대 안보 위협요인이자 수정주의 세력으로 규정하고 있음. … 미국은 러시아가 자유, 민주, 인권 등과 같은 서방세계의 핵심 가치를 존중하지 않는 국가로, 자유주의 세계질서를 전복하거나 NATO 및 EU 체제의 단일성을 훼손하려는 불순한 의도를 갖고 있다고 간주함. … 또한 우크라이나 위기와 시리아 내전 개입 사례에서 알 수 있듯이, 러시아는 자국의 지정학적 이해관계를 충족하기 위해 공격적인 대외정책을 추진하였으며, 이를 토대로 강대국으로서 위상을 과시함과 함께 서방에 대한 공공연한 반감을 국내 정치 안정 및 권력 유지 수단으로 활용하고 있다고 공공연하게 비판하고 있음. … 미국은 다자주의와 동맹, 민주주의와 법치주의 원칙을 강조하면서, 러시아와 인접한 동유럽 국가들의 안보 확립에 도움을 제공하는 것을 중요한 대외정책 과제로 상정함."14)

또한 러시아와 미국이 이해를 달리하는 당면 현안 과제로 다음을 꼽고 있다.

"현재 러시아와 미국이 이해관계를 달리하는 당면 현안 과제들로 △우크라이나 및 시리아 사태 등의 지정학적 갈등 △노르드스트림-2 프로젝트에 대한 제재 △러시아의 미국 대선 개입 및 연방기관에 대한 사이버 해킹 △나발리 사건 관련 러시아의 민주주의와 인권 보호 △미국의 대러시아 추가 경제 제재 조치 △에너지(셰일가스와 천연가스) 패권 다툼 △북극 및 우주 개발 경쟁 등이 있음."15)

사실 위 보고서는 거꾸로 되어 있다. 미국과 러시아가 벌이는 갈등이 가지는 본질을 당면 현안과제로 설명해 놓고, 그 현안과제

---

14) 박정호·정민현, 위의 글, pp. 3-4.
15) 박정호·정민현, 위와 글, p. 4.

때문에 생겨나는 갈등을 갈등이 가지는 본질로 설명하고 있다. 서방세계 안보를 위협하는 조직으로 러시아를 상정해 두고 있음은 틀림없으나, 이는 제국주의 시대에 돌입한 독점자본가 집단이 확보한 경제영토를 빼앗거나 빼앗기지 않고 보전하기 위해 반응하는 맥락이라고 해석해야지, 자유 민주 인권과 같은 서방세계가 가지는 핵심가치를 보전하기 위해 러시아와 미국이 대립한다고 보아서는 사태를 정확히 파악할 수 없게 되겠다. 다음 페이지를 보면 러시아와 미국이 대립하는 이유가 잘 설명돼 있는데, 노르드스트림 프로젝트, 경제 제재조치, 에너지 패권다툼을 설명하고 있다.

러시아와 미국이 벌이는 대립은 여러 요소가 있겠으나, 에너지 패권 경쟁이 가장 중요한 축을 차지한다고 볼 수 있다. 글 앞부분에서 지적했듯, 인간은 먹고사는 존재인 까닭에 물질적인 생산이 인간생활이 보이는 다른 여러 모습을 규정하는, 가장 기본적인 활동이 된다. 석유와 가스라는 물질적인 생산물, 상품을 생산하는 자국 에너지 독점자본에게 이익을 가져다주기 위해, 또한 이익을 가져오기 위해 국가집단을 활용하여 대립을 진행하고자 하는 모습이, 실제로 사건을 충분히 살펴보면 여실히 드러나기 때문이다.

러시아와 미국이 에너지를 두고 경쟁한 시점은 바이든 행정부 이전으로 거슬러 올라가야 한다. 먼저 러시아는 중앙아시아에서 저렴한 값으로 가스를 채취하여 비싼 값으로 유럽에 판매하고 있는데, 이 파이프라인이 기존에는 우크라이나를 통과해 유럽에 판매되었다.[16] 러시아는 우크라이나에게 유럽 표준 가격으로 가스를 판매하려고 하고, 우크라이나는 파이프라인이 자국을 통과한다는 이유로 가스를 저렴하게 판매하라고 요구했다. 러시아는 공급협상

---

16) 주진홍·황지영, "러시아·우크라이나 가스 분쟁의 시사점". ≪KIEP 지역경제 포커스 3-4호≫(대외경제정책연구원, 2009년 6월), p. 4.

이 잘 진행되지 않자, 우크라이나뿐만 아니라 우크라이나 파이프 라인을 통해 공급되던 유럽행 가스공급을 전면 중단하기도 하였다.[17]

유럽은 러시아 의존도를 낮추기 위해 여러 고려를 해보았지만 그다지 성공하지는 못했다. 먼저 중앙아시아와 이란을 잇는 파이프라인을 건설하는 남부가스회랑 SGS : Southern Gas Corridor 사업이 2009년 진행된다. 남부가스회랑 사업은 성과를 거두지 못한다. 러시아 의존도를 낮춘다는 정치적 의도로 사업이 진행되었기 때문에 사업성을 확신하지 못한 유럽 기업들이 참여를 꺼려했다. 유럽이 이란과 같은 중동지역을 충분히 신뢰하지 못했으며, 유럽 국가들이 가지는 입장 차이로 합의점을 만들어내지 못했기 때문이다.[18]

러시아를 위협하는 것은 새로이 건설되는 파이프라인이 아니었다. LNG 시장에 변화가 찾아왔다. LNG는 액화천연가스로, 선적으로 공급되는 가스라는 의미이며, PNG는 파이프라인천연가스로, 파이프라인으로 공급되는 가스라는 의미이다. 2016년, 미국은 본격적으로 LNG를 유럽으로 수출한다.[19] 하지만 상황은 미국에게 좋게 흘러가지 않는다. 생각보다 러시아 의존도가 떨어지지 않았다. 러시아가 시장 점유율을 빼앗기지 않기 위해 수출 가격을 낮추는 전략을 택했기 때문이다.[20]

---

17) 주진홍·황지영, 위의 글, p. 2.
18) 김연규, "트럼프 정부하 미국-러시아의 유럽가스공급 경쟁: 노드스트림II 가스관 사례". ≪세계지역연구논총 36≫ (한국세계지역학회, 2018), p. 33.

19) 김연규, 위이 글, p. 34.
20) 김연규, 위의 글, p. 35.

"트럼프 대통령은 대통령 선거운동 기간에 이미 에너지 수출을 통해 미국의 무역적자를 줄이겠다는 의사를 표현했으며, 이런 의미에서 독일, 일본, 한국과 같이 미국과는 무역흑자를 향유하면서 대규모 에너지 수입은 미국이 아닌 다른 국가들, 심지어 미국과 적대적인 관계에 있는 국가들에게서 하는 것은 문제가 있다고 지적한 바 있다."[21]

여기서 말하는 미국과 적대적인 관계에 있는 국가는 러시아를 말한다. 미국은 미국산 LNG에 비해 20% 저렴한 러시아 가스를 구매하는 것을 비난하고, 미국산 LNG를 구매하도록 유럽을 압박하고, 유럽에서 영향력을 넓히려는 러시아를 견제하고자 했다.[22] 상황이 미국이 원하는 대로 흘러가지 않았기 때문이다. 동유럽은 러시아가 아닌 곳에서 에너지를 수입하고자 했지만, 서유럽은 우크라이나가 아닌 다양한 파이프라인이 건설되어 러시아산 에너지를 안정적으로 공급받기를 원했다. 이 때문에 독일은 파이프라인이 우크라이나를 통과하지 않는 노르드스트림 사업에 참여하고, 미국은 노르드스트림 사업에 참여하는 국가와 기업에 제재를 가하겠다는 엄포를 놓는다.[23]

이렇듯 러시아와 서방권이 대립한 이면에는 각 국가가 에너지를 안정적으로 판매하기 위함이라는 목적이 숨어 있다. 레닌은 제1차 대전과 같은 제국주의 전쟁을 다음과 같이 분석한다.

"본문에서 증명되고 있는 바와 같이 1914~18년의 전쟁은 여기에 참여한 양 진영 모두에게 제국주의 전쟁(즉 침략적 · 강도적 · 약탈적 전쟁)

---

21) 김연규, 위의 글, p. 42.
22) 김연규, 위의 글, p. 36.
23) 서동주 외, "노드스트림-2 가스관 건설의 주요 쟁점과 유관국들의 전략적 입장: SWOT 분석을 적용하여", ≪러시아연구 31≫(서울대학교 러시아연구소, 2021년), p. 120.

이었다. 다시 말해 그것은 세계분할을 위한 전쟁, 식민지와 금융자본의 세력권을 분할·재분할하기 위한 전쟁이었다."[24]

"자본가들이 세계를 분할하는 것은 어떤 특별한 악의 때문이 아니라, 지금까지 도달한 집적의 수준에서 이윤을 획득하려면 이러한 방법을 택할 수밖에 없기 때문이다. 즉 자본가들은 상품생산과 자본주의 하에서는 다른 분할방법이 있을 수 없기 때문에 '자본에 비례하여', '힘에 비례하여' 세계를 분할하는 것이다. 그런데 그 힘은 경제적·정치적 발전 정도에 따라 다르다. 현재 일어나고 있는 일들을 이해하기 위해서는 힘의 변화에 따라 결정되는 것은 어떠한 문제인가를 알아야 한다. 이들 변화가 '순전히' 경제적인 것인가 그렇지 않으면 경제외적(이를테면 군사적)인 것인가 하는 문제는 부차적인 문제일 뿐, 자본주의 최근 시대에 대한 근본적인 견해에 조금도 영향을 줄 수 없다."[25]

독점자본가집단은 상품 판매처 등 영향력을 끼칠 수 있는 경제영토를 확보하고자 시도한다. 영토가 모자란다고 한다면, 즉 생산력이 충분히 집적된 상황에서 이전과 같이 많은 이윤을 차지할 수 없다면, 다른 독점자본가집단이 차지한 경제영토도 차지하고자 재분할을 시도한다. 세계분할을 위한 전쟁이 벌어지게 된다. 러시아는 유럽을 에너지 상품 판매처로 여기고 있다. 유럽을 확보하기 위해서 온갖 수를 쓰고 있다. 미국은 유럽을 에너지 상품 판매처로 여기고 있다. 유럽을 확보하기 위해서 온갖 수를 쓰고 있다.

정확히는, 러시아에 존재하는 독점체와 미국에 존재하는 독점체가 시장을 확보하기 위해 정치든 군사든 모든 수단을 활용해 대립하고 있다. 자본주의가 발전에 발전을 거듭해 제국주의 단계에 돌입하자, 제국주의 전쟁이 일어나는 단계에까지 다다랐고, 가스와

---

24) 레닌, ≪제국주의론≫, 백산서당, 1986, p. 32.
25) 레닌, 위의 책, p. 107.

석유 등 에너지 상품을 판매할 경제영토를 확보하기 위해 대립하다 결국 우크라이나에서 전쟁이 벌어지게 된 것이다.

1) 미국발 금리 인상과 자본주의의 발전법칙

자본주의가 가진 본질적인 성질 때문에 전쟁이 일어났다는 점을 기사와 논문을 통해 확인할 수 있었다. 현재 발생하는 금리 인상도 자본주의가 가진 본질적인 성질로 설명할 수 있을까?

국가독점자본주의 국가는 이전에 있었던 자유경쟁 자본주의 시대 자본주의 국가와는 사뭇 다르다. 시장에 무한정으로 개입한다. 유효수요를 확보해야 한다는 케인즈 이론을 받아들여 군수물자에 막대한 투자를 진행하거나, 무작정 금리를 깎아 주어 부동산 건설 경기를 띄우기도 한다. 현재 미국은 금리를 어마어마하게 올리고 있다. 물가 문제가 심각하기 때문이다. 하지만, 이는 현재 일어나는 물가 상승이 정확이 어떤 성격인지를 고려하지 못한 선택이 될 수 있다.

불환지폐가 남발되면 지폐 한 장이 대표하는 가치가 줄어들 수 있기 때문에 명목적인 가격 상승이 나타나게 된다. 명목 인플레이션이고, 우리가 흔히 말하는 인플레이션은 이 현상을 말한다. 현재 가격이 상승하는 까닭은 불환지폐가 무제한적으로 증발되었기 때문만은 아니다. 생산비가 상승했기 때문이다. 불환지폐를 많이 찍어내서 명목적인 가격이 올라갔다면 금리를 조정하는 등 불환지폐를 시장에 푸는 양을 통제하여 증가세를 조금이나마 통제할 수도 있다. 하지만 실질적인 가격 상승은 불환지폐를 적게 풀거나 많이 푼다고 해서 근본적으로 해결할 수 있는 문제가 아니다. 자본주의가 발전하며 따라올 수밖에 없는 요소인 전쟁 때문에 생겨난 물가 폭등인 까닭에, 이는 자본주의와 같은 체제 자체가 가진 문제를 해결하지 않으면 근본적으로 해결할 수 없는 문제이다.

> "코로나 충격 이후 최근 경기회복 과정에서 공급 차질 등으로 주요국 인플레이션이 크게 상승하고 있는 가운데 … 최근 지정학적 불확실성 등으로 에너지 가격 역시 급등세를 보이고 있어 향후 기대인플레이션 상승에 대한 우려가 증대 … 이러한 점에 따라 미국 및 유로지역 기대인플레이션의 국제유가 충격에 대한 반응을 분석한 결과 두 지역 모두 국제유가 상승 시 기대인플레이션이 유의미하게 영향을 받는 것으로 분석 … 위와 같은 분석결과를 고려할 때 우크라이나 사태로 인한 국제유가 상승은 기대인플레이션 상승으로 이어져 추가적인 인플레이션 상방 압력으로 작용할 가능성"[26]

물론, 물가가 높다고 해서 미국이 마냥 손해를 보고 위기가 찾아오게 되지는 않는다. 미국과 같은 자원수출국은 물가가 높으면 높은 대로 이익을 볼 수 있기 때문이다.

이렇게 금리를 조정하거나 하는 것은 자본주의 국가가 자본주의 체제를 채택하고 있기 때문에 강요받는 결정이다. 공화당이나 민주당이 채택한 정치경제적 견해 차이로 인해 나타나는 현상이 아니다. 미국 공화당이나 미국 민주당은 두 정당 모두 자본주의를 유지·보전하려는 보수정당이라는 공통점은 있으나, 미국 공화당은 프리드먼 부류의 신자유주의 사상을 좀 더 선호하고, 미국 민주당은 케인스 부류의 주류 경제학을 좀 더 선호한다는 인상이 있다. 공화당의 경우 시장에 적게 개입하는 것을 선호하여 가급적 시장에서 자정 작용이 일어나 경기가 회복되기를 바라고, 민주당의 경

---

[26] 김상훈 외, "국제유가 상승이 주요국 기대인플레이션에 미치는 영향". ≪[BOK]해외경제 포커스≫ (한국은행, 2022년) p. 11.

우 케인스류 주류경제학을 선호하여, 금리를 인하하여 유효수요를 창출하는 식으로 해결하는 정책을 편다는 인상이 존재했다.27) 선호하는 정치적 견해는 다를지 몰라도 두 정책이 실제 다른 정책이었는지, 다르게 적용되어 다른 결과를 낳았는지는 잘 알 수 없었다. 두 정당이 집권한 시기의 주가수익률을 비교한 결과 큰 차이가 없었음이 드러났기 때문이다.28) 주가가 초과수익률을 보이는 시기가 존재하긴 했으나, 예상치 못한 특이한 주가 움직임에서 발생한 것이지 그것이 정책적인 결과, 이를테면 민주당 정부에서 드러나게 나타나거나 하지 않았다. 두 정당은 선호하는 사상이나 겉으로 드러나는 정책 방향은 달랐지만 실제 사상과 정책이 적용된 결과는 대단히 흡사했다.

2) 소결

전쟁과 금리 인상이 가지는 면모를 살펴보며, 민주나 인권과 같은 핵심가치를 두고 대립하는 것이 본질이 아니고, 또한 금리 인상도 공화당이 프리드먼을 선호하고 민주당이 케인즈를 선호하기 때문이 아니라는 사실을 알아볼 수 있었다. 러시아와 서방권이 대립한 까닭은 가스 공급을 두고 LNG를 공급하려는 미국과 PNG를 공급하려는 러시아가 서로의 경제영토를 확보하고 잃지 않으려는 싸움이 점점 가열하다 우크라이나에서 그 대립이 극단적으로 드러났다고 볼 수 있었다.

금리 인상의 경우, 미국과 같은 선진자본주의 국가에서 금리를

---

27) 김종권, "한국과 미국의 집권 정부형태별 경제영향 분석". ≪대한안전경영과학회 2007년도 춘계학술대회≫(대한전안경영과학회, 2007년) p. 493.
28) 김종권, 위의 글, pp. 496

인상하면 어마어마한 돈이 자본주의 발달이 미비한 나라에서 발전한 나라로 옮겨갈 수 있는 사실을 알아볼 수 있었다. 미국과 같은 독점자본주의 국가는 타국 경제상황이 어떻게 되었건 자기 나라의 인플레이션이 심각하다면 얼마든지 금리를 올릴 준비가 되어있는 국가이고, 이 과정에서 미국 노동자계급과 저개발국의 인민들은 많은 손해를 입지만 미국의 자본가계급은 그다지 큰 손해를 입지 않을 수도 있다. 미국의 금리 인상을 다룬 선행기사를 살펴보면, 미국과 같은 자원수출국은 물가가 높으면 높은 대로 자원을 비싸게 받을 수 있으니 유리하고, 물가가 낮으면 낮은 대로 금리도 낮을 테니 타국에 투자하여 이익을 얻을 수 있기 때문이다.

그리고 이러한 금리 인상은 미국이 자본주의 국가이기 때문에 선택해야 하는 선택지이지, 바이든이나 민주당 국회의원들이 정치사상적으로 선호하기 때문이 아니다. 불환지폐를 적게 풀거나 많이 푸는 선택지밖에 존재하지 않은 자본주의 국가는 어쩔 수 없이 통화정책과 재정정책으로 자본주의로는 해결할 수 없는 문제를 해결하거나 해결하는 척하기 위해서 애써야 하며, 이는 집권 정당과는 크게 상관없는 요소이다.

5. 결론

활동가는 단지 상황을 낙관적이거나 비관적으로 해석해서는 안 된다. 상황을 정확하게 파악해야 한다. 상황을 정확하게 파악하기 위해서는 과학적인 판단이 진행되어야 한다. 인간사회를 과학적으로 바라보기 위해서는 인간이 물질적인 생산을 진행하는 존재라는 점에 주목해야 한다. 인간과 인간들이 모인 사회는 자기를 보전하기 위해 주변 자연환경을 용도에 맞게 변화시키는 노동을 하는 성질이 있다. 그런 생산, 경제활동에서 모든 여러 생활이나 활동이 비롯되므로, 인간사회를 분석할 때는 인간사회에서 가장 중요한 요소인 생산활동, 경제활동을 집중적으로 분석해야 한다. 그래야 본질, 즉 인간사회가 목표하는 바를 분석할 수 있기 때문이다.

현재 세계경제에 가장 큰 영향을 끼치고 있는 사건은 러시아와 우크라이나가 벌이고 있는 전쟁이고, 미국 연방준비제도이사회가 선언하는 금리 인상 발표이다. 이 두 사건은 복잡한 현실 세계 모두를 이해하는 데에는 부족할 수 있지만, 세계정세의 가장 **뿌리**가 되는 부분을 분석할 수 있는 주제는 될 수 있겠다.

러시아와 우크라이나가 벌이는 전쟁은 단순히 러시아와 우크라이나가 벌이는 전쟁만은 아니다. 러시아와 서방권 모두가 대립하고 있는 형국이다. 특히, 미국과 러시아가 벌이는 대립이라고 분석하는 쪽이 타당하다. 왜냐하면 이 전쟁이 가진 **뿌리**가 가스와 같은 에너지 상품을 공급하는 경제영토를 확보하기 위한 제국주의적 영토재분할에 있기 때문이다. LNG를 공급하려는 미국과 PNG를 공급하려는 러시아가 대립하다 우크라이나에서 그 대립이 전면전이라는 형태로 나타나게 되었다.

미국 연방준비제도이사회가 벌이는 금리 인상은 불환지폐를 너무나 풀었기 때문에 나타난 인플레이션을 해소하기 위함도 있으나, 본질적인 해결책은 될 수 없는데, 그 까닭은 원유와 같은 생산에 꼭 필요한 원자재가 전쟁으로 인해 가격이 상승했기 때문이다. 생산비가 증가해 가격이 증가한 것은 명목적인 상승이 아니라 실질적인 상승이므로 이는 불환지폐의 양을 조절해서 해결할 수 있는 문제는 아니다.

전쟁은 자본주의가 발전하며 나타나는 제국주의 단계, 국가독점자본주의 단계 문제이다. 전쟁으로 인해 생산비가 상승했다면, 현재 미국에 소비자물가가 높은 까닭은 전쟁이라는 자본주의 일반적 경향으로 인해 나타났다고 볼 수 있으며, 반대로 말하자면 물가 폭등 또한 자본주의 체제에서 나타날 수 있는 일반적 경향이라고 볼 수 있다.

미국에 존재하는 물가 문제가 미국 모든 계급에게 손해로 다가오지는 않는다. 미국은 자원수출국으로 물가가 높으면 높은 대로 이익을 보는 부분이 있고, 미국 노동자계급과 자본가계급 일부는 손해를 보겠지만, 자원수출과 관련한 재벌 독점체는 이익을 본다. 미국 금리가 오르면 저개발국에 투자한 자금을 회수하면 그만이다. 미국은 이러나저러나 빠져나갈 방도가 있지만 다른 국가들은 환율이 급등하여 원자재를 비싸게 주고 사야 할 위험이 있어 크게 손해를 보는 등 미국과 이익에 있어 대립하게 된다.

현 정세를 해석하기 위해서는 인간이 먹고 삶을 목적으로 하므로 생산을 하는 존재라는 점을 염두에 두고, 경제활동에 집중하여 사태를 분석하는, 즉 역사적 유물론이 제시하는 방법론을 활용하는 것이 무엇보다도 중요하겠다.

<참고문헌>

쓰딸린, "변증법적 유물론과 역사적 유물론(상)", ≪정세와 노동≫ 제174호, 노동사회과학연구소, 2021년 9월

채만수, "전반적 위기의 세계정세와 투쟁의 침로", ≪정세와 노동≫ 제184호, 노동사회과학연구소, 2022년 10월

아스트로 가르시아, "오늘날 러시아의 제국주의적 본성을 부정하는 것은 현실을 부정하는 것입니다", ≪정세와 노동≫ 제182호, 노동사회과학연구소, 2022년 7/8월

전우재, "21세기 러시아의 독점체 형성과 자본수출 분석-레닌의 ≪제국주의론≫의 방법론에 의거하여", ≪노동사회과학≫ 17호 (2022년 대선과 노동자), 노동사회과학연구소, 2022년 5월

신재길, "인플레이션으로 나타나는 세계경제질서의 위기와 노동자 민중의 과제", ≪정세와 노동≫ 제183호, 노동사회과학연구소, 2022년 9월

권정기, "미국 일극 체제에서 다극 체제로", ≪정세와 노동≫ 제178호, 노동사회과학연구소, 2022년 2월

박현영 기자, "바이든,우크라이나 파병 대신 경제 제재 "미군, 개입 않는다"", ≪중앙일보≫, 2022. 2. 25. <https://www.joongang.co.kr/article/25051174>

김병수 기자, "[우크라 침공] 서방·러 대리전?…바이든 "러, 자포자기 보여주는 것"", ≪연합뉴스≫, 2022. 4. 29. <https://www.yna.co.kr/view/AKR20220429005400071>

박정호·정민현, "바이든 시기 러시아와 미국 관계의 주요 이슈와 전망". ≪KIEP 세계경제 포커스 21-25호.≫(대외경제정책연구원, 2022년 6월),

주진홍·황지영, "러시아·우크라이나 가스 분쟁의 시사점". ≪KIEP 지역경제 포커스 3-4호≫(대외경제정책연구원, 2009년 6월)

김연규, "트럼프 정부하 미국-러시아의 유럽가스공급 경쟁: 노드스트림II 가스관 사례". ≪세계지역연구논총 36≫ (한국세계지역학회, 2018)

서동주 외, "노드스트림-2 가스관 건설의 주요 쟁점과 유관국들의 전략적 입장: SWOT 분석을 적용하여". ≪러시아연구 31≫ (서울대학교 러시아연구소, 2021년)

레닌, ≪제국주의론≫, 백산서당, 1986

김상훈 외, "국제유가 상승이 주요국 기대인플레이션에 미치는 영향". ≪[BOK]해외경제 포커스≫ (한국은행, 2022년)

김종권, "한국과 미국의 집권 정부형태별 경제영향 분석". ≪대한안전경영과학회 2007년도 춘계학술대회≫(대한전안경영과학회, 2007년) 노사과연

여성해방론과 페미니즘
−정희진의 ≪페미니즘의 도전≫을 읽고

천연옥 | 부산지회장

1. 글을 시작하며

 7월 5일 sbs에 따르면 "미국 연방대법원이 임신 중지를 헌법적 권리로 본 '로 대 웨이드' 판결을 폐기하면서 10살 성폭행 피해자가 임신 중지 수술을 하지 못하는 상황이 벌어졌다. 현지시간 3일 가디언 등 현지 언론은 미국 오하이오 주에서 성폭행으로 인한 임신으로, 임신 중지 수술을 준비하던 10세 성폭행 피해자가 연방대법원의 임신중지권 폐기 판결 이후 급히 인디애나 주로 이동해 수술을 받아야 했다."[1]라는 내용의 보도를 했다.
 2022년 6월 24일 미국 연방대법원은 낙태의 권리(=임신 중지권)를 박탈했다. 대법원이 임신 중지권 보호를 명기한 로 대 웨이드 판결을 뒤집은 것이다. 1973년부터 로 대 웨이드 판결은 임신 24주까지 여성의 낙태권을 보장해 왔다.
 미국의 급진주의 페미니즘이, 미국 정치의 보수 양당 체제의 한 축에 불과한 민주당과 유착하면서 진보성도 대중성도 잃어버리고 자유주의 페미니즘의 품 안으로 들어가게 된 조건에서, 보수주의

---

1) https://news.sbs.co.kr/news/endPage.do?news_id=N1006811303&plink=COPYPASTE&cooper=SBSNEWSEND

자들은 결국 6월 24일 지난 50년 동안 존재해왔던 임신중지권 마저 폐기하는 참혹한 상황을 만들었다. 물론 미국에서 이에 대한 항의행동이 진행되고 새로운 더 진보적인 페미니즘 흐름이 힘을 얻어가고 있는 중으로 보인다.

한국의 여성들은 2014년 '#나는 페미니스트다'라는 해시태그 운동, 2015년 메갈리아 커뮤니티의 등장, 2016년 강남 역 여성 살해 사건에 대한 추모와 집회, 2018년 미투 운동과 낙태죄 폐지 운동, 혜화 역 불법촬영 편파수사 규탄 시위, 2019년 N번방 사건 추적단 활동과 디지털 성범죄법 제정 등 최근 십 년도 안 되는 시기 동안 엄청난 행동을 했고, 그 이론적 배경은 미국의 6,70년대의 급진주의 페미니즘을 중심으로 한 페미니즘의 전파였다. 그러나 2022년 3월 9일 대통령 선거를 경과하면서 한국의 급진주의 페미니즘 세력은 보수 양당 체제의 한 축에 불과한 더불어민주당을 지지하면서 외국의 자유주의 페미니즘이 걸어온 길을 따라가고 있다[2]).

한국의 대표적 페미니스트인 정희진은 정말 많은 책을 출판하고 있으며, 경향신문에도 <정희진의 낯선 사이>라는 고정 칼럼을 쓰고 있다. ≪페미니즘의 도전≫은 2005년 11월에 초판 1쇄, 2012년에 초판 14쇄, 2013년에 개정증보판 1쇄, 2019년에 개정증보판 15쇄, 2020년에 15주년 기념 판을 발행했고, 내가 얼마 전에 구입한 것은 2022년 4월에 4판 2쇄로 발행된 걸로 보아 한국 사회에서 이 책의 영향력은 지대하다고 보아야 할 것이다.

---

2) N번방 추적활동을 했던 박지현이 이재명을 지지하면서 더불어민주당에 입당하고, 정희진도 경향신문의 칼럼에서 이재명 지지를 우회적으로 표현했고, 대선 이후에도, 심지어 '이재명의 개딸들'이란 이름으로 활동하는 페미니스트들이 나타나기도 했다.

내가 2020년 민주노총 부산본부 여성위원회가 주최하는 3·8 세계여성의 날 기념 강연회에서 <노동운동과 페미니즘>이란 제목으로 강연을 했을 때, 민주노총 부산본부 여성위원 한 분이 정희진과 페미니즘에 대한 비판적 언급에 매우 불쾌해 하면서, '성인지 감수성'이 무엇인지 가르쳐 준 사람이 정희진과 페미니즘이라고 했다. 이후 민주노총 부산본부 여성위원회는 너무나 편파적인 입장의 강연을 배치한 것에 대한 문제제기를 받았다고 들었다. 최근에 정희진의 이 책을 읽으면서 내내 그 동지가 생각났고, 그래서 더욱 더 이 책에 대한 분명한 이론적 입장이 필요하며, 바쁜 시간을 쪼개어 이 글을 써야한다는 의지를 다지게 되었다.

또한 7월 10일에 출범 총회를 한 '노동해방'을 위한 좌파활동가 전국결집'이 '노동자계급의 페미니즘'을 채택하고 있는 것에 대해서도 동의하기 힘들다. 노동자계급의 해방 사상으로서의 맑스주의 여성해방론과 페미니즘은 하나가 될 수 없는 이론 체계이다. 페미니즘의 다양한 이론적 편차에도 불구하고 페미니즘은 자본주의를 극복할 수 없고 화려한 언사에도 불구하고 정치적 결론은 늘 자본주의 체제 안에서의 개량에 머물 수밖에 없었음을 역사가 증명하고 있다.

아래에서 한국의 대표적 페미니스트 정희진의 대표적 저술인 ≪페미니즘의 도전≫의 분석을 통해 맑스주의 여성해방론과 페미니즘이 근본적으로 다른 사상이며, 페미니즘이 맑스주의를 어떻게 왜곡하고 있는지 살펴보고자 한다.

2. ≪페미니즘의 도전≫이 도전하는 것들

1) 15주년 기념 판 머리말 그리고 <여성주의, '가장 현실적인' 세계관>

15주년 기념 판 머리말에서 정희진은 맑스주의를 왜곡하기 시작한다.

> ""이제까지의 철학은 세계를 해석하기만 했다, 앞으로 철학은 세계를 변혁할 것이다." 한 때 우리를 열광시켰던 이 말은 포스트 마르크스주의자들에 의해 바로 반박되었다. 지금 세상은 다르게 해석하는 자체가 변혁이라는 사실, 담론의 힘을 모르는 이는 없다. 여성주의는 이론과 실천, 물질과 언어의 이분법을 비판하고 새로운 언어가 곧 사회변화임을 보여줌으로써 인류의 앎과 삶에 혁명을 가져왔다."[3]

그리고 본문 1부에서 <여성주의, '가장 현실적인' 세계관>이란 제목의 글에서도 비슷한 표현이 있다.

> "언어와 물질의 분리는 남성 중심적 사유이다. 많은 남성과 여성 그리고 여성주의자들도 가정하고 있는 여성운동과 여성주의 지식을 대립시키는 사고방식은 서구 근대성의 산물이다. 운동과 언어 사이의 이원론, 위계적 사고는 "이제까지의 모든 철학은 세계를 해석하기만 했다. 앞으로 철학은 세계를 변혁할 것이다."라는 마르크스의 테제를 비판 없이 수용한 결과다. 이 테제는 마르크스주의 남성 젠더, 즉 변혁이론으로서의 한계를 어김없이 고백한다. 마르크스주의와 마르크스주의가 저항하고자 하는 세계관은 어떤 차원에서는 일종의 쌍생아인데, 이들은

---

[3] 정희진, ≪페미니즘의 도전≫, 교양인, 2022, p. 10.

모두 현실을 설명하는 언어는 하나('과학')이며 그 외의 생각은 '이데올로기'라는 관점을 공유한다. 즉 지배 세력이든 피지배 세력이든 정치적 주체는 남성이기 때문에 남성의 입장에서 구성된 참·거짓만이 존재할 뿐, '다른' 입장은 가능하지 않다는 것이다."[4]

"이제까지의 철학은 세계를 해석하기만 했다. 앞으로 철학은 세계를 변혁할 것이다."라는 말은 맑스가 1845년에 쓴 <포이에르바하에 대한 테제들>의 11번째 테제이며, 1888년 엥엘스가 쓴 ≪루드비히 포이에르바하와 독일 고전철학의 종말≫의 부록으로 출판된 것이다. 박종철 출판사에서 나온 맑스-엥엘스 저작선집 1권에는 "철학자들은 세계를 단지 다양하게 해석해 왔을 뿐이다. 그러나 중요한 것은 세계를 변화시키는 것이다."라고 되어 있다. 포이에르바하는 헤겔의 관념론을 비판하고 유물론을 주장하였으나 헤겔의 변증법까지 부정하고, 자연에 대해서는 유물론의 입장을 견지했으나 사회와 역사에서는 여전히 관념론의 입장을 가진 철학자였다. 맑스와 엥엘스는 헤겔의 관념론적으로 거꾸로 선 변증법을 변증법적 유물론으로 개작했고, 자연만이 아니라 사회와 역사에도 변증법적 유물론이 적용된다는 것을 사적 유물론을 정립하여 밝힘으로써 과학적 사회주의를 정초했다. 노동자계급의 해방 사상으로서의 과학적 사회주의는 포이에르바하를 지양하는 과정에 다름 아니었고, 그것의 이론적 표현이 포이에르바하에 대한 테제들에 축약되어 있다. 즉 해석과 변혁(혹은 변화)는 대립되는 개념이 아니라 변증법적으로 통일된 개념이다. 정희진은 이것이 포스트 맑스주의자들에 의해 바로 반박되었다고 하는데, 이 말을 반박하는 사람은 존재할 수 있으나, "반박되었다"라고 표현한 것은 그 반박에 정희진이 동의한다는 것을 의미하는 것이다. 이 말은 이론과 실천

---

4) 같은 책, pp. 100-101.

의 통일을 주장하는 말인데, 이어지는 "지금 세상은 다르게 해석하는 자체가 변혁이라는 사실, 담론의 힘을 모르는 이는 없다."말을 통하여 정희진은 이론과 실천을 통일시키는 것이 아니라 동일시한다. 해석하는 것은 하나의 변혁일 수 있으나, 해석과 담론은 대중을 사로잡아 물질적인 힘으로 전화되었을 때, 실천으로 발전하였을 때, 변혁을 완수할 수 있다.

맑스는 "헤겔 법철학 비판. 서설"에서 "비판의 무기는 물론 무기의 비판을 대신할 수 없다. 물질적 힘은 물질적 힘에 의해 전복되어야 한다. 그러나 이론 또한 대중을 사로잡자마자 물질적 힘으로 된다."라고 했고, 레닌은 ≪무엇을 할 것인가?≫에서 "혁명적 이론 없이는 혁명적 운동도 있을 수 없다."라고 했다.

이어서 정희진은 "여성주의는 이론과 실천, 물질과 언어의 이분법을 비판하고 새로운 언어가 곧 사회변화임을 보여줌으로써 인류의 앎과 삶에 혁명을 가져왔다."고 주장함으로써 마치 맑스주의가 이론과 실천, 물질과 언어의 이분법에 기반한 사상인 것처럼 왜곡한다. 그러나 자신의 주장의 올바름을 강조하는 방법이 다른 주장을 왜곡하는 것이어서는 안 된다.

또한 맑스주의가 남성 중심의 세계관이라는 것은 역사 왜곡이다. 맑스주의는 클라라 체트킨, 로자 룩셈부르크, 알렉산드라 콜론타이와 같은 위대한 여성혁명가들에 의해서 발전해 왔으며, 부르주아 여성운동인 자유주의 페미니즘(모든 여성이여 단결하라!)에 대항해서 프롤레타리아 여성을 조직하고 프롤레타리아 남성과 단결하여 자본에 저항하고, 프롤레타리아 여성을 혁명의 주체로 세우고, 프롤레타리아 여성의 조직과 행동 없이는 사회주의가 불가능함을 역설하면서 20세기 사회주의를 건설했다.[5]

---

5) 천연옥, <사회주의에서 여성의 지위와 역할>, ≪현장과 광장≫ 3호, 2

2) 머리말에 인용된 도나 해러웨이

정희진은 다양한 페미니즘 조류의 이론가들을 구분하지 않고 자신이 인용하고 싶은 부분만 인용한다. 머리말에서 이렇게 말한다.

"미국의 페미니스트이자 생물학자이자 과학철학자인 도나 해러웨이는 이렇게 말한다. "과학 지식은 목격에 관한 것입니다. 특정한 것을 안다는 사실은, 설명 가능성의 의미를 변화시킵니다. 목격은 언제나 해석적인, 우발적인, 예약된, 속기 쉬운 참여입니다. 목격이란 증언하는 것이고, 서서 공공연하게 자신이 본 것과 기술한 것을 해명하는 것이며, 자신이 본 것과 기술한 것에 마음의 상처를 받는 일입니다." 때문에 여성주의는 사람들을 '행복'하게 하지 않는다."6)

위의 인용문만으로는 도나 해러웨이가 어떤 페미니스트인지 알 수 없다. 그러나 "사이보그 선언"으로 유명한 급진주의 페미니즘에서 많은 영향을 받은 사회주의 페미니스트인 그녀는 여성이 임신, 출산과 같은 생물학적 특징 때문에 남성에 종속되었으며 과학기술의 발달은 출산을 조절할 수 있으며, 남성에 종속되는 가족과 이성애를 부정하고 반려동물과 가족을 구성하는 전략으로 이성애를 넘어설 것을 제안했다. 사회주의 페미니즘은 기존의 맑스주의가 여성문제를 해결할 수 없다고 보고 계급문제는 사회주의로, 여성문제는 페미니즘으로 해결할 것을 주장하는데, 급진주의 페미니즘이 사용한 가부장제와 상호교차성 개념을 차용하고, 맑스주의에

020.11.
6) 정희진, 《페미니즘의 도전》, 교양인, 2022, p. 31.

서 재생산이라는 개념을 만들었다. 재생산은 기존의 맑스주의의 개념이 아니라 사회주의 페미니스트들이 만들어낸 개념으로서, 생산은 공장과 사회에서, 재생산은 가족에서 이루어진다는 것으로 재화와 서비스의 재생산이 아니라 노동력의 재생산을 의미한다. '여신보다 사이보그!'를 선언한 도나 해러웨이의 사상은 정희진의 책에서는 제대로 전달되지 않고, 단지 '페미니스트이자 생물학자이자 과학철학자'로서만 인용된다. 그러나 정희진은 그녀의 사상을 알고, 동의 혹은 이해하고 있으므로 인용하지 않았을까?

3) 단결을 부정하는 여성주의

"어떤 것이 더 중요한, 더 본질적인 모순이라고 주장하는 기존의 남성 중심적 사유는 얼마나 비현실적인가? 인간은 누구나 소수자이며, 어느 누구도 모든 면에서 완벽한 '진골'일 수는 없다. 특히 한국사회에서는 성별과 계급뿐만 아니라 지역, 학벌, 학력, 외모, 장애, 성적 지향, 나이 등에 따라 누구나 한 가지 이상 차별과 타자성을 경험한다. 중심과 주변의 이분법 속에서 자신을 당연한 주류 혹은 주변부로 동일시하지 말고, 자기 내부의 타자성을 찾아내고 소통해야 한다. 그런 의미에서 모든 사회운동은 부분 운동이다. 민주주의를 위해 필요한 것은 서로 다른 각자의 처지(차이)를 이해하고 소통하는 연대이지, (남성중심의) 단결이나 통합이 아니다. 어떻게 전체 운동이 따로 있고, 부분 운동이 따로 있을 수 있는가? 그리고 전체와 부분을 나누는 기준은 누가 정하는가?"[7)]

맑스주의 여성해방론은 사적 유물론의 입장에서 여성억압의 기

---

7) 같은 책, pp. 42-43.

원과 여성해방의 물질적 조건을 규명하고 있다. 그리고 사회구성체의 기본모순이 계급모순이고, 이 계급모순을 해결하기 위한 전체 운동과 부분 운동을 상정한다. 계급적 단결과 민중 연대에 의거하여 부분 운동들은 전체 운동으로 통합된다. 그들의 관점에서는 맑스주의는 남성 중심적 사유이다. 그런데 연대와 단결이 대립되는 개념인가? 개인들이 가지는 모든 차이와 타자성에 의존해서 파편화되는 것이 바람직한가? 개인들이 가지는 모든 차이와 타자성에도 불구하고 계급적으로 단결하고 민중 연대에 복무하여 자본주의를 극복하고 새로운 세상을 만들어야 하는 것 아닌가?

4) 지배계급으로서의 남성, 개인적인 것은 정치적인 것이다

"지배계급으로서의 남성은 5천 년 동안 피지배계급인 여성을 때리고, 죽이고, 교환하고, 사고 팔고, 해고하고, 착취해 왔다. 그렇다면 '적'이 아닌가? 왜 여성은 남성을 적으로 상정하는 것을 두려워할까?"[8]

위 인용문의 내용은 ≪성의 변증법≫(1970)이란 책의 저자로 유명한 급진주의 페미니스트 슐라미스 파이어스톤(1945-2012)이 1969년 '레드스타킹 선언'에서 한 유명한 말이다. 파이어스톤은 여성은 억압받는 하나의 계급이라는 '성 계급론'을 주장했고, "개인적인 것이 정치적인 것이다."라는 구호를 통해 여성계급 의식화를 통한 집단행동을 주장했다. '레드스타킹 선언'은 이후 '드센년' 선언, '강간 반대 선언', '미스 아메리카를 멈춰라 선언' 등으로 구체화되었다. 파이어스톤은 ≪성의 변증법≫에서 여성이 남성에 종속되는 가부장제의 기원과 토대에 대해 여성의 임신과 출산이라는

---

[8] 같은 책, pp. 56-57.

생물학적 특성 때문이라고 주장하여 생물학적 결정론으로 비판받았다. 여성이 임신과 출산을 하는 생물학적 특성이 있는 한 인류 사회 전체에 걸쳐서 남성에 대한 종속은 피할 수 없는 것이며, 여성문제의 해결은 남성이 사라져야만 해결되는 것이란 결론이 나온다. 파이어스톤의 뒤를 이은 밸러리 솔레너스는 '남성 거세 결사단 선언'을 통해 생물학적 성(임신, 출산)이 여성을 억압하는 주요 기제이므로 생물학적 가족은 해체되어야 하고, 과학기술에 의해 여성이 출산으로부터 벗어나야 한다고 주장했다. 나아가 남성의 도움 없이 아이를 낳는 것이 기술적으로 가능하므로 남성은 필요 없고 남성은 없어져야 하는 생물학적 재앙이라고 주장했다.

이러한 급진주의 페미니즘의 영향으로 등장한 한국의 페미니즘 그룹이 2015년 메갈리아인데, 이들은 일베들의 여성혐오 발언에 '미러링 전략'으로 남성혐오 발언을 서슴지 않았는데, 한국 남성을 '한남충', 일베들의 '여성을 삼일에 한 번씩 때려야 한다'는 주장에 대해 '남성은 숨실 때마다 때려야 한다'며 '숨쉴한'이라고 불렀다. 메갈리아에서 분화된 워마드는 비정규직 남성을 '번식 탈락충'으로 부른다. 또 이들은 트랜스젠더 여성은 생물학적 여성이 아니므로 여대에 입학할 수 없다는 입장을 내어 논란을 낳기도 하였다.

그런데 "지배계급으로서의 남성, 개인적인 것은 정치적인 것이다."라는 파이어스톤의 말을 인용하는 정희진은 파이어스톤의 주장에 대해서 동의하는 것일까?

이에 반해서 맑스주의 여성해방론은, 인류가 원시공산제 사회에서는 남녀가 평등했으나 생산력의 발전으로 인한 잉여생산물의 발생, 군혼에서 단혼으로 가족제도의 변화, 가족 내에서의 성별 분업의 성격의 변화, 사유재산과 상속, 계급, 국가의 발생으로 여성에 대한 억압이 발생했고, 그 구체적 형태가 모계씨족에서 부계씨족으로의 변화라고 설명한다. 여성문제의 해결도 인류가 노예제, 봉건제, 자본제라는 계급사회를 거쳐서 공산주의라는 무계급사회로 전진함을 통해 해결할 수 있다. 가족 내에서 남성 지배가 확립된 이후 인류는 간통과 매음으로 보충된 일부일처제로 이행하였는데, 정조는 여성에게만 강요되고 남성은 여전히 군혼생활을 하고 있다. 여성해방의 물질적 기초는 여성이 사회적 노동으로 복귀하고 가사노동이 사회화되어야 가능한데, 자본주의 사회는 사회적 노동(임금노동)과 가사노동이라는 이중의 부담을 여성에게 강요하는 억압적 체제이지만, 한편으로는 저임금으로 이윤을 확대하려는 자본의 욕망에 의해 여성이 사회적 노동으로 복귀하고, 또한 가사노동이 이윤의 대상이 되는 영역으로서 사회화되고 있어 여성해방을 위한 물질적 조건이 만들어지고 있는 것이다.[9]

"완전히 자유로운 결혼은 자본주의적 생산과 이에 기인하는 소유관계가 지양됨으로써, 오늘날 아직도 배우자의 선택에 아주 큰 영향을 주는 그 모든 부차적인 경제적 고려가 제거됨으로써 비로소 일반적으로 실현될 수 있다. 그때에는 이미 상호 간의 애정 이외에 아무런 동기도 남아 있지 않을 것이다. (중략) 그리하여 앞으로 자본주의적 생산을 지양한 후에 자리 잡을 양성 관계의 형태에 대해 우리가 지금 예상할 수 있는 것은 주로 부정적인 측면들로, 대부분 소멸하게 될 것들이다. 그러나 새로 나타나게 될 것은 어떤 것들인가? 그것은 남녀의 새로운 세대가 자라나서, 남자는 일생을 두고 금전이나 기타 사회적 권력수단으로 여자를 사는 일이 없고, 여자는 진정한 사랑 이외에는 다른 어떠한 동기로도 결코

---

9) 프리드리히 엥엘스, ≪가족, 사유재산, 국가의 기원≫(1884), 김대웅 옮김, 두레.

남자에게 몸을 맡기지 않으며, 경제적 결과에 대한 두려움 때문에 사랑하는 사람에게 몸을 거부하지 않을 때 확정될 것이다."10)라고 엥엘스는 이미 1884년에 쓰고 있다.

5) 노동현장에 대한 무지 혹은 무관심

"비슷한 학력과 연령대의 남녀가 담당하는 남성 경비원과 여성 청소부(사실 청소의 노동강도가 더 세다)의 급여가 다섯 배 격차가 나는 것은, 우리 사회에서 여성의 일이 어떻게 취급되는지를 극명하게 보여준다. (정경아, <여성주의적 직무평가를 위한 연구>, 이화여자대학 여성학과 석사논문, 1999)"11)

이 책의 초판이 2005년이고, 1999년 논문을 인용할 수도 있고, 1999년의 논문은 그 이전의 현실을 반영하고 있다고 볼 수도 있겠지만, 개정증보도 하고 15주년 기념판도 찍었으면, 이 부분을 수정을 했어야 하지 않았나 하는 생각이 든다. 내가 2002년에 부산대 청소, 경비노동자를 노동조합으로 조직할 때 이미 남성 경비원과 여성 청소노동자의 임금격차는 거의 없었다. 몇 년 만에 그렇게 변화했을 지도 모르지만, 현재에도 남성 경비원은 정규직, 여성청소부는 비정규직이라면 두 배(많으면 세 배) 정도 차이는 날 것이다. 그러나 둘 다 용역 비정규직 노동자인 현재의 노동현장에는 그 둘의 임금격차는 거의 없다고 보아야 할 것이다. 사소한 문제일 수도 있지만 정희진은 상호교차성, 즉 여성이면서 노동자라는 정체성이 교차하는 억압에 대해서도 많이 언급하고 있는

---

10) 프리드리히 엥엘스, ≪가족, 사유재산, 국가의 기원≫, 김대웅 옮김, 두레, pp. 130-141.
11) 정희진, ≪페미니즘의 도전≫, 교양인, 2022, p. 80.

데, 사실상 노동현장의 현실에 대해서는 제대로 알지 못한다는 것을 단적으로 보여주는 것이라 여겨져서 지적하고 넘어간다.

6) <'제국'적 상황, 성폭력과 '성노동'을 넘어서>

정희진은 성 판매 여성을 '성노동자'로 규정하고 활동하는 그룹에 대해서 그다지 명확한 입장을 나타내지는 않는데, 비판적이라기보다는 호의적인 편에 가깝게 보인다. 위의 제목이 그것을 말해주는 것이다. 정희진이 말하는 '제국'적 상황은 1990년대 이후 쏘련의 해체 이후 전 지구적 자본주의가 성립된 것으로 보고, 심화된 빈부격차는 노동자와 자본가보다 노동자와 노동자 간에, 여성과 남성보다는 여성과 여성 간의 차이를 더욱 극심하게 만들고 있다고 한다. 그러나 아무리 노동자와 노동자의 차이가 크다고 해도 자본가와 노동자의 차이보다 크지 않은 것이 현실이다. 그리고 여성과 남성 간의 차이가 여성과 여성과의 차이보다 큰 적은 없었다. 왜냐하면 남성도 자본가계급 남성이거나 노동자계급 남성이고, 여성도 자본가계급 여성이거나 노동자계급 여성으로 존재하기 때문이다. 물론 현대 사회에서 이 두 계급에 속하지 않는 사람들도 있다. 정희진은 이런 상황에서 성 판매는 성별뿐만 아니라 빈곤의 문제와 관련되어 있다고 한다. 그러나 인류의 역사를 통틀어서 성 판매가 빈곤의 문제와 관련되어 있지 않은 적이 있었던가?

"서구 유럽 남성들의 동남아시아, 남미, 아프리카 등지로의 섹스 관광에서 성 판매자는 현지 여성뿐만 아니라 소년으로까지 확대된다. 빈부 격차로 인한 성매매는 점차 젠더뿐만 아니라 계급, 인종 모순의 성격을 띠게 된다. 섹스 관광에 나선 서구 백인 남성들은 남반구의 가난한 여성들과 소년들을 정복해야 할 '자연'으로 간주한다. 성매매를 젠

더·계급·인종의 상호 작용의 결과로 보는 페미니스트들은, 성폭력과 성 노동의 이분법을 넘어 탈식민 여성주의, 에코 페미니즘(생태 여성주의) 의 시각으로 인식의 지평을 확대한다. 마리아 미즈는 유럽 백인 남성의 섹스관광을 자연으로부터 소외된 결과라고 본다."12)

"여성주의자와 성 판매 여성의 차이는 본질적인 것이 아니라 구체적이고 물질적인 현실에 의해 정해진다. 여성주의는 공통된 본질과 정체성을 지닌 경험적 집단의 투쟁이 아니라, 여성이라는 범주가 종속적으로 구성되는 복합적 형식에 대한 투쟁이라는 것을 인식한다면, 성매매 역시 다른 방식의 접근을 모색해 볼 수 있다. 여성주의자의 입장이나 성 판매 여성의 입장이나 모두 '부분적 진실'이고, '상황적 진실'이다. 반다나 시바나 마리아 미즈 같은 여성주의자들은 근본적인 인간의 욕구 충족을 바탕으로 한 절대주의와 보편주의는 근대적 서구 남성 중심적 보편적 인권 개념과는 다르다고 주장한다. 만일 여성주의자가 '성매매 근절'이라는 입장보다 '근본적인 인간 욕구 충족'을 정치적 목표로 상정한다면, 성 판매 여성과 대화의 폭이 넓어질 것이다. 이러한 대화는 성매매를 반대하는 여성운동이 다양화, 다원화되어야 함을 의미한다. 그리고 여성운동의 다원화는 성별 의제에 대한 한국 사회의 성숙을 요구한다."13)

여기서 정희진이 인용하고 있는 마리아 미즈는 대표적 사회주의 페미니스트로서 1986년에 ≪가부장제와 자본주의: 여성, 자연, 식민지와 세계적 규모의 자본축적≫이라는 저서로도 유명하다. 마리아 미즈는 이 책에서 자본주의 가부장제는 약탈이며, 남성의 폭력과 약탈이 여성에 대한 억압의 기원이라고 한다. 노동자계급 남성이 여성을 '가정주부화'함으로써 첫째로 일자리를 독점할 수 있고, 둘째로 가족 내 모든 현금 소득에 대한 통제권을 주장할 수

---

12) 같은 책, p. 255.
13) 같은 책, p. 259.

있으므로 물질적 이해관계가 있다고 한다. 자본주의의 핵심은 착취가 아니라 약탈이라고 규정하여, 남성이 여성과 식민지를 약탈한다는 데 모든 남성이 물질적 이해관계를 같이 한다고 주장한다. 그러나 그 정치적 결론은 서구 여성은 소비자 운동이고, 제3세계 여성은 토지와 자급적 생산을 지키기 위한 투쟁이라고 생각한다. 에코 페미니즘은 기후위기에 대한 대안으로 탈 성장을 주장하는 흐름이기도 한데, 자본주의 이후의 사회의 대안은 사회주의가 아니라 자급자족 경제이다. 마리아 미즈는 자본주의를 비판한다는 측면에서 사회주의 페미니스트로 분류되지만, 그냥 에코 페미니스트라고 분류하는 게 맞는 것 같다.

마리아 미즈와 함께 ≪에코 페미니즘≫을 공동 저작한 반다나 시바는 환경운동가로도 유명하다. 에코 페미니즘은 생태학(ecology)과 여성주의(feminism)의 합성어이다. 페미니즘의 목표와 생태학 운동의 목표가 같다는 데에서 출발한다. 그래서 자연해방과 여성해방을 주장하며, 자연에 가해지는 폭력과 여성에게 가해지는 억압이 서로 상관관계가 있다는 점에서 출발했다. 인간이 자연을 타자화하고 착취하는 방식과 기득권층인 남성이 여성을 타자화하고 착취하는 방식은 공통점이 있으며, 이러한 공통점에서 두 측면은 서로 상관관계가 있고, 한쪽의 억압이 동시에 다른 쪽의 억압을 낳기 때문에, 두 억압으로부터의 해방은 동시에 이루어져야 한다고 이들은 주장한다.

정희진은 판매되어서는 안 되는 성이 판매되는 현실이 근본적으로 어디에서 유래하는 것인가를 말하지 않는다. 빈곤한 여성이 성 판매를 통해서 생계를 유지해야 하는 현실이 있다. 이 현실은 모든 것을 상품화해서 이윤을 추구하는 자본주의 체제를 의미한다. 사실 자본주의에서 판매되지 말아야 할 많은 것들이 버젓이 판매되고, 그것들을 만드는 노동을 하는 노동자가 노동자로 인정되는 것들이 많은데, 성 판매만 금지하는 것은 부당하다고 말할 수도 있다. 예를 들면 무기를 만들고 판매하는 것, 불량식품 등등. 그러나 여성해방의 관점에서 성매매는 여성에게 치명적인 것이다. 특히 생계를 위해서 성 판매를 하는 여성을 성노동자로 규정하고 성 판매를 합법화하기를 요구하는 것은 현실과 타협하는 것이다. 이 여성들이 다른 생계수단을 찾도록 도와주고 사회가 그 비용을 감당하게 하는 것이 올바른 방법이다. 그리고 사회주의 혁명은 지금처럼 성매매 금지법을 피해서 음성적으로 판매되는 성 산업을 모두 근절할 것이다.

마리아 미즈는 자본주의가 자본가계급이 노동자계급에게서 잉여노동을 착취하는 것에 의존해서 유지되는 사회라는 기본적 사실을 부정한다. 단 한 순간도 단 한 명의 자본가도 노동자의 잉여노동의 착취가 없으면 존재할 수 없다. 맑스가 1867년에 출판한 ≪자본론≫을 보라. 이것을 부정하고 비판해 보라. 제국주의의 식민지 약탈의 본질에 대해서, 레닌은 1916년에 쓴 ≪제국주의론≫에서, 자본주의의 발전으로 생산과 자본의 집적이 고도의 단계에 달해, 경제생활에서 결정적 역할을 수행하는 독점체를 형성하기에 이르렀고, 은행자본이 산업자본과 융합하여 금융자본을 이루고, 이를 기초로 하여 금융과두제가 형성되고, 상품수출과는 구별되는 자본수출이 특별한 중요성을 갖게 되고, 국제적 독점자본가 단체가 형성되어 세계를 분할하고, 자본주의 거대 열강들에 의해 전 세계의 영토적 분할이 완료된다고 분석하였다. 100년 전의 분석이나 21세기 지금도 본질적인 측면에서는 달라진 것이 없다. 영토적 분할의 방식이 식민지에서 신식민지로 변화된 것에 불과하다. 제국주의 시대의 제국주의 자본과 (신)식민지 인민 간의 모순은 반제 민족해방투쟁과 반자본주의 투쟁을 하나로 만들고 있다. 여기에서 제국주의 노동자계급과 (신)식민지 민중과의 단결과 연대를 호소해야 하는데, 마리아 미즈처럼 남성이 약탈하고 있다고 하니 어쩌면 좋을까?

맑스주의 여성해방론과 페미니즘(정희진의 책에서는 주로 여성주의로 표현되고 있다)이 함께 가지 못하는 이유가 여기에 있다.

7) <글로벌 자본주의와 남성성, 폭력의 시장화>

"사실 최근 빈발(재현)하는 이른바 '묻지마 폭력'은 여성의 시각에서 보면 인류 역사상 가장 오래된 인간 행동 중 하나다. '평화 시'에는 말할 것도 없고 전쟁이나 무력 갈등이 벌어질 때 상대방 여성에 대한 성폭력은 정부/반정부, 좌/우, 혁명/반혁명 등 정치적 입장을 막론하고 남성들의 중요한 투쟁 전략의 일부이다. 가부장제 사회에서 여성의 몸은 남성들의 전쟁터다. 남성들 간의 갈등이 여성의 몸에 실현된다는 이야기다. 즉 기존의 전쟁과 평화라는 이분법은 남성의 입장에서 만들어진 것이다. '개인적인 것은 정치적인 것이다'라는 논의처럼 여성주의자들은 이 이분법 논쟁을 재구성하려고 노력해 왔다."14)

위 인용문에서 드러나듯이 정희진은 급진주의 페미니즘의 주요 논리를 채택하고 있다. 위에서 술라미스 파이어스톤의 성 계급론에 의한 '개인적인 것은 정치적인 것이다'의 구호를 설명했고, 마리아 미즈의 가부장제 이론을 설명했으니 반복하지 않겠다.

정희진의 위 글에서 "여성에 대한 성폭력은 정부/반정부, 좌/우, 혁명/반혁명 등 정치적 입장을 막론하고 남성들의 중요한 투쟁 전략의 일부"라는 표현에 의하면 현실 운동에서 자본주의 모순

---

14) 같은 책, p. 294.

을 극복하기 위해 혁명을 준비하는 좌파/반정부/혁명운동은 우파/정부/반혁명과 동급이 된다. 이것은 역사 왜곡이고, 반동적 사상이다. 역사 속에서 예를 들면 파리 꼬뮌에서 여성 전사들이, 러시아 혁명과 중국 혁명, 베트남 혁명의 과정에서 혁명군 속에서 남녀 차별이 있었고, 이 혁명군들이 반혁명 진영의 여성에게 성폭력을 했다는 얘기를 들어본 적이 있는가? 아마 정말 개인적으로 그런 경우가 전혀 없지는 않았을 것이다. 그러나 이런 주장으로 남녀 노동자를 단결시키고 자본가권력에 저항해서 새로운 세상을 만들 수 있을까? 페미니즘은 애초에 그런 세상도 부정한다. 왜냐하면 그런 세상도 여전히 남성 중심적 사회일 것이라고 단정하기 때문이다.

> "역사적으로 노동(계급), 남성성, 폭력 문제는 하나의 세트였다. 폴 윌리스의 고전적인 지적대로, 혁명이 안 일어나는 이유는 남성의 계급적 타자성이 폭력과 같은 남성성(젠더)으로 상쇄되기 때문이다. 남성성은 민중연대와 혁명을 불가능하게 만드는 '완충'역할을 한다. 이것이 진보적 역사주의자들의 바람과 달리, 민중이 반동적인 이유이고 역사가 반복적으로 실패하는 이유다."15)

이쯤 되면 남성이 존재하는 한 민중 연대나 혁명은 불가능하다. 정희진의 페미니즘은 민중은 반동적이고 역사는 반복적으로 실패한다는 청산주의와 패배주의를 선동한다. 결코 동의할 수 없다.

> "국가 자체는 인간이 사회생활을 영위할 수 있는 유일한 공동체 형식이 아니다. 진보는 국가 건설 과정에 인권과 절차적 민주주의가 포함되어야 한다는 것이고, 보수는 강한 국가 건설을 위해 이를 잠시(?) 유보

---

15) 같은 책, pp. 298-299.

하자는 것이 담론의 차이이다. 이미 국가는 글로벌 대도시들의 연합, 그들만의 클럽으로 변화한 지 오래다. 글로벌라이제이션의 가장 중요한 특징은 자본을 중심으로 한 국가 범주의 유동성이다. 그러므로 국가의 쇠퇴라는 지구화나 이에 대한 반동으로 발생하는 민족주의의 부활은 모두 수시로 변화하는 단면의 일부분이다. 지금은 그저 다른 형태의 국민국가 시대인 것이다."16)

맞다. 국가 자체는 인간이 사회생활을 영위할 수 있는 유일한 공동체 형식이 아니다. 국가란 역사 발전의 일정한 단계에서 사회가 화해할 수 없는 계급모순으로 인하여 지배계급이 피지배계급을 억압하고 착취하기 위한 도구로서 등장했다. 정희진이 말하는 진보는 부르주아 민주주의의 표현이다. 그러나 맑스주의는 인류가 계급사회(노예제, 봉건제, 자본제)를 극복하고 무계급사회(공산주의)로 전진하기 위해 과도기 국가(프롤레타리아트 독재=프롤레타리아트 민주주의)를 거쳐서 계급도, 국가도, 여성에 대한 억압도 존재하지 않는 무계급 사회로 발전한다고 본다. 현재 지구화, 세계화 등의 개념은 현대 국가가 국가독점자본주의 국가라는 것, 그리고 그것을 지배하는 독점자본들의 국제화를 반영하는 것이다.

3. 글을 마치며

정희진의 ≪페미니즘의 도전≫은 '한국 사회 일상의 성 정치학'이란 부제를 달고 있는데, 일상 속에 오랜 계급사회의 남성 중심적인 성차별 제도와 의식, 봉건제 잔재의 남존여비 사상이 얼마나 강고하게 구석구석 남아 있는지를 잘 고발하고 있다. 어떤 부분에

---

16) 같은 책, pp. 306-307.

서는 "그래 맞아, 정말 그래!"라고 무릎을 탁 치고 싶은 충동을 느끼기도 했다. 그런데 이러한 현실을 분석하는 도구가 페미니즘이어서 이 문제를 극복하는 올바른 대안을 찾지 못하면서, 위에서 확인했듯이 남성이 문제고, 남성성이 문제고, 남성이 존재하는 한 민중은 반동적이고 역사는 반복적으로 패배한다는 결론에 이르고 만다.

　이와는 달리 맑스주의 여성해방론은 맑스의 ≪공산당 선언≫에서 시작하여 아우구스트 베벨의 ≪여성과 사회주의≫, 엥엘스의 ≪가족, 사유재산, 국가의 기원≫을 거쳐, 클라라 제트킨, 로자 룩셈부르크, 알렉산드라 콜론타이 등의 여성혁명가에 의해서 실천적으로 발전해왔다. 20세기 사회주의에 대한 왜곡된 평가는 사회주의도 여성문제를 해결하지 못한다는 주장에 힘을 실어주고 있다. 그러나 사회주의는 맑스가 ≪고타강령 비판≫에서 설명했듯이, 공산주의의 낮은 단계로서 자본주의의 흔적과 때가 묻어있는 사회이다. 그러나 인류는 사회주의를 거치지 않고서는 공산주의로 전진할 수 없다. 사회주의이면서도 제국주의에 의해 둘러싸여 있었던 20세기 사회주의의 경험은 얼마나 그 과정이 지난하고 험난한 것인가를 보여준다.

　페미니즘은 현재 한국 여성이 처해 있는 각종 모순에 대한 즉자적 요구, 그리고 여성운동의 현실적 과제들을 일정하게 반영하고 있다. 그러나 페미니즘의 이론 체계로는 그 과제들을 해결할 수 없다. 맑스주의 여성해방론은 여성문제를 가장 과학적으로 해명하고 있으며, 페미니즘이 가진 이론적 한계에 대한 극복 방안을 제시한다.

<참고 자료>

정희진, ≪페미니즘의 도전≫, 교양인, 2022
엥엘스, ≪가족, 사유재산, 국가의 기원≫, 김대웅 옮김, 두레, 2012
김민재, 이지완, 황정규, ≪페미니즘인가 여성해방인가 사회주의에서 답을 찾다≫, 해방, 2019
천연옥, <노동운동과 페미니즘>, ≪현장과 광장≫ 2호, 2020.5.
천연옥, <사회주의에서 여성의 지위와 역할>, ≪현장과 광장≫ 3호, 2020.11.
천연옥, <여성해방론의 쟁점들>, ≪노동사회과학≫ 15호, 노사과연, 2021.5. 노사과연

리얼리즘 논쟁
(고리키, 루카치, 브레히트)

제일호 | 회원

> 문학에서 현실에 충실한 삶의 모사를 받아들이고자 하는 것은
> 민중의, 광범위한 근로대중의 관심사이다
> ㅡ브레히트,
> ≪민중성과 리얼리즘≫

<차례>

1. 들어가며
2. 리얼리즘의 두 모델, 루카치와 고리끼
3. 루카치와 브레히트 논쟁
4. 마치며

1. 들어가며

실천 지향적인 문예학의 과제에 대해 생각을 해본다. 문학은 그 자체의 모습이 아닌 사회 전체적인 과정의 부분으로 이해를 해야 한다. 그러므로 문예학 역시 그것의 역사적 기원 속에서 생산 관계의 총체와 연관되어 이해될 수 있다. 그러기에 맑스주의 문예학은 사적 유물론과의 사회경제적인 관계를 기초로 해서 부르주아 문학에 대한 이데올로기 비판으로까지 발전해 온 것이다. 그렇다면 후기 자본주의 사회에서 맑스주의 문예학의 과제는 무엇인가에 대한 질문을 던지지 않을 수 없기에 이 글을 적어본다. 루카치와 브레히트 간의 리얼리즘과 표현주의 논쟁은 잘 알려져 있지만 실상 그 내용을 아는 사람은 극히 적은지라 비록 짧은 지식이라도 동원하여 논쟁의 내용과 성격을 개괄해 보고자 한다. 또한 이 논쟁에 앞서 고리끼와 루카치의 리얼리즘을 먼저 살펴보면 도움이 될듯 하여 리얼리즘의 두 형태를 비교해본다.

루카치와 브레히트 사이에서 벌어진 논쟁은 프롤레타리아 작가동맹(BPRS)과 말(Das wort)이라는 독일 망명객 중심의 잡지에서 있었던 1938년 표현주의와 리얼리즘 논쟁을 기원으로 하고 있다. 루카치는 당시 BPRS 내에서 독일 공산당(KPD) 지도부의 후원을 받는 막강한 그룹(비트포겔, 쿠렐리, 베허 등이 속한)의 대표적 인물이었고 브레히트는 아이슬러, 블로흐와 같은 프롤레타리아 작가들이 형성한 반대진영의 대표였다. 그래서 두 사람의 대립 관계는 공공연하게 드러나기 시작했고, 루카치가 독일 망명인들의 잡지인 말지가 불러일으킨 표현주의 논쟁에 끼어들면서 집필한 논문에 브레히트가 "창백한 유미주의자로 몇몇 사람들에게서 지목받는 나의 문학적 지우인 아이슬러와 더불어 루카치는 이른바 그 아궁이를 말끔히 씻어내 버렸다. 루카치는 유언 집행에 있어 유산 앞에서 마땅히 취했어야 할 경건한 감동을 보여주지 않았던 것이다"라는 신랄한 평을 내리면서 시작되었다. 이는 두 사람 사이에 그때그때의 견해 차이가 아니라 근본에 흐르는 이념적 차이가 있었다는 것을 엿볼 수 있는 대목이다. 브레히트는 루카치의 글을 보면서, 리얼리즘 문제에 관한 자신의 견해를 정리해야 할 필요성을 느끼게 되었다. 사회주의 리얼리즘에 관해 서로 아주 다르고 또 기본 사상에 있어서도 직접적으로 대립되었던 두 사람의 개념은 이렇게 형성되었고, 독일뿐 아니라 전 세계적으로 리얼리즘 이론의 발전에 있어 결정적 영향을 미치게 되었다.

  루카치와 브레히트의 문예이론은 리얼리즘론이나 변혁적 문예이론의 중요 부분을 형성하고 있기에, 두 사람의 이론을 연구하고 검토하고자 하는 사람들에게는 리얼리즘의 핵심 개념에서 변혁의 전망에 이르기까지 꼭 살펴볼 필요가 있다고 하겠다. 지금은 불투명한 전망, 투쟁 전선의 혼란, '과학적 세계관'에 대한 근거 없는 낙관론으로의 오도, 볼세비끼에 대한 중상과 매도가 넘쳐나면서, 좌파적 양심과 의식을 지녀온 자들은 점점 사라져가고 변혁이론과 운동은 정체되어 가고 있다. 부르주아의 어두운 데카당스와 모더니즘의 고독과 절망을 던지고 나선 포스트모더니즘이 기승을 부리는 세상에서, 현실을 현실적으로 응대하는 노동대중과 리얼리스트들에게는 비록 희미한 전망 속이라 할지라도 치열한 계급투쟁의 장대한 길을 열어가기 위해 맑스의 시대, 레닌의 시대, 루카치와 브레히트의 시대를 살펴보아야 한다. 루카치와 브레히트의 이론과 실천은 후기 자본주의 사회에서 여전히 진행형이지 않는가? 이론적 체계화를 이루지 못한 맑스-레닌주의 미학에 있어서 두 사람이 던진 자극은 체계화는 물론 내실화와 풍부함을 더하는 데 엄청난 기여를 했다고 할 수 있겠다. 루카치와 브레히트의 논쟁은 누가 옳고 그르냐의 판단의 문제가 아니라 양자의 차이나 대립 관계가 혁명진영에 얼마나 생산적이었는가를 살펴보아야 하며, 맑스-레닌주의를 얼마나 풍부하게 하였는가를 중심으로 살펴보아야 할 것이다.

2. 리얼리즘의 두 모델, 루카치와 고리끼

먼저 문학적 리얼리즘에 대한 맑스주의의 개념에 있어 1차적인 모델로 꼽히는 두 이론을 살펴보아야 한다.

첫 번째는 루카치의 저작들이며, 이 저작들은 비판적 리얼리즘의 정의에 있어 하나의 전형이 되어왔다. 비록 쏘련과 동독에서는 수정주의자 취급을 받았지만, 루카치의 리얼리즘 이론은 전 세계 학자들의 관심을 높여 왔다.

두 번째는 사회주의 리얼리즘에 대한 고리끼의 탁월한 견해이다. 1930년대에 걸쳐 작가들에게 사회주의 리얼리즘이라는 하나의 이상적 관점이자 방법론을 제시하는 데 있어 고리끼의 공로는 아주 크다고 할 수 있으며, 레닌과 스딸린은 그를 후원하고 서신교환을 한바 있다. 교육 및 문화성 장관을 역임했던 루나차르스끼는 노동자계급이 맑스와 엥엘스의 철학적 저작을 통해 자신들을 인식할 수 있었듯이, 고리끼의 작품을 통해 노동자들은 처음으로 문학 속에서 자신들의 모습을 깨달을 수 있었다고 말하였다.

원래 루카치는 신칸트학파(짐멜, 빈젤반트, 베버 등)의 영향을 받았다. 그러나 그는 제1차 세계대전 전에 헤겔 쪽으로 방향을 바꾸었으며 전쟁 중 맑스주의자가 되었다. 그리고 1920년대의 극좌적 활동을 한 연후에, 루카치는 1930년대 초에 이르러서 이전에 그가 보여주었던 양극적인 모습, 즉 '부르주아'적인 모습과 '극단적으로 맑스주의'적인 모습을 소위 헤겔식으로 통일하게 된 듯하였다. 또한 이 시기에 그의 관심은 점차 문학으로 쏠리게 되었다. 그럼에도 불구하고 그는 헤겔주의의 영향 하에서도 다음과 같은 새로운 견해를 제시하였다. 첫째, 헤겔주의적 미학을 사적 유물론과 결합시켰다는 점. 둘째, 헤겔주의적 명제와 방법론을 현대의 문학 현상에 적용시켰다는 점. 이와 같이 그는 헤겔주의의 균형적이고 복합적인 문학, 예술 이념에다가 리얼리즘이라는 탐구적 명칭을 부여하였다.

루카치는 독일어판 ≪전집≫(Werke)에서 '리얼리즘이란 곧 예술에 있어서 적극적 휴머니즘의 반영인 것이다', '또한 리얼리즘은 결코 기교상의 문제가 아니라 부연하자면 이는 여타의 것과 대비되는 문체상의 문제가 아니라 특정한 세계관의 표현인 것이다. 그러므로 리얼리즘은 작가를 대신하여 고도의 의식과정과 일련의 인간 경험을 표출하게 된다', '또한 문학은 의식에서 비롯되는 것이기도 하면서 의식을 산출하기도 한다', 라고 말하고 있다. 여기에서 우리는 루카치의 문학에 대한 정의가 헤겔처럼 인간중심적이라는 것을 알 수 있다.

루카치의 정의에 따라 리얼리즘의 특성을 요약해보자면, 우선 구체적이며 생동감 있는, 그리고 실체적인 인간의 상황을 재창조한다는 것을 꼽을 수 있다. 구체적 리얼리즘과는 대비되는, 즉 결코 인간적인 것을 획득하지 못한 채, 그저 막연히 분위기에 근거하여 심리주의로 해소해버리는, 운명주의로 귀결 짓고 마는 추상적 경향성을 부정하였다.

첫째로 루카치는 주체성이라는 개념을 문학사를 재검토하는 데 이용하였다. 그는 뷔히너의 예를 들면서, 나찌가 뷔히너를 민족적 사회주의적 작가라는 식의 해석을 내리는 데 대해 뷔히너는 특정한 혁명, 즉 프랑스 혁명의 작가에 불과할 뿐이라고 말하였다.[1)]

둘째는 삶에 대한 총체적 견해라고 할 수 있다. 여기서 총체성이란 결코 양적인 개념이 아니다. 루카치는 끝없는 세부묘사를 통해 총체성의 환상을 추구하려고 했던 자연주의자를 비판하면서, '위대한 리얼리즘'의 총체성은 여러 가지 요소의 합성음이며 세부적인 묘사는 전체적인 묘사에 긴요할 따름이라고 말한다. 아울러 훌륭한 플롯은 리얼리즘의 선행조건이라면서 위대한 작가는 사물 및 인간과 직접 관련을 맺기보다는 오히려 그것들의 발전과 상호작용에 관계해야 한다고 한다.

셋째는 전형성이다. 일상생활은 무질서하며 중복되기 일쑤이기에 이처럼 우연적인 경험 속에서 대표적이고도 중요한 것을 변별하여 이를 순차적으로 재정리하는 것이 작가의 의무라고 말한다. 아울러 루카치는 전형성을 정당화하기 위해서 특수성이라는 미학적 범주(category)를 사용하였는데, 여기에서 특수성이란 특정 사건, 개인의 혹은 사물의 개별성은 물론, 현존재의 보편적 맥락에 관계된 모든 것을 간파하는 하나의 범주를 말한다. 물론 특수성은 민족적, 역사적 개별성을 표면에 부각시키는 것이기도 하다.

네 번째 특징으로는 사회적 존재와 개인의 특수적 소우주와의 변증법에서 보이는 헤겔적 맑스주의의 변증법적 논리이다. 개인과 사물 내에 존재하는 갈등들의 특성과 이들의 내적 역동성에 내재되어 있는 경향성을 파악하는 것이 리얼리즘 작가의 과제라고 말한다.

---

1) 나찌즘은 표면적 이념으로 민족적 사회주의(National Socialism)를 내세웠으며, 이는 계급 간의 갈등을 교묘히 은폐하고자 하는 고도의 술수였다.

다섯 번째 특성으로는 위임(commitment)의 문제이다. 작가는 자신에게 모든 것을 위임할 수밖에 없다. 즉 작가 자신은 지각된 현실에 대한 그의 객관적 판단, 자신의 인간성, 그리고 변증법적 방식으로 자신의 경험을 반영할 수 있는 능력에 위임할 수밖에 없으므로 오늘날 위대한 예술가란 부르주아적 현실의 거센 조류를 거슬러 헤엄쳐 올라가는 사람이라고 말한다.

나아가 루카치는 ≪역사 소설론≫에서 겉보기에 직접 경험한 동시대의 사건을 기술하는 데 가장 적격으로 보이는 리얼리즘이 역사에 적용 가능하다는 사실을 입증하기 위해 노력하기도 하였다. 루카치는 리얼리즘을 이데올로기로서 정의했던 것처럼 문학적 사조로 취급하면서 낭만주의와 리얼리즘의 경계선을 분명히 긋고자 했다. 낭만주의를 신성동맹의 예술적 반영으로 바라보면서 철저한 반동의 운동으로 규정했다. 프랑스 대혁명과 1848년-1849년의 혁명의 대로를 닦은 것은 낭만주의가 아니라 고전주의라고 하면서 낭만주의에 증오감을 표시하는데, 이는 낭만주의를 극도로 단순하게 바라보고 있다는 것을 보여준다. 그러므로 루카치는 1930년대와 1940년대 이후 사회주의 작가와 비평가들에게 하나의 의무조항이었으며 당에 의해 보장을 받았던 쏘비에뜨의 예술적 낙관주의, 또는 소위 '혁명적 낭만주의'에 반대를 하였던 것이다.

루카치는 문학에 대한 당의 교조적 자세에 대해 허심탄회하게 비판을 했고 사회주의 리얼리즘 문학이 주인공과 인간의 의식에 대해 지나치게 경시하고 있다는 측면에 항의하였을 뿐만 아니라 플롯을 단순화, 획일화하려는 경향과 테마를 우화로 만들어버리려는 경향에 대해 비판을 하였다. 게다가 사회주의 리얼리즘이란 예언자적 문학이 아니며 그러기에 특정 기준을 설정할 수도 없다고 하면서 자기만족과 정치적인 혹은 여타의 목적을 위해 예술적 가치를 상실하는 것을 두고 엄중히 경고를 한다. 그래서 그는 고리끼, 즈다노프주의적인 사회주의 리얼리즘 해석, 즉 리얼리즘보다 우월한 그 무엇으로 사회주의 리얼리즘을 규정하는 방식을 결코 수용하지 않는다. 그에게 있어서 사회주의 리얼리즘 역시 우선적으로 리얼리즘이었던 것이다.

1951년에 이르러 루카치는 고리끼나 숄로호프의 작품이 위대한 톨스토이 류의 리얼리즘 전통을 계승한 것일 뿐이라는 1946년도의 견해를 철회하지 않으면 안 되게 되었지만, 여전히 비판적 리얼리즘과 사회주의 리얼리즘 사이에 존재하는 질적 상이성을 일반적으로 불신한다는 것을 보여주었기에, 이같이 사회주의 리얼리즘에 대한 애매한 그의 태도는 당 비평가 모두로부터 비판을 받았다.

루카치의 저작은 모순점과 오류에도 불구하고 대다수의 독자들로부터 존경을 받고 있는데, 이것은 그의 저작이 놀라울 정도로 폭넓은 연구 영역을 보여주면서 지리한 감을 주는 일반미학 이론을 다양한 언변과 관찰로 재미있게 엮었기에 가능한 것이다.

고리끼의 예술관은 루카치에 비하면 부분에 불과할지는 모르지만, 상대적으로 훨씬 일관성을 가지고 있다. 물론 두 사람은 삶에서 너무나도 다른 평행선을 달려왔다. 루카치는 부유한 부르주아 집안에서 태어나 맑스주의로 발전해 간 반면에, 고리끼는 반농민적인 빈민가에서 태어나 폭넓은 문학으로, 정치적 명예로 행진해 나갔다. 루카치의 연구 작업은 칸트적 이상주의에서 헤겔을 지나 맑스주의로 나아갔던 반면에, 고리끼는 초기의 낭만주의적 작품과 리얼리즘 자체에 대한 무정부주의적 입장에서 출발해서 자신의 사회주의 리얼리즘에 도달했다. 루카치는 20세기 초 독일로 건너가

명망 높은 사상가들 아래서 연구를 했던 반면에, 고리끼는 독학을 했다고 할 수 있다.

　삶을 그 구체성 속에서 사실적으로 그려내는 것은 루카치의 경우에서와 마찬가지로 고리끼에 있어서도 적극적 휴머니즘의 문제 그 자체였다. 그러나 그들의 배경이 서로 다른 까닭에 그들은 휴머니즘이라는 개념도 달리 정의하였다. 고리끼의 경우에 있어서 육체적 노동은 문화에 대한 자신의 욕구를 충족시키기 위한 선행조건이었다. 고리끼는 학습과정이란 정신적 활동과 육체적 활동 양자를 통해 인간이 획득하는 경험이라고 규정하였는데, 양자의 활동이 세계와 사회와의 일반적인 인식적 상호작용이라고 보았기 때문이었다. 그러므로 고리끼는 인간의 노동 그 자체에 대해서, 개별적인 육체 노동에 대해서 커다란 의미를 부여했던 것이다.

　고리끼의 교훈주의적 열정은 종종 그를 극단적으로 몰고 가기도 하였다. 그는 노동 자체에 큰 의미를 두고 이해를 하였기 때문에 인간 활동의 다양한 양식 사이에 커다란 질적 차이가 있다고 인식하지 않았다. 그가 위대한 예술가나 과학자들도 단지 평범한 노동자에 불과하다고 입증하려고 했던 것 역시 이러한 이유 때문이었다. 고리끼의 노동 가치관은 루카치의 견해와 첨예하게 대립하는데, 루카치는 저술행위를 작가 및 독자의 고양된 자각으로 귀착된 하나의 복잡하고 독창적이며 창조적 행위로 간주하였던 반면에, 고리끼는 노동윤리 내에서 생산과 창조 사이에 그 어떤 구분도 하지 않았다. 고리끼는 문학적 기교 역시 하나의 노동 기교로서 이해할 수 있고 삶이라는 학교는 작가든 구두공이든 모두가 필요한 것이라고 바라보았다.

　고리끼는 역동적 총체성으로서 삶을 표현하는 것을 사회주의 리얼리즘에만 고유한 특성으로 생각하면서 전반적으로 문학적 반영의 총체성에 대해서는 큰 비중을 두지 않았다. 고리끼는 인간적 상황이 아니라 주인공을 두고 전형이라고 칭했다. 나아가 고리끼는 갈등이란 결코 예술적 혹은 심리적 가치와 연관된 내부의 구조적 긴장이 아니라 오직 계급투쟁일 뿐이라고 인식하였다.

고리끼에 의하면 리얼리즘의 가장 중심적인 요소는 위임이다. 반면에 루카치는 이를 가장 주변적인 요소로 간주하였다. 책뿐만 아니라 노동을 통해 얻어지는 지식 또한 점진적인 감정의 반응을 낳기 마련이다. 문학은 사회적 위임을 실현하는 것 이외에도 대중 속에서 도덕적 임무를 수행하여야 하며, 문학은 잘못된 이데올로기와 미신에서 인간을 해방해야 함은 물론이고 탐욕, 질투, 태만, 노동 혐오증 등과 같은 도덕적 죄악에서도 해방해야 한다고 말한다.

고리끼는 노동의 가치와 아름다움에 대해서 감정적, 정서적 설교를 끊임없이 해야 한다고 보았으며 노동에 기꺼이 임하는 자세야말로 주인공을 범주화하는 기본적 기준의 하나라고 보았다.

고리끼는 루카치와는 달리 교훈주의적 열정을 가슴에 품고 러시아의 혁명적 민주주의자들의 자취를 밟아나갔다. 서유럽적인 영향을 받은 루카치는 현대 작가에게 있어서 더 이상 예언자적 기능이 없다고 생각했지만, 고리끼는 벨린스끼와 그의 세대들처럼 러시아 사회 내에서 문학가들이 가지는 전통적인 높은 위치를 지키기 위해 최선을 다하였다.

두 사람의 입장 차이는 전통의 문제와 낭만주의의 문제에 있어서도 나타난다. 고리끼는 문화의 전개 과정 속에서 부르주아의 역할이 지나치게 과장되어 있으며, 부르주아 계급이 구축한 문화가 있다면 그것은 물질적인 것에 불과하다고 명백히 단언하였다. 이 같은 발언은 맑스와 엥엘스가 르네상스 이후의 부르주아 예술과 문학의 각 사조와 그 대표적 인물에 대해 긍정적 평가를 여러 차례 한 것에 미루어 보면 반(反)맑스주의적이라고 할 수 있다. 고리끼는 문학에 있어서 사상과 인물들이 현혹적 문구나 세부묘사로 치우쳐지는 경향이 있다는 것(프루스트, 조이스, 헤밍웨이 등)을 제시하며 진정으로 현대적인 예술가에 있어서 삶을 바라보는 유일한 방식은 고리끼의 사회주의 리얼리즘의 눈이 되어야 한다고 말했다.

루카치의 비평 활동은 비이성주의 혹은 반리얼리즘에 대한 일관된 투쟁을 보여주는 것이었고, 고리끼는 근대 문학에 대한 탄핵에서 점차적으로 초기 리얼리즘 비판으로 옮겨갔으며, 루카치의 리얼리즘이 우선 리얼리즘 그 자체인 반면에 고리끼의 리얼리즘은 초기의 비판적 리얼리즘과는 대조적인 사회주의 리얼리즘이라는 것을 알 수 있다.

고리끼의 견해에 따르자면, "부르주아 문학의 리얼리즘은 부르주아 계급이 그들의 지배를 확고히 한 투쟁 속에서 보여준 실수를 극명히 하기 위한 계급적 전략의 측면에서 비평이 절실히 요구되는 한에서만 비판적이다. 사회주의 리얼리즘은 구시대의 유해한 영향력에 맞선 투쟁과 부르주아의 영향력의 근절을 지향하고 있는 것이다"[2] 말하자면 부르주아 세계에 관해서 비판적 리얼리즘이 변호적이고 수정주의적인 반면에, 사회주의 리얼리즘은 폭로적이고도 급진적인(radical) 리얼리즘인 것이다. 고리끼의 사회주의 리얼리즘 이론은 현학적이기만 한 루카치의 합리주의적 체계에서는 찾아볼 수 없는 하나의 요소를 제공하였다. 그 요소는 바로 사회주의 리얼리즘 속에 세계 문학이 이전에 보여주었던 낭만주의적

---

[2] M. 고리끼, ≪문학에 대하여≫(O Literature), Moskva: Goskhudizdat, 1961

경향과 사회주의적 경향을 통일시키려는 시도이다.[3]

　1928년도에 이르러 고리끼는 낭만주의에 있어서 소극적인 경향과 적극적인 경향을 명확히 구분하였다. 인간을 삶 자체에 대한 윤색을 통해 그 삶과 화해시키거나, 혹은 자신의 내면 세계에 대한 황량한 성찰을 통해 삶을 은폐시키려고 하는 소극적 경향과 주위의 삶과 그 삶이 부과한 멍에 맞서 살아나가고 또 고양될 수 있게끔, 인간의 의지를 어떻게 해서든 강화시키려고 한다는 적극적 경향으로 나누어, 적극적인 낭만주의 문학의 여러 가지 특성을 이용하여 자신의 사회주의 리얼리즘 이론을 형성하였다. 물론 낭만주의와 리얼리즘이 동의어가 될 수는 없다. 고리끼는 혁명적 낭만주의라는 개념조차도 사용한 적이 없었다. 그는 낭만주의적 요소를 사회주의 리얼리즘의 동의어가 아니라 하나의 특성으로서 간주하였던 것이다. 그러나 루카치는 1957년도에 자신이 그의 일생 동안 단 한 번도 리얼리즘과 뒤섞인 낭만주의라는 그릇된 개념을 수용한 적이 없을뿐더러, 혁명적 낭만주의라는 개념도 사용해 본 적이 없다고 자랑스러운 듯 말한 바 있다(《루카치 전집》). 사실 그가 리얼리즘과 낭만주의라는 두 가지 개념을 이처럼 엄격하게 구분한 것은, 그 자신이 맑스가 낭만주의를 혐오하였다는 점을 있는 그대로의 날것으로 받아들였던 까닭이다. 하지만 낭만주의적 인간관과 맑스주의적 인간관 사이의 유사점은 아주 많다. 《무엇을 할 것인가?》(What Is To Be Done?)에서 레닌도 피사레프(Pisarev)가 미래란 현실의 도피가 아니라 "자연스레 사건들이 진행되는 것"이라고 예견한 점을 인용하면서 이렇게 외쳤다. "우리는 꿈을 가져야 한다!"

　고리끼는 리얼리즘을 그 방법론과 운동의 양상으로서 부르주아

---

[3] 러시아 작가 코로렌코(Korolenko)에게서 영감을 얻었다고 한다.

리얼리즘과 사회주의 리얼리즘으로 양분하였던 것과 같은 방식으로 부르주아 낭만주의와 사회주의적 낭만주의를 구분하였다. 당연히 부르주아 낭만주의는 현실 도피적으로 흘러간 반면에 사회주의적 낭만주의는 사회주의 리얼리즘을 풍요롭게 하는 데 이바지하였다.

고리끼의 낭만주의 주장 속에 선전적 요소가 크다고 하더라도, 이러한 논점에 대한 그의 융통성 있는 견해는 루카치의 이원론(dualism)보다는 문학 운동을 조망하는 데 있어 대단히 바람직하게 조정된 방법에 훨씬 가깝다고 할 수 있다. 루카치처럼 의심의 여지가 있는 방식으로 모든 위대한 작가를 고전주의와 리얼리즘으로 규정하지 않고, 고리끼는 다음과 같이 인식하였다.

"발자크, 투르게네프, 톨스토이, 고골리, 레스코프(Leskov) 또는 체홉 등과 같은 고전 작가들이 낭만주의자냐 혹은 리얼리즘 작가냐는 점을 두고 정확히 근거를 가지고 논하기란 매우 어려운 일이다. 왜냐하면 이들처럼 위대한 예술가 속에는 낭만주의와 리얼리즘이 혼재되어 있으니까. 예를 들어 발자크는 리얼리즘 작가이지만, 그 역시 리얼리즘과는 전혀 거리가 먼 줄거리를 내용으로 한 소설 ≪번뇌하는 인간≫과 같은 소설을 쓰기도 했다. 투르게네프 또한 낭만주의적 기질을 드러내면서 작품을 썼다 … 이처럼 낭만주의와 리얼리즘이 뒤섞여 있는 양상은, 전 세계의 문학계에 끊임없이 커다란 영향력을 행사하고 있는 독창적이고도 열정적인 작품을 내놓은 우리 시대의 위대한 작가들만의 독특한 특징인 셈이다."[4)]

3. 루카치와 브레히트 논쟁

---

4) 게오르크 비스츠레이, ≪마르크스주의의 리얼리즘 모델≫, 인간사, 1985, p. 90. 에서 재인용

루카치의 리얼리즘 개념은 그의 민주주의 사상과의 관련 하에서 이해해야 하기에 우선 그의 정치적 견해를 살펴볼 필요가 있다. 그는 부르주아 혁명의 민주주의 이념을 기반으로 무계급이라는 진보적 사상을 말하고 있는데, 그것은 인민전선 정책이나 인민민주주의 사회 형태로서 잘 표현되고 있다. 하지만 문제는 파시즘 대 반파시즘, 진보 대 반동, 전쟁 대 평화 등과 같은 대립들이 임금노동과 자본의 기본모순을 배제시켜버리게 되고, 그 결과 노동운동의 민주주의적 투쟁은 반드시 거쳐야만 할 필수적인 단계로 만들어버리게 된다는 것이다. 이로써 루카치는 자본주의와 사회주의 사이에 제3의 길을 유포한다는 비판에 직면한다. 이러한 계급적 관점에 대한 모호한 입장은 그의 미분화된 리얼리즘을 낳게 되고 그리하여 리얼리즘 사이의 구분은 사라져 버리게 된다.

루카치에 의하면, 리얼리즘이란 추상적인 객관성으로서 표면구조만을 묘사하는 자연주의나 추상적인 주관성으로서 공허한 내면성이라는 환상 속에 움츠러드는 형식주의와는 달리, 변증법적인 총체성 속에서 현실을 반영하는 것이다. 리얼리즘적 서술방식의 중요한 구성요소는 전형인데, 전형이란 개별성과 보편성의 결합 속에서 일반적인 법칙성을 구체적인 형태로 묘사할 수 있는, 그런 등장인물의 모든 형상이다. 그리고 전형으로서의 등장인물은 자의식과 전망을 가져야만 한다.

루카치는 부르주아 혁명을 찬양하면서 위의 내용을 19세기 리얼리즘 소설 속에 보다 구체적인 형태로 수용하는 동시에 사회주의 문학의 발전을 위한 모델로도 택한다. 이러한 맥락에서 부르주아 문학의 진보적 유산을 획득하려는 그의 노력이 비판되어서는 안 되겠지만, 19세기의 각각의 소설가에 대한 그의 규범적인 평가와 같은 도덕성은 비판되어야 한다. 그래서 브레히트는, 루카치의 규범적 평가와 같은 도덕성이 비판되지 않으면 리얼리즘은 단순히 방법의 문제로 귀결되고, 방법에 비해 대상은 부차적인 것으로 되며 그 결과 소위 문학 형식의 물신화라는 말도 나올 수 있게 된다고 생각한다.

한편으로 루카치는 20세기 부르주아 문학의 새로운 기법과 형식(내적 독백, 르포르타쥬, 몽타쥬, 문체 변환, 소외 효과 등)에 반대한다. 그는 부르주아 작가들이 몰락의 산물로서 사용했던 모든 기법들을 순전히 형식적인 데카당스(퇴폐) 개념을 빌어 거부한다. 더구나 조이스, 카프카, 도스파소스, 되벌린, 프루스트 등이 자본주의의 소외에도 불구하고, 현실의 부분적인 면을 적절히 표현할 수 있었다는 사실과 그들의 예술기법들이 발자크나 톨스토이의 형식과 마찬가지로 사회주의 문학을 위해 기능을 발휘할 수 있다는 사실을 인식하지 않은 채 거부했던 것이다.

다른 한편으로 루카치는 프롤레타리아 작가들의 초기 시도들을 비판한다. 그는 <중요한 것은 리얼리즘이다>라는 글에서 반(反)리얼리즘적이고 우화적인 문학, 이른바 전위문학에 대해, 그리고 중요한 리얼리스트 (고리끼, 토마스 만, 롤랑 등)에 대해 특징적으로 언급하고 있지만 사회주의 작가와 프롤레타리아 작가 그룹은 제외하고 있다. 특히 르뽀르타쥬에 대한 오트발트(Ottwalt)와의 논쟁에서 과거부터 인정되어온 전통적인 소설형식에 대해 루카치는 강한 집착을 보인다. 이야기(Erzählen)와 묘사(Beschreiben)의 대립 속에서 그는 묘사의 범주에 속하는 작가들이 그들의 소시민적인 의식 때문에 사실을 가지고도 사회의 본질이 아닌 표면을 묘사할 수밖에 없음을 비난한다. 그렇지만 루카치에 의해 요청된 개인적이고 형상화된 허구(Fabel)는 그 자체로서 사회적 문제의 인격화(Personalisierung)라는 위험을 초래한다. 문학작품에 있어서 당연히 특수한 것으로 인식되는 개체화 역시, 사상적인 추상성으로부터 예술적인 은폐로 나아감이 부정의 부정으로서 변증법적으로 발전하는 것이 아니라, 연대적으로 발전하는 것이라 할 때, 지나치게 도식적으로 취급된다. 루카치는, 새로운 소재(1930년대의 구체적인 역사상황)도 역시 새로운 서술방식을 요구하지만, 그에 반하여 전통적인 형식들이 정치적인 영향력의 상실로 판단된다는 사실을 어떠한 장소에서도 고려하지 않는다. 그것은 완전히 창작미학에만 한정될 뿐이지, 수용미학과의 필수적인 관계, 즉 작품의 효용성 문제는 인식되지 않는다.5)

루카치와 브레히트의 대립 관계가 드러나는 부분으로서, 루카치는 작가 동맹(BPRS)의 기관지 ≪좌선회≫에 발표된 <르포르타쥬냐 형상화냐>에서 루카치는 브레히트, 싱클레어, 트레챠코프, 에렌부르크, 오트발트 등 전위주의적 성향을 띠는 좌파 작가들이 시민계급의 잔재들을 탈피하지 못하고 데카당스(퇴폐)의 시대에 합류하고 있다고 비판한다. 즉 이들이 흔히 사용하는 르포르타쥬 방법은 현실을 총체적, 역동적으로 파악하여 형상화해 내는 데 실패하고, 작가의 주관적 의도를 부분적으로 타당한 사실 묘사와 유기적으로 연결시키지 못하고 단순 나열하는 데 그친다는 것이다. 루카치는 르포르타쥬 방법이 부르주아지에 대해서는 적대적이고 프롤레타리아에 대해서는 우호적으로 접근하려고 하지만, 아직 삶의 모든 측면에서 프롤레타리아화하지 못한 작가들의 계급적 위치를 반영한다고 본다. 루카치에 의하면, 이와 같은 계급적 위치 때문에 이 작가들은 프롤레타리아의 계급투쟁을 그 외면적, 공식적 결

---

5) Florien VaBen, ≪마르크스주의 미학과 정치학≫(Marxistische Literaturtheorie und Literatursoziologie), 김성기 역, 온누리, 1985, p. 36.

과의 차원에서 볼 뿐 이 투쟁의 토양을 이루는 노동자들의 실제 삶과의 상호작용 속에서 파악하지는 못하며 이 때문에 개인적 삶의 형상화를 경멸한다. 이는 과거 심리소설이 객관적 현실을 무의미하다고 보아 개인의 심리나 운명만을 그리려고 했던 것과 마찬가지로, 단지 다른 측면에서 현실을 왜곡하게 된다. 그 결과 부분부분끼리, 부분과 전체가, 내용과 형식이 따로따로 놀며, 이는 또 형식의 자립화와 무의미한 형식실험, 피상적이고 직접적인 사실묘사, 조잡한 차원의 선동 따위를 초래한다.[6)]

위의 경우처럼 르포르타쥬 작가들을 비판하면서 루카치는 그 대안으로 톨스토이의 방법을 내놓는다. 톨스토이는 예컨대 오트발트보다 "문제를 더 포괄적이고 전면적이며 유물론적이고 변증법적으로 제기하기 때문에 더 위대한 작가"[7)] 라는 것이다. 톨스토이는 사회적 과정을 역동적 전체와의 통일 속에서 형상화하며, 모든 것을 개인·계급·계급투쟁 및 전체 사회 사이의 생생한 상호작용 속에 융합시키며, 개별 인물들과 운명들의 모든 우연적 요소를 필연성 속으로 지양하므로써 개인적 인물의 운명을 통해 일련의 결정적인 그 시대 문제를 전개한다는 것이다. 여기서 루카치가 프롤레타리아-혁명 작가들에게 권장하는 것은, "전체 과정을(혹은 전체 과정과의 올바른 배율 속에서, 올바르게 형상화되거나 암시된 결합 속에서 한 부분을) 그것의 실제적이고 본질적인 추진력들을 발견하는 가운데 재생산"[8)] 하는 예술작품, "전 시기의 근본적

---

6) Georg Lukács, Werke 4, Neuwied und Berlin, 1971, pp. 35-68. <루카치 브레히트 논쟁>, 홍승용, 이론 1992년 가을호. p. 138.
7) 같은 책, p. 49. <루카치 브레히트 논쟁>, 홍승용, ≪이론≫ 1992년 가을호. p. 139.

8) 같은 책, p. 42. <루카치 브레히트 논쟁>, 홍승용, ≪이론≫ 1992

발전경향들을 집약하고, 절박한 문제들을 소홀히 하지 않으면서도 지속적이고 장기적이며 실로 전형적인 시대적 특징들을 고려하는 작품, 즉 위대한 프롤레타리아 예술작품"9)이다. 이를 위해 루카치는 작가들에게 작가는 삶의 모든 차원에서 프롤레타리아가 되어야 한다는 것과 변증법적 유물론을 창작의 기초로 삼을 것을 요구한다.

1930년대 초에 정리된 위의 구상은 루카치 리얼리즘론의 골격을 이룬다. 차후 쏘련에서 1936년부터 1939년까지 발간된 ≪말≫ 지를 통해 전개된 표현주의 논쟁에서도 루카치는 표현주의의 시의성·민중성·전복적 의미 등을 역시 리얼리즘의 측면에서 옹호하는 블로흐 등에 맞서, 이들이 퇴폐기 시민계급의 직접적 지각방식에 사로잡혀 있다고 질타하며, 다시 현상과 본질의 통일 혹은 총체성과 전형성을 촉구한다. 그리고 톨스토이, 발자크, 토마스 만, 고리끼 등을 본보기로 제시한다. 그의 이론은 1920년경까지 쏘련에서 번창했던 속류 맑스주의적 입장과 청산주의적 성향의 프롤레트쿨트에 대한 레닌주의의 비판, '러시아 프롤레타리아 작가 협회'(RAPP) 내의 좌파에 대한 공격과 이 협회의 해체 (1932), 루카치의 이론과 매우 친화적인 사회주의 리얼리즘의 공식화(1934년 쏘련 작가 전체회의) 등을 통해 측면 지원을 받고 있었다. 또 1935년 코민테른이 인민전선 정책을 표방함에 따라 ≪블룸 테제≫ 이래 진보적 시민유산의 수용을 강조해 온 루카치의 입지는 좀 더 유리해졌다. 그러나 이미 1930년대 초 작가동맹(BPRS) 내에서도 즉각적 혁명의 전망이 불투명해지자 대중들을 공산당(KPD) 쪽으로 끌어들이기 위한 문예전략이 중요해지고, 그래서 프롤레타리

년 가을호. p. 139.
9) 같은 책, p. 57. <루카치 브레히트 논쟁>, 홍승용, ≪이론≫ 1992년 가을호. p. 139.

아에 국한되지 않는 대중독자층의 확보가 관건으로 되면서, 루카치의 이론은 작가동맹 내에서 주도적 지위를 누리고 있었다.10)

하지만 루카치에게 있어서 다음과 같은 문제점은 남아 있게 된다. 루카치가 도출한 미학 상의 원칙들은 추상적인 관념으로서 여러 구체적인 현실 상황 속에 비역사적으로 적용된다. 그는 생산력의 발전(기술혁명, 대중매체, 문화산업 등)이 문학 부문의 생산 및 수용범위를 변화시킨다는 사실을 염두에 두지 못하고 있으며, 예술혁명은 본래 이데올로기적으로 규정되는 것이 아니며 사회적 생산력의 상황에 종속하는 '물질의 고유의 법칙성'이 존재한다는 사실을 깨닫지 못하였다.

어쨌든 주도적 지위를 누리고 있던 루카치에 대한 반론은 오트발트, 블로흐, 제거스 등에 이루어졌고 그 중에서도 프롤레트쿨트와 피스카토르 극장의 실험적 분위기 속에서 성장한 브레히트의 반론이 집요했다고 볼 수 있다. 브레히트는 루카치의 리얼리즘 구상이 형식주의적이라고 비판했다. 즉 "항상 변해가는 사회 환경의 항상 새로운 요구 사항들에 비추어 볼 때 낡은 관습적 형식들을 고수하는 일 역시 형식주의"11)이며, 변화하는 현실을 묘사하기 위해서는 묘사방법도 변해야 하며, 현실의 급속한 발전과 보조를 맞추어야 한다는 것이다. 이때 발자크와 톨스토이를 겨냥하면서 "낡은 관습적 형식"이라는 말로 브레히트가 지칭하는 형식은 실제의 생활과정을 "어떤 위대한 개인들을 형상화하기 위한 배경이나 부속품 혹은 구성으로서 이용"12)하고, "어떤 위대한 인물을 골라잡

---

10) 홍승용, ≪이론≫ 1992년 가을호. p. 140.
11) Bertolt Brecht, Gesammelte Werke 19, Frankfurt,1968, p. 291. 홍승용, ≪이론≫ 1992년 가을호. p140

12) 같은 책, p. 310. 홍승용, ≪이론≫ 1992년 가을호. p. 140.

아 그들로 하여금 다양하게 활동하도록 하고 타 인물들과의 관계들을 가능한 한 지속적이고 의미 있도록 만드는"13) 방식, 또 "인간에 대한 묘사를 인간의 심적인 반응들에 대한 묘사로 대체하고, 이로써 인간을 단순한 심적 반응들의 복합체로 만들어 놓는" 소설 형식이다. 이와 같은 형식과 반대로 브레히트는 인간을 "수동적으로 반응하는 모습으로서만 아니라 적극적으로 행동하는 모습으로서도 묘사"14) 할 것을 요구한다. 좀 더 일반적으로 그는 다음과 같이 주장한다. "사회적 인과관계의 기반에까지 도달하는 데 방해가 되는 형식 요인들은 모두 사라져야 한다. 반대로 사회적 인과관계의 기반에까지 도달하는 데 도움이 되는 형식 요인들은 모두 동원되어야 한다."15) 이를 위해서는 예술가들이 "자신의 독창성, 환상, 유머, 창의력 등을 사용하도록" 허용해야 하고 예술에 "팔꿈치를 움직일 자유"16)를 부여해야 한다는 것이다.

여기에서 브레히트가 지적한 "낡은 관습적 형식"은 루카치가 톨스토이 등을 본보기 삼아 구상한 리얼리즘론과는 거의 무관하다. 루카치 자신은 과거의 심리소설 및 르포르타쥬 소설을 비판하면서 인간을 "적극적으로 행동하는 모습으로" 그려낼 것을 부단히 촉구했으며 브레히트가 말하는 "낡은 관습적 형식"을 옹호하지는 않았다. 또 루카치에게 개인의 심적 반응들은 "사회적 인과관계"를 드러내 줄 수 있는 한에서만 의미 있는 것이다.17) 이러한 반론은 브레히트가 작가에게 더 많은 창작의 자유를 허용해야한다는 것을 말하기 위한 것이며, 루카치 미학의 까다로움과 너무나도 규

---

13) 같은 책, p. 310. 홍승용, ≪이론≫ 1992년 가을호. p. 140.
14) 같은 책, p. 321. 홍승용, ≪이론≫ 1992년 가을호. p. 140.
15) 같은 책, p. 322. 홍승용, ≪이론≫ 1992년 가을호. p. 140.
16) 같은 책, p. 291. 홍승용, ≪이론≫ 1992년 가을호. p. 140.
17) 같은 책, p. 296. 홍승용, ≪이론≫ 1992년 가을호. p. 140.

범적인 성격을 지적하기 위한 것이기도 하다. 하지만 루카치의 이론은 규범적이라기보다는 자본주의, 시민계급, 파시즘에 대응하기 위한 적절한 문예전략으로서 바라볼 필요가 있을 것이며 브레히트나 블로흐 또한 그러한 시각으로 바라보아야 할 것이다.

이데올로기 투쟁 상의 유용성이라는 관점에서 모더니즘의 문제를 평가하고 있는 루카치는 모더니즘에 대해서는 분명한 거부의 자세를 보인다. 퇴폐주의에 대한 일괄적 비판을 통해 모더니즘 예술에 담긴 사회적 의미를 제대로 읽어내지 못하고 있다는 제임슨의 반박[18])을 받아들인다면 모더니즘 예술이 사회적 내용을 담고 있지 않은 것도 아니며 하물며 그것을 제대로 읽어내지 못하는 것도 아니기에 일리가 있다. 하지만 중요한 것은 모더니즘 예술의 사회적 내용들이 변혁과정에서 대중들에게 어떤 효과를 야기할 수 있느냐이다. 어쨌든 퇴폐주의에 대한 루카치의 거부는 확실히 비판을 모면할 수 없다. 그러나 루카치 이론의 기본 골격, 즉 비합리주의 철학과 이를 기초로 하는 모더니즘 문예가 자본주의의 폐해를 발견하여 적나라하게 비판하면서도, 이를 인간의 조건에 의해 주어지는 것 등으로 신비화함으로써 자본주의를 간접적으로 옹호한다는 논리는 충분히 고려할 가치를 지닌다.

1848년 프랑스 2월 혁명 이래로 부르주아는 반봉건 투쟁의 선봉에 서서 자신들의 혁명을 완수하고 있기는 했지만, 한편으로는 무자비하게 프롤레타리아를 탄압해오기 시작했으며 이 시기부터 부르주아 이데올로그들은 계급투쟁의 현실과 현실의 모순을 은폐하는 사상적, 예술적 작업들을 해오기 시작했다. 이것을 목격한

---

18) 프레드릭 제임슨(Fredric Jameson), ≪루카치·브레히트 논쟁 재론≫, 테리 이글턴(TerryEagleton)·프레드릭 제임슨, ≪비평의 기능≫, 제3문학사, 1991, p. 208·

루카치는 자연주의 이래의 다양한 모더니즘의 조류는 현실을 감추고 호도한다는 점에서 모두 동질적이라고 판단을 했다. 물론 이 시기에 생겨난 르포르타쥬, 몽타즈, 의식의 흐름, 낯설게 하기 등의 수법들은 부르주아지의 계급적 위치와 세계관이 만들어낸 산물이다. 총체성, 전형성 등을 구현하는 리얼리즘적 형상화는 부르주아가 진보적이었던 시기에 만들어낸 문학 방법이며, 부르주아지의 성장, 몰락기에는 부르주아 중에서 단지 진보적, 인본적인 사람들만이 활용하기도 했다. 그러기에 프롤레타리아-혁명 작가들이 부르주아의 유산으로부터 배울 것이 있다면 바로 이들의 문학 방법, 바로 리얼리즘이라는 것이다.

반면에 브레히트의 리얼리즘론은 르포르타쥬, 몽타쥬, 의식의 흐름, 낯설게 하기 등의 수법들을 포괄할 정도로 폭넓은 다양성을 내포하고 있다. 브레히트의 논지는 이 같은 수법들이 퇴폐적인 작가들에 의해 만들어졌을지라도 다른 맥락 속에서 진보적으로 활용될 수 있다는 데 있다. 이러한 문학 형식들의 기능 전환에 브레히트는 적극적 자세를 보인 반면에 루카치는 세심한 주의를 기울이지 않았다. 기능 전환의 일반적인 가능성과 필요성은 무시되어서는 안 될 일이다. 루카치에게는 형식들의 사회사적 함의 규명과 그것들의 기능 전환 작업 사이의 관계를 밝혀내는 작업, 혹은 형식들의 사회사적 함의를 기초로 하여 기능 전환의 다양한 가능성과 한계를 밝히는 작업이 요구된다. 왜냐하면 이를 무시하게 되면 사회주의 건설을 위해 각 형식들이 지니고 있는 상이한 가치들을 평준화해버리는 경향과 문예 이론상의 무정부주의를 초래할 수도 있기 때문이다.

형식의 기능 전환 문제는 비록 루카치와 브레히트 두 사람이 다른 계보를 따라 이루어지더라도 똑같이 중요하다. 루카치에게는 발자크, 톨스토이 등이 자기 시대의 계급투쟁을 총체적, 역동적으로 생생하게 조명하기 위해 사용하는 방법을 프롤레타리아-혁명 작가들이 현대의 계급투쟁 규명과 효과적 표현에 이용하는 기능전환을 하고 있다고 볼 수 있다. 이제 중요한 것은 이러한 유산을 어떻게 수용하느냐의 문제이다. 루카치는 오트발트 등이 진보적 부르주아의 유산의 수용을 거부하고 무로부터 프롤레타리아 문학을 건설하고자 한다고 비난했다. 물론 그 비판의 배후에는 프롤레트쿨트의 청산주의에 대한 레닌주의의 비판이 깔려 있었다. 이에 블로흐와 브레히트는 바로크, 질풍노도 운동, 여러 나라의 민속적 전통 등 다양한 원천의 민중적 유산들을 내세우며 루카치의 유산에 대한 시각이 편협하다고 비판한다. 진보적 시민계급의 역할에 과도한 기대를 거는 루카치의 입장은 시민 유산의 수용은 시민의 진보적 유산이나 타민족 문화 일반의 주체적 수용이라는 광범위한 과제 속의 단지 한 부분으로서 올바른 위치에 배치될 필요가 있기에 교정될 필요가 있다고 할 것이다. 그러나 실제로는 1930년대의 계급투쟁 과정에서 비교적 광범위한 효능을 발휘한 것은 진보적 시민계급을 반파쇼 투쟁에 끌어들이고자 했던 루카치의 입장이었다. 이 입장은 1935년 코민테른 7차 대회가 채택한 인민전선 정책과 결합될 수 있었는데, 이것으로 우리는 루카치의 현실 정치적 감각을 읽을 수가 있다.

　루카치의 인민전선 정책에 대해 브레히트는 나찌 집권 후에도 혁명을 염두에 두었기에 루카치에게 반격을 가하는데, 브레히트는 루카치가 문학사에서 계급투쟁을 완전히 제거했다고 주장한다. 브레히트는 루카치의 글 속에는 굴복적이고 후퇴적인 요인, 유토피아적이고 관념론적인 요인이 남아있다고 보며, 루카치의 경우에는 예술의 향유가 중요한 것이지 투쟁은 중요한 것이 아니며 문제에서 벗어나는 것이 중요하지 앞으로 전진하는 것은 중요하지 않은 듯한 인상마저 받게 된다고 비판한다. 루카치의 이력과 삶, 작가동맹(BPRS)의 성격과 이 동맹 내에서의 루카치의 활동, 무엇보다 루카치의 글 자체가 브레히트의 타격에 흔들리지는 않았다 할지라도 이 같은 모티브는 차후에도 루카치 비판에 있어 다양하게 변주되어 다시 출현한다. 1940년에 쏘련에서, 1949년 헝가리에서 그랬고, 특히 헝가리 봉기 후 루카치의 수정주의적 우편향적 요소에 대한 비난이 고조되기도 하였다.

따라서 루카치의 이론이 구체적 정치투쟁과 무관하다고 본 브레히트의 주장을, 양자의 정치관 차이 문제로 변형함으로써 브레히트를 옹호하는 미텐츠바이의 입장이 좀 더 설득력 있어 보인다. 미텐츠바이에 의하면 ≪블룸테제≫ 이래 루카치가 늘 끌고 다닌 민주주의적 독재 혹은 민주주의적 혁명의 구상은 고전적 혁명의 본보기에 사로잡혀 있으며, 루카치 이론의 본질적 결함은 계급대립의 소멸에 있다고 한다. 또 브레히트가 30년대 중반에 반파쇼투쟁을 편협하게 만드는 자신의 견해를 극복하고 일관되게 인민전선 정책을 지지해 왔는데 반해, 루카치의 경우 "지배형식으로서의 민주주의에 대한 그의 관념이 적대적 계급대립들을 뒤덮어 버렸다"[19]는 것이다. 이 주장은 루카치의 수정주의에 대한 1950년대 논의의 맥락을 잇는 것이기도 하다. 그러나 인민전선 정책 자체의 의의를 부인하지 못하는 미텐츠바이는 본질적으로 이질적인 브레히트의 리얼리즘론을 다소 무리하게 이 정책과 결합시켜 놓고 있다고 볼 수 있다. 또한 민주주의적 독재 내지 인민민주주의에 대

---

[19] Werner Mittenzwei, "Die Brecht-Lukács-Debatte", in Sinn und Form, Berlin, 1967, p. 242. 홍승용, ≪이론≫ 1992년 가을호. p. 149.

한 루카치의 옹호가 곧 계급 대립을 묵살하거나 사회주의와 제국주의를 구분하지 않는다는 것을 의미한다고 볼 수는 없다는 점, 루카치는 이 문제를 단지 사회주의 건설과정 상의 단계 문제 내지 속도 문제라고 보았다는 점을 말해야 한다.

  리얼리즘의 한 가지 결정적인 모티브를 현실 문제의 현실적 해결에 기여하는 데서 찾는다면, 문학 이론의 투쟁적 실천적 성격에 대한 논의들은 문학의 기능 혹은 영향에 대한 문제로 집결될 것이다. 루카치의 리얼리즘 구상과 브레히트의 반론 및 문학 작품을 평가하는 궁극적 척도 역시 이들이 구상한 문학의 기능 및 영향이라는 차원에서 살펴보아야 한다고 생각한다. 1930년대 루카치의 리얼리즘 모델은 문학작품이 "총체성의 인상을 유발"해야 하며, 일시적 선동만이 아니라 장기적 선전도 추구해야 한다는 점을 언급하면서, 다양한 통로를 통해 대중이 접근할 수 있는 민중적 문학작품을 강조하는 정도 이상으로는 문학의 영향에 관한 문제를 본격적으로 규명하려고 노력하지는 않는다. 그처럼 문학의 영향 문제에 대한 분석을 소홀히 한 데에는 미적 객체가 미적 주체를 형성하기도 한다는, 또 소외된 노동의 현실적 극복을 통해서만, 곧 사회주의 건설을 통해서만 인간의 미적 능력이 충분히 발현되리라는 맑스-엥엘스의 사상, 그리고 사회주의 체제 속에서 톨스토이 등의 위대한 예술이 진정으로 대중의 것이 되리라는 레닌주의적 문화 정책의 구상이 자리 잡고 있다. 그래서 루카치의 이론은 문학의 기능 문제에서 커다란 공백을 남겨 놓고 있다. 그리고 이 공백은 후기의 이론에서 강조하는 카타르시스[20]의 요소만으로 메꿔질 수 없어 보인다. 문학의 기능이 카타르시스에만 국한되는 것

---

20) 배설과 정화로 해석되며 아리스토텔레스가 시학에서 처음 사용한 이후 서양에서는 예술의 기능의 근본으로 생각한다.

은 아니기 때문이다. 이와 같은 문제점은 루카치가 후기의 미학에서도 미의 문제를 예술적 반영의 문제에 국한시키고, 삶 속의 다양한 대상들의 미적 가치들이나 예술 이외의 영역에서 이루어지는 미적 창조 활동에 대해 주목하지 못하는 점과도 무관하지는 않을 것이다.21)

하지만 브레히트는 수용자의 부르주아적 환상을 깨고 수용자가 끊임없이 비판적, 적극적 사고를 불러일으키도록 만들면서, 세계는 변화하며 변화 가능하다는 것을 보여주고, 나아가 수용자를 작품의 창작 과정 속에 끌어들이고자 했다. 그래서 그는 대부분의 작품에서 작중 인물과 수용자를 동일시하는 전통적인 아리스토텔레스 극을 깨뜨리는 극을 창작의 원칙으로 삼는다. 이는 작품에서 다루어지는 대상에 대해, 거리감을 바탕으로(소격 효과) 비판과 부정적 평가를 가하는 가운데 미적 인식적 가치를 획득하는 풍자문학의 본래의 모습에 적합한 것이기도 하다. 물론 문학의 대상 가운데는 비판적 거리감과 계급적 증오를 불러일으키는 것뿐만 아니라 긍정적 동일시를 요구하는 것들도 많이 있다. 특히 브레히트가 염두에 두었던 "발전에 전적으로 참여할 뿐만 아니라 발전을 강요하고 촉진하며 규정하는 민중", "역사를 형성하고 세계와 자기 자신을 변화시키는 민중"22)을 다룰 때는 비판적 거리감 이상으로 동일시의 유발이 수용자에 대한 영향의 차원에서도 더 바람직할 수도 있을 것이다. 문학 대상의 미적 인식적 가치에 기초하여 적극적 동일시를 유발하는 방법은 수용자의 영혼과 사고 체계를 뒤집어엎어 버리고 관습적 태도와 세계관을 바꾸어놓고, 결정적 선택을 하도록 만드는 지름길이라고 보여진다. 따라서 동일시의 거

---

21) 홍승용, ≪이론≫ 1992년 가을호. p. 151.
22) Brecht, op.at., p. 325. 홍승용, ≪이론≫ 1992년 가을호. p. 151.

부가 곧 현대성이나 투쟁성 혹은 혁명성을 보장하는 것은 아니다. 그보다는 차라리 동일시를 유발할 것이냐, 비판적 거리감을 만들어낼 것이냐는 문학이 다루는 대상에 따라, 동일한 작품 내에서도 개별적으로 결정되어야 할 것이다. 이와 동일한 맥락에서 브레히트의 작품들이 변혁과정 속의 긍정적, 적극적 형상들을 만들어내지 못하고 주로 자본주의 사회의 부정적인 모습을 들춰내는데 주안점을 두고 있는 점, 또 그의 서사극이 변혁과 무관한 고급의 향락수단으로 팔리며 전통적인 아리스토텔레스 극의 탈피가 오히려 현실적 변혁보다 예술의 원칙으로서 의미를 얻게 되었다는 비판을 받는 것 역시도 그의 방법과 무관하지는 않다. 하지만 이러한 문제점에도 불구하고 브레히트는 예술적 전통의 유산을 뒤집어엎어 버림으로써 예술보다는 혁명의 길로 나아간다.

브레히트와 루카치는 민중성(Volkstümlichkeit)이라는 개념의 사용에 대해서도 서로 다른 이해를 하며 대립한다. 루카치는 토마스 만의 소설 《부텐부르크家》가 백만 부 이상 팔린 사실을 들어 토마스 만의 소설이 가진 민중성에 대한 증거라고 제시하였다. 이는 민중(Volk)을 공중(Publikum)과 완전히 동일시하게 바라보는 시각이었다. 루카치는 계급분석의 노력 없이 계속해서 민중 개념을 신비화시키고 만다. 대중의 범위의 확산과 더불어 이러한 유산은 다시 한 번 민중성에 대한 포괄적이고 결정적인 판단 기준으로 된다. 하지만 브레히트는 이러한 오류를 범하지 않는다. 브레히트는 민중 가운데 폭 넓은 대중을 소수에 의해 억압당하는 다수로 이해함으로써 자신의 민중 개념을 매우 엄격하게 제시하고 있으며, 그것을 파시즘적 개념과 철저히 구분한다. 그리고 그는 비판적인 거리를 두고서 유산을 관찰한다. 민중을 특별히 미신적인 것으로 여기거나, 아니면 미신을 불러일으키는 것으로 상정한다면,

이런 것은 이른바 시적인 견해이다.23) 브레히트는 다음과 같이 말한다.

"민중성이란 개념에 가해졌던 많은 변조의 역사는 뒤엉클어진 긴 역사이며 계급투쟁의 역사이다. 우리는 여기서 이러한 점에 관여하려는 것은 아니다. 우리는 단지 민중적인 예술을 필요로 함을 전술하고, 이러한 민중적인 예술이라는 것은 광범한 대중을 위한 예술이며 소수에 의해 억압받는 다수, 즉 오랫동안 정치의 객체였지만 정치의 주체로 되지 않으면 안 되는 생산자 대중인 민중 자신을 위한 예술이라고 말할 때 의미한다는 사실에 관해 말할 때, 이러한 변조의 사실에만 주목하려 하는 것이다."
(Bertolt Brecht 전집 제19권)

"민중적이라는 우리들의 개념은 발전에 완전히 참여할 뿐만 아니라, 그것을 당당히 수중에 받아들여 강제하고 결정하고자 하는 민중과 밀접한 관계를 갖고 있다. 우리의 눈 앞에는 역사를 만들고 세계와 자기 자신을 변화시키는 민중이 있다. 우리의 눈앞에 투쟁하는 민중이 있으며, 따라서 투쟁적인 개념으로서의 민중적이라는 개념이 있다."
(Bertolt Brecht 전집 제19권)

"민중적이라는 것은 광범한 대중에게 알기 쉽게 하는 것이고 그들의 표현 형식을 받아들이는 동시에 풍부하게 하며, 그들의 입장을 받아들이고 수정하는 것이고, 주도권을 장악할 수 있을 정도로 민중 내부의 가장 진보적인 부분을 대표하고, 또한 민중의 다른 부분에게도 이해될 수 있도록 하는 것이며, 전통과 그 전통을 계승 발전시키고 주도권의

---

23) Bertolt Brecht ≪전집≫ 제19권 (Gesammelte werke Bd. 19), Schriften zur Literatur Und Kunst Franfurt. 1967. pp. 323-327. ≪마르크스주의 미학과 정치학≫, 김성기, 온누리, 1985, p. 110.

장악을 위해 노력하는 민중 부분에 현재 주도권을 쥐고 있는 부분(민중)이 달성했던 여러 가지 성과를 전달하는 것을 의미한다."
(Bertolt Brecht 전집 제19권)

브레히트는 민중의 주체성, 생산자로서의 성격을 말하며 역사를 만들고 자기 자신을 변화시키며 투쟁을 하는 투쟁적 개념의 민중적 개념을 주장한다. 그러므로 싸우는 민중, 현실을 변화시키는 민중은 이야기의 확실한 규칙이나 문학의 중요한 전형이라든가 영원한 미적 법칙에만 얽매일 수는 없다. 그리고 그는 가능한 한 단순해야 하지만, 어떠한 경우라도 고전적이거나 조야한 것이어서는 안 되는 "가장 적절하며 고도로 분화된 예술"[24]을 요구한다. 브레히트의 리얼리즘 개념에서 강조되는 것은 비판적 요소이다. 현실의 단순한 반영이 아닌 철저한 비판을 말한다. 결국 예술작품은 사회 속에 존재하는 모순을 은폐할 수 없다. 즉, "리얼리즘에서 비판적 요소는 은닉되어서는 안 된다. 이점이 결정적인 것이다. 현실의 단순한 반영은 그것이 가능할지라도 우리의 목적은 아닐 것이다. 현실은 비판되어야 하는데, 그것은 형상화됨에 따라서 사실주의적으로 비판되어져야 한다."[25]

4. 마치며

혁명 문학에는 사회적 인과관계의 본질과 기반에 도달하는 데

---

[24] B. Brecht, Kulturpolitik und Akademie der künste, B. B. ≪전집≫ 19권. p. 543. ≪마르크스주의 미학과 정치학≫, 김성기, 온누리, 1985, p. 40.
[25] B. Brecht. Über das Programm der Sowjetschriftsteller. ≪마르크스주의 미학과 정치학≫, 김성기, 온누리, 1985, p. 40.

도움이 되는 형식 요인들이 모두 동원되어야 한다는 브레히트의 말을 떠올리며 브레히트의 시로 마감한다.

文學(문학)은 精査(정사)26)되리라

마르틴 넥쇠(M. A. Nexö)를 위하여

1.
글을 쓰기 위해 황금의자에 앉았던 이들은
질문 받게 되리라,
그들에게 웃저고리를 만들어준 사람들에 대해.
그녀들의 고귀한 思想(사상)에 따라
그녀들의 著作(저작)은 精査(정사)되지 않고,
結末(결말)을 맺어주는 곁다리 글발이
웃저고리를 만들어준 사람들의 버릇대로 재미있게
통독되리라,
명망 높은 조상님네의 모습이 문제이기 때문에.

정선된 표현으로 지어진
문학 모두는
억압이 존재했던 곳에
선동자 역시 살아 있었음을 인지할 때,
精査(정사)되리라.
超越者(초월자)의 간절한 외침은,
여기 지상에는 사람위에 사람이 자리 잡고 있었음을 증

---

26) 精査:durchforsch, 자세히 조사함.

거하리라.
言語(언어)의 고상한 音樂(음악)은
많은 이를 위한 糧食(양식)이 존재치 않았음을
가르쳐 줄 뿐이리라.

2.
그러나 그 당시에는
글을 쓰기위해 불모의 大地(대지)위에 앉아있던 이들이,
낮은 자들 아래에 앉아 있던 이들이,
戰士(전사)들 곁에 앉아있던 이들이 찬양 받으리라.
낮은 자들의 고통을 알려준 이들이,
戰士(전사)들의 행동을 알려준 이들이 찬양받으리라.
일찍이 고상한 언어로 된
諸王(제왕)의 찬양에서 여분이 남았으니.

不正(부정)에 대한 그들의 폭로와 외침은
낮은 이들의 按印(안인)을 간직하게 되리라.
그 폭로와 외침이 낮은 이들에게 전달되었고,
또 그들은 그것을
땀에 젖은 속옷 안에 지니고,
경찰의 감시망을 뚫고
자신들의 친구들에게 운반했기 때문에,

그래, 현명한 이들과 친절한 이들이,
분노한 이들과 희망에 가득 찬 이들이,
글을 쓰기위해 불모의 大地(대지)위에 앉아있던 이들이,

낮은 자들과 戰士(전사)들에 둘러싸여 있던 이들이 분명코 찬양받는 날이 도래하리라. 노사과연

계급운동과 부문운동 간의 통일에 대하여(1)

한동백 | 회원

머리말 --- (1)
I. 보편-특수-개별 --- (1)
II. 인식의 상승 도정 --- (1)
III. 상호외재성 --- (1)
IV. 각 부문운동의 추이 --- (2)
  IV-1. 여성
  IV-2. 장애인
  IV-3. 생태
  IV-4. 기타
V. 주관주의의 두 흐름 --- (2)
  V-1. 직접성의 인식으로서 '개별'에 집착하는 우경적 편향
  V-2. 추상적 보편에 집착하는 좌경적 편향
결론 --- (2)

머리말

　전 세계적으로 자본주의 모순이 심화하면서 계급운동에서 새롭게 다루어야 할 문제가 수없이 생겨났다. 그중 하나가 과거부터 현재까지 크게 발전해 온 부문운동과 계급운동의 통일 문제이다.
　자본주의 모순이 심화하면서 자본주의 기본모순은 그것의 기본적인 외화인 노동자계급과 자본가계급 간 모순만이 아니라, 이 대립 또는 모순의 외화인 제국주의와 (신)식민지 인민 간의 모순, 자본과 자본 간의 모순, 사회주의와 제국주의 간의 모순(제국주의의 네 가지 모순)을 격화하였다. 그리고 한편으로는 여성과 남성, 장애인과 비장애인 간의 모순, 그리고 인간과 자연 간의 모순으로서 환경 문제 등을 발전시켰다. 이 다양한 모순은 부문운동이 주요하게 취급하는 모순으로, 제국주의 네 가지 모순을 기본적으로 반영하면서도, **상대적으로** 독립된 체계를 형성하며 발전하였다.
　각 부문의 모순이 각각 하나의 체계를 이룬다는 사실은, 목적의식적인 통일 노력이 없을 경우 그 운동이 상대적으로 분절된 체계 속에 완전히 포섭될 수밖에 없음을 의미하기도 한다. 부문운동은 독자적인 운동 조직과 이데올로기를 갖추고 있다. 대개 부문운동의 이데올로기는 이론적으로는 자본주의의 내적 운동과 각자 취급하는 부문의 문제를 완전히 분리된 것으로 나누지는 않지만, 그 연관성에 대한 분석과 종합이 추상적인 수준에서 그치며, 실천은 자본주의에 대항하기 위한 운동의 통일이라는 목적과는 거리가 먼 방향으로 진행된다. 결국 노동운동과 부문운동은 각각 분리된 각자의 전선을 형성하게 된다.
　노동운동과 부문운동의 분리는 결과적으로 부르주아의 이해에 복무하게 된다는 점에서, 한국 사회의 변혁을 바라는 동지들은 운동 간의 통일 문제에 관해서 깊은 고민을 해야 할 것이다. 그러나 현재까지의 상황을 보면 노동운동과 부문운동 간의 통일에 대한 변증법적 분석보다는, 주로 형이상학적인 관점에서 논의가 이루어지는 것으로 보인다: 계급운동이 부문운동을 맹공하여, 각각의 운동에서 부문적 성격을 완전히 소멸하면 변혁에 더 가까워진다고 간주하는 경우가 있다. 일부는 그 목적을 이루기 위해 부문운동의 실천적 오류를 무근거하게 과장하여 오히려 노동운동과 부문운동 간의 통일을 요원한 것으로 만든다; 다른 방향으로는, 각 부문의 문제의식에 대해 아무런 고민을 하지 않고, 추상화된 '통일'을 말하면 저절로 운동 간 통일이 된다는 식의, 매우 안이한 생각을 가지고 이 문제에 접근하려고 한다. '변혁적 세계관'에 기초하여 행한다는 부문운동에 대한 '비판'은 대개 통일로의 상승이 거세되어 있으며, "모 아니면 도"식의 사고로 점철되어 있다.[1]

쏘련 붕괴 이후 이어진 일련의 정치적 상황, 그 경향, 그리고 자본주의 모순의 심화를 종합할 때, 부문운동의 규모 증대에는 이중적인 내용이 자리 잡고 있다는 것을 알 수 있다: (1) 노동자계급의 과학적 이데올로기가 수많은 영역 상의 이데올로기 투쟁에서 전방위적으로 후퇴했다는 것이다; (2) 자본주의 모순이 심화할수록 계급 간 모순뿐만이 아니라 계층 간 모순도 심화했다는 것이다. 두 내용은 서로가 서로를 근거하며, 노동운동과 부문운동 간의 분리를 촉발하고 있는 것으로 보인다. (1)은 (2)라는 객관적 사태로부터 발전한 부문운동이 계급적 관점을 거세하는 조건이 된다. (2)

---

[1] 이러한 "모 아니면 도"식 사고로는 수많은 의제 운동과 국내 파시스트 간의 대립을 온전히 해명해낼 수 없다. 의제 운동은 몰락한 부르주아와 소부르주아, 그리고 프롤레타리아화한 소부르주아라는 연속적 사태를 반영하고 있기에 구체적인 분석과 종합을 요한다.

라는 사태로 인해 발전한 부문운동의 '독자성'은 (1)이라는 사태를 강화한다. 조건은 사태의 근거가 되고, 사태는 조건의 근거가 된다. 부운운동 간의 관계에 관해서, 이 악순환을 끊기 위해서는 노동자계급의 과학적 세계관에 근거하여 목적의식적으로 투쟁하는 계급운동이 운동 간의 통일이라는 과제에 관해 구체적인 정견을 제시해야 한다.

계급운동과 부문운동 간의 관계를 구체적으로 규명해내기 위해서는 보편-특수-개별의 상관에 대한 변증법적인 논리적 전개, 그리고 인식의 불균등성에 관한 이해라는 두 가지 축을 중심으로 논의가 이어져야 한다. 그러나 현재까지 부문운동에 관한 논의는 이러한 방향과는 무관한 방향으로 진행되었다. 결국 계급운동은 계급운동대로, 부문운동은 부문운동대로, 분산된 전선을 펼쳐나가는 상황이 강화되었고, 이는 운동의 통일성의 약화를 초래하였다.

이 글을 통해 보편-특수-개별 간의 관계, 그리고 인식의 하강과 상승의 관계를 기본적인 수준에서 다룸으로써 그것이 어떻게 계급운동과 부문운동 간의 관계를 규정하고, 그것을 파악함으로써 어떻게 운동의 상승을 추동할 수 있는지 파악해보도록 할 것이다. 마지막으로 좌·우경적 편향의 문제점에 지적하고 결론으로 들어갈 것이다.

I. 보편-특수-개별

실제적인 내용에 들어가기에 앞서 변증법적 맥락에서 언급되는 보편-특수-개별을 옳게 파악할 필요가 있다.

과학의 핵심은 사물의 내적 전개 양상을 파악하는 것이다. 이 전개 양상을 파악하기 위해서는 사물의 운동에서 일관되게 관철되는 것, 그리고 일관성 없이 항상 변화하는 것, 전자에 대한 후자의 관계, 후자에 대한 전자의 관계 등을 빈틈없이 파악해야 한다. 이것의 파악을 위한 가장 기본적인 범주가 보편-특수-개별 범주이다. 예를 들어, 파리목에 속하는 모든 곤충이 가지는 보편적인 내용은, 파리목에서 여러 과가 나누어진다고 하더라도 일관되게 관철된다. 그런데 파리목은 한편으로는 그에 속한 과를 통해서만 규정된다. 이렇게 보편의 분지로서 특수는 규정된 보편으로 된다. 그런데 이 규정된 보편으로서 특수는 그것이 전개되어, 그것을 규정하는 분지적 규정성이 확립될 경우 보편으로 간주할 수 있다. 이렇게 규정된 보편(특수)에서 다시 그것의 분지로 전개되어나가는 것은, 보편의 구체적 내용을 드러내는 과정인 동시에, 보편 그 자체의 의미를 참되게 확립하는 계기가 되는 것이기도 하다. 이것을 개별이라고 한다. 개별의 두 계기는 보편과 특수이다. 즉, 보편과 특수의 통일이 개별[2]이다. 개별은 가장 구체적인 것이며, 생동하는 직관의 계기이다.

  실제로 생물 분류 체계에서 상위 분류의 구체적 내용은 하위

---

[2] "직접적으로 이미 보편성이 즉자대자적으로 특수성을 이루었듯이, 그렇게 직접적으로 특수성도 또한 즉자대자적으로 개별성인 것이다." (G. W. F. 헤겔, 임석진 역 (2022), ≪대논리학≫ 제3권, 자유아카데미, p. 87.) 그러나, 1986년에 쓰여진 문건인 이진경의 ≪사회구성체론과 사회과학방법론≫은 되려 특수를 보편과 개별의 통일로 파악하고 있다. 이 문헌은 1980년대 학생운동에 적지 않은 영향을 주었던 문건으로 보이나, 보편과 개별 사이의 매개항을 곧 통일자로 간주하며, 통일의 의미를 양 동일자의 서로에 대한 제약 관계의 성립, 또는 다양한 규정의 체계를 이루는 연관으로 파악하지 못하였다는 점에서 그 한계가 여실히 드러난다. 이진경은 이 문헌에서 통일자를 규정짓는 그것의 고유성을 사태와 사태를 매개하는 중항, 즉 특수라고 주장한다. (이진경 (1986), ≪사회구성체론과 사회과학방법론≫, 증보판 (2008), 그린비, pp. 122-123, 125.)

분류의 내용에 의해 규정되며, 하위 분류를 규정하는 속에서 상위 분류의 내용은 더욱 확고해진다. 더 나아가서, 상위 분류의 내용을 풍부화 함에 따라 하위 분류의 일반적 내용을 파악할 수 있는 기회는 더욱 확대될 수 있다. 그러나 이러한 전개는 객관적인 것과 관계를 맺는, 주관적인 것에서만 실재하는 범주가 아니다. 보편-특수-개별의 전개 운동은 한편으로는 객관적 사물의 기본적인 존재 양식이기도 하며, 오히려 주관적인 범주 상에서의 보편-특수-개별은 이것의 반영이다. 객관적 사물, 즉 존재는 그것이 수많은, 다른 사물과 연관하여 한편으로 자신의 고유한 내용을 지양·보존하고, 또 어떠한 내용은 그 필연적 법칙성에 따라 폐기하며 자신을 전개해 나간다. S. L. 밀러의 유리 실험은 무기물이 다른 사물 규정과 연관하여, 그것의 특수로서 유기물로 전개되는 필연적 법칙성이 존재함을 증명하였다. 이는 한편으로는 무기물이 특정한 조건 속에서 유기물로의 전개로 나아갈 수 있다는 내용을 드러내 주었다는 점에서, 그리고 그러함을 통하여 무기물의 존재 양식을 더욱 구체적으로 드러냈다는 점에서 보편으로의 풍부화한 복귀로서 개별이기도 하다. 이후 이어진 S. 폭스의 실험은 간단한 유기물에서 상대적으로 복잡한 유기물로 전개되는 필연적 법칙성이 존재함을 증명하였다. 여기서 간단한 유기물은 이제 보편으로, 상대적으로 복잡한 유기물은 규정된 보편으로서 특수가 된 것이다. 그리고 이를 통해 유기물의 객관적 성질이 드러났는데, 이 내용이 개별이다.

특수는 규정된 보편이며, 오로지 보편은 개별로서 현현하며, 이 매개 과정은 전개 운동의 계기가 된다는 것은 수많은, 복잡한 자연현상, 그리고 인간 사회의 현상의 진리를 파악할 수 있게 해 주는 것이라 할 수 있다.

보편-특수-개별이 변증법적으로 상관한다는 이러한 통찰은 헤겔이 제공하였다. 하지만 헤겔은 ≪논리의 학≫에서 절대이념의 자기 운동이라는 관념론적 세계관을 전제로 하여 보편-특수-개별을 신비적인 개념의 자기 운동3)으로 설명하였다. 헤겔의 개념 논리학에서 등장하는 수많은 규정은 이념의 절대적 자기 운동이라는 본질 속에서 정립된 그것의 계기이자 산출자로 된다. 그러나 헤겔 체계의 신비주의적 외피를 거둬내고 본다면, 그의 보편-특수-개별 범주 서술은 실로 보편과 특수, 특수와 개별, 개별과 보편 간의 관계의 진리를 파악한 것이라 할 수 있을 것이다.

물론 보편-특수-개별에 대해서 헤겔 체계의 신비주의적 외피를 거둬내는 작업은, 헤겔의 저서에서 단순히 취할 것만 기계적으로 취하고, 버려야 할 것은 역시 기계적으로 버리는 방식으로 이루어질 수 없다. 그것은 내용과 형식이 서로 상관하지 않는다는 전제 위에서 행해지는 형이상학적 및 절충적 방식에 불과하다. 보편-특수-개별에 대한 헤겔의 체계에 내재되어 있는 관념론적 지반에 대해 일부 문장을 제외시키고 만족하는 방향이 아니라, 맑스가 그러하였던 것처럼, 그의 보편-특수-개별의 내용 자체에 내재되어 있는 관념론적 지반을 적극적으로 공격하고 그것을 유물론적으로 승화하는 것이 필요하다.

맑스는 ≪헤겔 법철학 비판≫에서 "주체성은 주체로서만 존재하고, 인격성은 인격체로서만 존재한다"4)는 헤겔의 견해와 관련

---

3) 레닌은 이에 대해 "개념은 물질의 최고의 산물인 두뇌의 최고 산물이라고 전도시켜라"라고 하였다. (W. I. 레닌, 홍영두 역 (1989), ≪철학노트≫, 논장, p. 116.)
4) *MEW*, Bd. 1, S. 224; K. 마르크스, 강유원 역 (2011), ≪헤겔 법철학 비판≫, 이론과 실천, p. 69.

지으며, 그의 보편자 개념에 대해 다음과 같이 비판한 바 있다(<u>표시되는 모든 강조는 모두 인용자의 강조</u>):

> "헤겔이 국가의 기초인 현실적인 주체들에서 출발하였다면, 그가 신비한 방식으로 국가를 주체화시킬 필요는 없었을 것이다. … [주체성은 주체로서만 존재하고, 인격성은 인격체로서만 존재한다는; 인용자] 헤겔은 그것들을 그것들의 주어들의 술어들로 파악하지 않고, 이 술어들을 자립시키고 그것들이 그 후에 신비적인 방식으로 주어들로 변하게 만든다. 술어의 실존은 주체이다. 따라서 주체는 주체성 등의 실존이다. 헤겔은 술어들, 객체들을 자립시키지만, 그는 그것들을 그것들의 현실적 자립성, 즉 그것들의 주체로부터 분리시켜 자립시킨다. 그런 후에 거기에서 현실적 주체가 결과로 나타나지만, 이에 반해 우리는 현실적 주체에서 출발하여 이것의 객체화를 고찰해야만 한다."5)

헤겔에 따르면 보편자의 고유한 존재 방식이자, 그 필연적인, 그리고 가장 구체적인 존재 형식은 개별자이다. 이것은 타당하다. 그러나 그는 추상적으로 사유된 개념의 계기로서 보편자를 ≪법철학≫에서 현실적 범주의 그것들과 등치시킨다. ≪법철학≫에서 드러난 보편자에 대한 헤겔의 견해는, 국가의 기초인 현실적 주체를 개별의 계기로서 보편으로 간주하지 않는다. 더 나아가 그는 국가를 개별로 상정하는 대신, 오히려 "주체의 유일한 존재 방식은 주체성"이라는 언술을 통해 국가를 술어와의 관계로부터 떼어내어 '국가로 표현되는 보편(자)'을 완성시킨다. 그러나 실제로 보편-특수-개별에 대한 변증법적 관점을 견지한다면 국가는 제 현실적 주체의 전개 결과로서 개별자로서, 그리고 제 현실적 주체는 보편으로 총화되어야만 한다. 즉 국가를 이해하기

---

5) *MEW*, Bd. 1, S. 224; pp. 69-70.

위해서는 그것의 제 계기인 '현실적 주체에서 출발'해야만 한다. 그리고 그것은 항상 사물의 전개 과정에서 선행 보편과 지속적으로 그 규정력을 생성해나가며 또 소멸하는, 변화하는 개별자와 관계하는 것으로 파악되어야 한다.

맑스는 이어서 다음과 같이 비판한다:

"헤겔은 실제적인 존재(주체)에서가 아니라 보편적 규정의 술어들에서 출발하기 때문에, 그리고 어쨌든 이 규정의 담지자가 여기에 존재해야만 하기에 신비한 이념이 이러한 담지자가 된다. 이것은 이원론인데, 헤겔은 보편자를 현실적 유한자, 즉 실존하고 있는 것, 규정된 것의 현실적 본질로서 고찰하지 않는다는 것, 다시 말하자면 현실적 존재를 무한자의 참된 주체로서 고찰하지 않는다는 사실이다."[6]

특정한 술어를 추상적인 언술을 통해 보편으로 '승화'하는 방식, 그리고 그것을 "주체는 곧 주체성"의 필연적 사례로 헤겔이 언급하는 것은, 헤겔이 보편에 대해 관념론적 세계관을 지니고 있다는 것을 증명한다. 헤겔은 신적 주체로서 보편을 상정한 바 있으며, 그것을 "순수하고 완전한 형식 규정"으로서 다룬 바 있다. 이것은 그가 보편-특수-개별의 변증법적 상관을 견지했으면서도, 한편으로는 보편에 대한 전통 형이상학적 관점에 빠져 있었다는 것을 의미한다. 이 모순된 견해 사이에서 '보편과 상관하지 않는 개별'은 언제나 등장할 수밖에 없으며, 결과적으로는 보편-특수-개별 간 제 관계에 대한 변증법 체계는 한갓 우연적인 체계로 전락해버릴 것이다.

맑스가 비판한 헤겔의 한계와 관련지어서 ≪논리의 학≫의 내

---

6) *MEW*, Bd. 1, SS. 224-225; p. 70.

용을 숙지한다면, 헤겔의 한계가 더욱 명확하게 다가올 것이다. 우리는 ≪논리의 학≫에서 헤겔의 보편-특수-개별에 대한 혁명적인 통찰을 계승하되, 그가 관념론적 한계를 극복하지 못했다는 것을 염두에 두어야 한다.

엥엘스는 실재의 전개라는 양상 속에서 보편, 특수, 개별을 이해하였는데, ≪자연변증법≫에서 이러한 이해 방식이 판단과 관계되어 나타난다:

"모든 형태의 운동은 다른 모든 형태의 운동으로 전화될 수 있고, 전화될 수밖에 없음이 밝혀진다.[보편자; 인용자] … 역학적 운동이 특수한 상황 하에서 (마찰을 통하여) 하나의 다른 특수한 운동형태, 즉 열로 이행하는 성질을 보여주었다. … 마찰이 열을 만들어 낸다는 개별화된 사실이 기록된다."7)

모든 형태의 운동은 다른 모든 형태의 운동으로 전화될 수 있으며, 또 전화될 수밖에 없다는 사태는 보편자, 그리고 어떠한 마찰이 열을 만들어 낸다는 사태는 개별자가 된다. 그리고 이것의 중항, 즉 매개항은 역학적 운동이 특수한 상황 하에서는 열로 이행한다는 특수자이다. 여기서 보편-특수-개별은 사태가 지니는 내용 규정의 전개 양상으로 간주된다. 개별자는 보편자의 내용을 간직하고 있으며, 보편자는 개별자를 통해서만 현실화된다. 보편자의 실현, 즉 구체적인 관철은 지속적으로 갱신되는 개별자로 나타나며, 그것은 오로지 특수자라는 매개항을 통해서만 이루어질 수 있다.

보편과 개별, 보편과 특수 간의 관계를 항상성, **불변성**, 고립

---

7) *MEW*, Bd. 3, S. 493; F. 엥겔스, 윤형식·한승완·이재영 역 (1989), ≪자연변증법≫, 중원문화, p. 229.

성이 관철되는 유와 종의 종차 관계와 동일시하는 형이상학적 견해―사태의 내용 규정을 완전히 사상하고, 형식 규정만이 종차 관계를 통해 그 보편과 특수를 실현한다고 주장하는―는 보편-특수-개별을 필연적 전개 양상이라고 간주하는 것에 반대할 것이다. 그러나 과정으로서의 모든 사태가 이전 사태의 내용에 근거하여 생성될 수밖에 없음을 승인한다면, 우리가 맞닥뜨리는 현실은 사회적 존재―아니면, 이것에 지양되어 있는 자연의 규정력 일반까지 모두 포괄하여―의 부단한 전개 과정이 될 수밖에 없을 것이다. 예를 들어, "소시지 빵을 빨리 먹었다"는 사태의 내용을 이루는 전 측면은 서로 고립된 게 아니라 연관을 이루고 있는데, "먹었다"라는 술어는 필연적으로 빵과 연관을 이루어서만 성립될 수 있는 것이고, "소시지 빵" 역시 서로에 대해 그러한 통일된 관계를 지닌다. 이러한 연관이 곧 내용이 되며, 이 연관 규정이 일체성을 이루는 동일성의 규정이 되었을 때 그것을 형식 규정이라고 할 수 있다. 더 나아가서 "소시지 빵을 빨리 먹었다"는 "빵을 먹었다"라는 사태를 그 보편으로 간직하고 있는 것이며, "빵을 먹었다"라는 것은 보편이 된다. 개별로 나아가는 객관적 운동의 심연을 보면, 그(개별자)에 보편이 내재하고 있다는 사실은 이러한 과정 속에서 파악되는 것이다.

 더 나아가, (가) "빵을 먹었다"는 보편은 빵을 먹게 한, 또는 먹을 수밖에 없던 계기를 그 보편으로 지니며, (나) "소시지 빵을 빨리 먹었다"라는 개별자 역시 자신의 분지를 확보해 가며 그 스스로가 보편이 된다. (가)의 보편자는 허기가 진 것을 포함하여, 그것을 먹을 수밖에 없게 하는 수많은 (얼핏 봐서는 외적인 관계로 보이는)규정을 그 근거로, 즉 그 자체 내에 지닌 것이다. 헤겔은 《본질논리학》의 마지막 장에서 형이상학적 인과론의 동어반복적 한계를 지적하고, 원인과 결과의 관계를 보편-특수-개별의 전개로 파악하여 ≪개념논리학≫을 정립한다. (나)는 "소시지 빵을 빨리 먹었다"라는 보편의 구체적인 자기실현, 자기 복귀로서 자신의 분지를 형성하고 자기 운동하는 것을 그 내용으로 지닌다. 여기서 "소시지 빵" 역시 수많은 개별자로, 그리고 "빨리 먹었다"는 것 역시 구체적으로 어떻게 빨리 먹는지에 관한, 그 개별자로 전개되어 나갈 것이다. 레닌은 이러한 내용을 인식과 관련하여 다음과 같이 적고 있다:

> "개념의 객관성, 개별자 및 특수자 속에 있는 보편자의 객관성을 부정하는 것은 불가능하다. 따라서, 헤겔은 객관적 세계의 운동이 개념의 운동 속에 반영되는 것을 연구할 때, 칸트와 그 외의 사람들보다 훨씬 더 심오하다. 마치 단순한 가치형태, 즉 주어진 한 개의 상품과 다른 하나의 상품이 교환이라는 개별적 행위는 이미 자기내에 미발달된 형태로 자본주의의 모든 주요한 모순들을 포괄하듯이, 가장 단순한 보편화, 제 개념(판단, 추론 등등)의 최초의 가장 단순한 형성이라는 것은 인간을 통한 세계의 심오한 객관적 연관에 대한 인식이 점점 더 전진하는 것을 본래적으로 의미한다."[8]

더 나아가서 보편-특수-개별에 대한 형이상학적 견해는 제아무리 발달하여 보았자 헤겔이 옳게 밝혀낸 바와 같이, 추상적인 판단으로서 반성 판단이라는 늪에서 절대 헤어날 수 없다. 반성 판단은 경험적으로 확인된 몇 가지 '공통성'을 자의적으로 추출하여 그것을 추상적 보편화하는 판단이다. 보편과 개별, 유와 종에 관한 형이상학적 견해에 머무는 이상, 보편에서 개별로의 전개 과정을 고려하는 유(類)와 종(種)을 형성할 수 없으며, 항상

---

8) 레닌, ≪철학노트≫, 논장, pp. 129-130.

경험적 제한성에서 기인하는 자의성으로 구성된 '보편적 대상'을 매개로 하여 유를 형성할 수밖에 없기에 항상 반성 판단에 머물 수밖에 없다. 여기서 유는 한편으로 그것의 종에 대한 종으로 파악될 수도 있고, 다시 그 반대—문단의 초입부에 언급되었던 바로 그 상태—로 파악될 수도 있다는 심각한 결함을 가진다. 예를 들어, "(a)<u>모든 사과</u>는 (b)<u>일정한 단맛을 내는 과육을 가진 과일</u>에 (c)<u>속한다</u>"라고 할 때, (b)는 (a)의 유로 되고, (a)는 (b)에 대해서 종이 된다. 그러나 (b)는 (a)에 대한 추상으로서 성립된 추상적 보편에 불과하다. 즉 (b)는 계속 자기 전개하는 (a)의 내적 연관을 사상한 채 형성된 것이다. 따라서 (a)와 (b)간의 관계는 필연적이지 못하다. (b)에 대해서 어떠한 '경험적 보완물'을 붙여 나간다고 하더라도 마찬가지가 된다. 헤겔은 이를 "주관적 범유성"(subjektive Allheit)이라 한다. 이 과정이 반복되면 (a)가 (b)에 대해서 종인지, 아니면 그 반대인지 모호한 사태로까지 퇴행하게 된다. 즉 어느덧 비대화된 (b)는 (a)의 '개별자' 내지는 서로에 대한 한갓된 추상적 동일자—(a)에 대한 (b)의 관계와 그 반대의 관계에서 추상적으로 동일자적 관계를 내포함으로써—로 전환된 것이다. 헤겔은 전칭판단—반성 판단의 일종인—을 다루면서, 반성 판단의 한계를 다음과 같이 타당하게 총괄한다:

"그런데 지금 우리가 다루고 있는 전칭판단을 좀 더 자세히 고찰해 보면, 결국 앞에서 지적된 바 있는 즉자대자적인 성격의 보편성을 이미 전제된 것으로 간직하고 있던 주어가 이제는 이 보편성을 자체 내에 정립된 것으로서도 지니고 있다. 모든 인간이라는 표현은 첫째로 인간이라는 유(類)를 나타내지만, 둘째로는 그 모든 인간이 개별화된 상태에서 유(diese Gattung in ihrer Vereinzelung)[9]를 나타내는 바, 여기서

---

9) 가령, (a)는 처음에 범유성으로서 (b)의 다종으로서 취급되었지만, 어

이 모든 개별자는 동시에 유의 보편성으로까지 확대되며, 반대로 보편성도 개별성과의 이와 같은 결합을 통하여 바로 이 개별성의 경우와 마찬가지로 완전하게 규정된다. 이로써 정립된 보편성은 전제되었던 보편성과 다름 없게 같아진 것이다. … 이로써 개별성은 더 이상 단초적인 상태에서의 개별성, 이른바 카유스10)와 같은 개별성일 수는 없고, 오직 보편성과 동일한 규정 혹은 보편의 절대적 피규정성이다."11)

즉 단초적인 개별자였던 (a)는 "<u>객관적인 보편성으로 규정됨에 따라서 주어는 더 이상 이와 같은 관계 규정하에, 혹은 총괄적인 반성 하에 포섭되기를 그친다</u>"12) 마찬가지로 반성 판단으로 구성된 반성적 추론은 오성적 추론으로서 심각한 결함을 지니고 있다. 대표적으로 귀납적 추론이 지닌 결함이 그것이다.

보편-특수-개별의 변증법적 전개 양상은 미리 짜여있는 보편자, 특수자, 개별자라는 형식이 미지의 목적인에 의해 배열되는 게 아니라 이전의 사태가 자신의 내용을 실현하는 구체적인 과정이다. 현재의 순간에도 그 부단한 전개 운동은 계속되고 있다. 따라서 현실은 지속적으로 갱신되는 보편으로서 가장 구체적인 개별이다. 여기서 오해하면 안 될 것은, 보편과 특수, 그리고 개별 간의 관계는 내용과 형식 간의 관계도, 본질과 현상의 관계, 그리고 주요한 것과 비주요한 것과의 관계로 일반화할 수는 없다는 것이다. 실제로 형식은 내용이라는 본질규정의 특수일 수도

느덧 <u>모든 사과</u>는 하나의 범유성을 이루고, 이 범유성에 (b)가 지니는 술어적 내용—주관적인 수준에서 성립된 '범유성'인—이 종으로 정립된다. 즉 <u>모든 인간</u>이 개별화된 상태에서 유가 된 것과 마찬가지로 <u>모든 사과</u>는 개별화된 상태에서 유가 된 것이다.
10) 헤겔이 예시 판단문에서 단초적인 개별자로 상정했던 주어이다.
11) 헤겔, ≪대논리학≫, 제3권, pp. 152-153.
12) 헤겔, ≪대논리학≫, 제3권, p. 154.

있으며, 또한 현상은 본질에 관해서, 그리고 비주요한 것은 주요한 것에 관해서 특수일 수 있다. 그러나 그것과 정반대의 방향에서도 역시 마찬가지의 전개 양상은 언제나 포착된다. 특히 생산양식의 형식인 생산관계가 생산양식의 모순을 이루는 주요한 측면이 되었을 때, 대개 격화된 모순의 양상은 이 형식의 규정된 내용을 이루는 것이다. 따라서 뒤의 세 쌍범주를 보편-특수-개별의 그것과 동일시해서는 안 된다.

  자본주의 기본모순의 격화 양상으로서 수많은 적대적 현상은, 본래 자본주의 하 고유한 사회적 관계가 확립되기 전까지는 존재하지도 않았던 것들이다. 예를 들어 봉건제 사회에서 여성 노동자와 남성 노동자 간의 대립 양상―그것이 바람직하든, 바람직하지 않든 간에―은 나타날 수도 없었다. 장애인과 장애인을 차별하려는 세력 간 대립 양상 역시 마찬가지이다. 장애인은 봉건제 사회에서, 그 지역적, 문화적 특수성에 따라 정도의 차이는 존재했겠지만, 현재보다 일반적으로는 극렬한 차별을 겪었다. 그럼에도 불구하고 그 시대에서 장애인은 (차별을 당연시하는) 비장애인으로 현시되는 그들 스스로의 대립 항과 현실적으로 대립하는 정치적 주체가 될 수는 없었다. 그러나 자본제 사회가 확립된 이후 지속적으로 생산력이 발달하여 몇 가지 형식적 자유 및 부르주아 민주주의 제도가 확립되면서 장애인은 기존의 제도를 통해 정치적 주체로 성장할 수 있게 되었다. 이러한 대립의 계기는 자본주의 사회의 생산력 발전에서 필연적으로 형성되는 장애인의 사회적 지위와 관련된다. 환경에 대해서 말한다면, 봉건제 사회 하에서 압도적으로 자연이 인간에게 가하는 일방적인 모순이 존재했음에 반해, 오늘날 자본제 사회 하에서 환경 문제는 산 노동을 먹고 자라는 자본의 끊임없는 자기 증식이라는 규정을 받는다. 자본이라는 사회적 존재는 자연과 인간 간 모순을 과거보다 더욱 첨예화한다.

앞서 언급한 바대로, 부문운동의 객관적 근거인, 각 부문운동의 대상이 지니는 대립적 성격은 자본주의 기본모순이라는 기본 규정을 받는다. 각 부문운동의 객관적 대상은 그것이 자본주의 기본모순의 규정된 보편으로서 특수라는 매개 항을 갖는 구체적인 개별이라고 할 수 있다. 다시 말하여, 각 부문운동에서 대상으로 하고 있는 사회 문제는 그것 자체가 자본주의 기본모순이라는 보편의 구체적인 실현 및 관철 과정이며, 그러한 문제의 총괄이 곧 자본주의 기본모순이라는 보편의 존재 양식이 된다는 것이다. 여기서 흔히 계급모순이라 일컬어지는 노자 대립은 자본주의 기본모순의 개별로서, 이것의 외화이긴 한 동시에, 다양한 부문운동의 대상이 지니는 계기로도 된다. 그러나 실제로는 더 다양한 양상이 존재한다. (1) <u>자본주의 기본모순으로부터 곧바로 규정된 보편으로서 각 부문의 대상이 정립되기도 하는가 하면, (2) 자본주의 기본모순으로부터 파생된 노자 대립의 개별적 양상이 각 부문의 대상의 매개항으로서 특수가 되는 경우</u>가 존재한다.

(2)의 경우는 대표적으로 노동자 처우개선 문제에 있어서 여성 노동자와 남성 노동자 간의 관계와 관련하여 설명할 수 있다. 이 문제는 필시 노자 대립의 규정된 보편으로서 특수이다. 실제로 한 기업 또는 산업 영역에서 노자 대립을 <u>첨예화하는</u> 조건이 소멸할 경우, 여성 노동자와 남성 노동자가 존재한다고 하더라도 둘 사이의 대립이 크게 소멸한다는 점에서 확인할 수 있는 것이다.

예를 들어, 직장 내에서 여성 노동자를 대상으로 한 이른바 상대적으로 직위가 높은 남성 노동자 또는 부르주아에 의한 '갑질', 노동 현장에서 낙후한 성 역할의 침투, 기타 직장 내 사회적 문제 등은 자본주의 기본모순을 드러내 주는, 그것의 존재 양식으로서 개별 사태이다. 그리고 그것은 규정된 보편인 노자 대립—동시에 이 사태에 한해서는 언급된 것의 보편인—이 매개 항을 이루고 있다.

여성 노동자에 대한, 상대적으로 높은 직위에 있는 남성 노동자나 사업자의 '갑질' 문제를 먼저 간략하게 다루어보자. 이 개별적 사태는 노동자와 자본가 간 관계라는 조건이 없이는 성립하기 힘들다. 그리고 대개 그러한 사태에서 피해자는 여성 노동자이고, 남성 노동자, 그리고 남성 사업자는 그것의 반대물의 위치에 있는 개별적 사태도 실은 보편에 내재되어 있는 내용의 실현인 것이다. 대부분 여기서 거론된 문제는 이윤을 무한대로 증폭하려는 인격화된 자본으로서 자본가의 경영 일환13)14)을 그 계기로 지니는 개별적 사실이 되는데, 일반적으로 노동자에게는 이것을 거스를 조건이 마련되어 있지 않다는 조건 역시 언급된

---

13) 여기서 경영 일환의 본질은 자본의 자기 증식을 위한 자본가에의 강제 명령이다.
14) "'지난 3년간 시장변화에서 경쟁업체의 수가 증가한' 기업체에서는 여성을 채용할 의사가 3.5%p 감소(모형 2)하고 '경쟁업체와 비교하여 주력 제품/서비스가 가격이 매우 저렴'한 기업체나 '품질이 매우 우수한 업체'에서는 각각 8.9%p, 7.0%p 높아지는 것으로 나타난다." (성지미 (2007), <사업체패널조사>의 고용관련 여성차별과 그 결정요인, 한국노동연구원, 노동정책연구 제7권 제3호, p. 81.) 해당 논문의 한계와 무관하게, 이 논문에 따르면 채용 외, 승진 문제에 있어서도 이윤 실현의 문제와 관련되어 있음(pp. 83-84.)을 충분히 알 수 있다. 특히 경쟁력이 낮은 자본일수록 여성 및 여성 노동자에 대한 처우가 좋지 않다는 것을 충분히 보여주는 연구라 할 수 있다. 직장 내 여성 노동자에 대한 처우 문제가 자본의 이른바, '경영 전략'과 관계되어 있음을 지적하는 사례는 상당히 많다.

문제를 더욱 격화시키는 요인이 된다.15) 언급된 관계 규정은 본질적으로 노동자와 자본가 간 적대적 관계로 된다. 그러나 이러한 적대적 관계의 구체적인 성립은 여성과 남성 간의 사회적 관계에서 여성이 종속될 수밖에 없게 한 규정성을 필연적으로 붙이고 나온다.16)

---

15) 이 부분에 대해서 ≪기업 내 여성관리자의 성차별 경험≫(김수한·신동은 저, ≪한국사회학≫ 제48집 제4호, p. 102.)의 조사를 참고하자면, 그 내용은 다음과 같다: "노동조합 역시 여성의 권익향상과 경력형성에 긍정적 기여를 할 수 있다. 일반적으로 노동조합은 직원의 처우개선과 경력유지에 중요한 기반이 된다. 노조는 조합원의 이해와 입장을 대변해 주고, 인사결정자의 불합리한 차별적인 대우로부터 조합원의 이익이 침해되는 것을 보호하는 역할을 한다. 여성들이 노동조합을 통하여 남녀차별 문제를 회사에 제기할 때, 자신들의 주장에 보다 많은 영향력을 행사할 수 있다. (한국여성민우회, 2000). 실제로 여직원이 대부분 노조에 가입한 한 공기업에서는 남녀의 호봉차별이 노동조합을 통한 문제제기를 통하여 시정되었다(이주희 외, 2004:174)."

16) 이 부분과 관련된 변증법적 쌍범주로서 본질과 현상 간 관계에 대해서는 굳이 다루지 않겠다. 일부 동지들은 이 내용을 보고 필시 "여성 노동자와 남성 노동자는 같은 노동자로서 자본에 대항해야 하는 동료다"라고 하면서 "갈라치기를 하지 말라"라고 할 수 있다. 그러나, 언급한 내용은 '갈라치기'(사실 나는 이러한 표현을 별다른 숙고 없이 사용하는 것은 적절치 않다고 생각하는데, 왜냐하면 이 표현은 지배계급과 그 선동꾼들이 사회적 갈등을 억지로 봉합하기 위해 흔히 사용하는 표현이기 때문이다)가 생겨나기 전에 이미 객관적으로 생성되는 현상이다. 무엇보다 이 현상은 보편으로서 자본주의 기본모순이 내재한 내용의 실현태로 된다. 따로 연구보고서나 논문 인용을 하는 것마저 새삼스럽게도, 한국 사회의 직장 내에서는 여전히 전근대적인 성 역할을 강조하는 분위기가 팽배해 있으며, 이는 자본주의 사회의 여성에 대한 종속의 실질적인 내용을 이룬다. 계급 간 모순은 항상 계층 간 모순을 필연적으로 내포하는 방식으로 그 존재를 실현해 나갈 수밖에 없다. 이것을 구체적으로 짚고 넘어가는 것은 여성 노동자와 남성 노동자가 같은 프롤레타리아로서 자본에 대항해야 한다는 목적성과 전혀 모순되지 않는다.

즉 이 문제는 (1)의 내용 역시 침투되어 있다. 특히 자본주의 하 노동력 재생산 과정에서 광범위하게 생겨나는 여성 실업자 및 반(半)실업자 문제, 30대 이상 여성의 비중이 높은 저임금 직군 내에서의 차별 문제는 (1)의 규정력이 상대적으로 강하다.

(1)과 (2)이라는 전개 과정이 중층을 이루어 형성된 규정성은 여성 외 장애인, 환경, 성소수자, 심지어 동물권 문제로까지 확대되어 그 규정력을 확보하고 있다. 이에 대한 진전된 내용은 제4장에서 다룰 것이다.

II. 인식의 상승 도정

두 번째로 역시 실제적인 내용을 서술하기에 앞서 부문운동의 이데올로기가 어떠한 과정을 거쳐 형성되며, 또 어떻게 형성될 수밖에 없는지에 대한, 그 원리를 간략하게 살펴보아야 하겠다. 글은 부문운동 이데올로기의 낱개 내용을 일일이 검토하지는 않을 것이며, 일반론을 논하는 수준에 그칠 것이다.

자본주의 기본모순의 외화인 개별적 현상은 각 부문운동 이데올로기의 존립 근거이다. 이러한 사회적 존재로서 개별적 현상은 특정한 형식과 내용을 지니는 사회적 의식을 형성하는 근거이다. 즉 그것이 반동적이든, 아니면 혁명적이든 특정한 내용과 형식의 사회적 의식은 오로지 그에 대응되는 특정한 내용과 형식을 지니는 사회적 존재가 없이는 존립할 수 없다는 것이다.

우리는 태어날 때부터 자본주의 사회에 대한 비판적 의식을 가지진 않는다. 자본주의에 대한 비판적 의식은 한국 사회의 수많은 사회적 병폐, 즉 모순을 겪는 경로를 통해서만 성장할 수 있다. 어떠한 사회에서 자신이 가진 자연스러운 욕구, 또는 사회적 욕구를 충족할 수 없거나 그러기 매우 힘든 경우 누구나 자신이 겪는 사회적 문제를 해결하기 위해 노력한다. 누군가는 그것을 자본주의 사회에서 출세주의를 통해 '극복'하려고 할 것이고, 누군가는 사회 체제에 근본적인 결함이 있다는 것을 인식하고, 자본주의에 대항하는 계급투쟁으로 나아갈 것이다.

마찬가지로 자본을 수호하는 정치적 입장을 견지할 수밖에 없는 당파, 즉 자본가, 반동적 성직자, 부르주아 국가기구 관료 등은 현재의 낡은 체제를 유지해야 하는 이해관계를 가질 것이다. 이들 역시 '나름대로의 사유 과정'을 거치면서 자본주의를 옹위하기 위한 계급투쟁을 수행한다.

자본주의에 대항하는 계급투쟁, 자본주의를 옹위하기 위한 계급투쟁은 계급투쟁이라는 점에서는 같지만, 동일한 의미를 지니는 계급투쟁은 아니다. 후자는 그것이 자기의식에 다다른 수준일 수는 있을지라도, 본질적으로는 언급한 바와 같이 소외된 활동이다. 즉 그것은 자본의 강제 명령으로서 외적 합목적성에 종속되는 자연발생성의 발로일 뿐이다. 그러나 자본주의에 대항하는 계급투쟁은 자연발생적인 수준에서 목적의식적인 수준까지 매우 다양한 양상을 지닌다. 자연발생적인 수준에서 일어나는 계급투쟁은 자본주의 사회의 운동법칙에 대한 본질을 인식한 것과 거의 관련이 없이 진행된다. 그것은 대상화 작용에 의하여 우연적으로 자본에 대항하는 외양을 띠는 것으로 출현한다. 이러한 이유로, 그것은 자본에 대항한다는 성격을 지닐지라도 일시적인 수준에 그친다. 이 과정에서 소부르주아적 혼란이 나타나게 된다.

그러나 이러한 자연발생적인 계급투쟁은 목적의식적인 투쟁의 조건이기도 하다. 왜냐하면, 우리가 자본주의 사회의 운동법칙,

즉 특정한 내용을 지니는 사회발전의 합법칙성을 이해하는 것에 다다른다는 것은, 우리에게 반영되었던 사회적 존재를 인식—상대적 진리로서—했다는 것인데, 이러한 인식은 항상 "낮은 수준에서 높은 수준으로"라는 방향성을 지니고 형성되기 때문이다. 이 과정은 P. 꼬프닌에 따르면 <u>객관적 실재라는 구체(O_1)에 대한 단초적인 경험, 즉 낮은 수준의 실천(P_1)</u>에서 추상적 사유의 정립(구체에서 추상)으로, 그리고 <u>추상적 사유에서 이론지가 발달(Z)하여 재차 상대적으로 높은 수준의 이념적 실천(P_2, 추상에서 구체)</u>으로 나아가는 순서로 진행된다. 이 전체 과정은 반영물의 근거인 <u>객관적 실재의 부정의 부정(인식주관이라는 매개를 거치는)을 통한 풍부화한 복귀(O_2)</u>인데, 이 복귀는 실천을 통한 사회적 현존재의 개변으로 나타난다. 이 과정은 완전히 닫힌, 단절적 과정이 아니며, 항상 구체적 사유의 내용이 추상적 사유의 구성물과 연관하는 방식으로 진행된다. 예를 들어, 개념판단은 항상 현존재, 반성, 필연성의 판단을 전제하는 동시에, 가장 접근한 판단으로서 현존재 판단은 항상 이미 인식된 수준에서 작동되는 개념판단의 내용을 전제하고 이루어진다. 인식의 상승이란 이미 인식된 사물의 모순을 발견하고, 그 새로운 모순을 다시 극복하는 방향으로 진행된다. "진리 자체는 인간이 객관적 실재를 파악해가는 사회적-역사적 과정이다."[17] 꼬프닌은 이에 대해 다음과 같이 설명한다:

> "진리와 오류의 대치에 있어서 이 상대성은 무엇보다도 먼저 인식의 현실적 과정에서는 비진리, 즉 오류의 여러 계기로부터 완전히 해방되고 있는 순수한 형태의 진리란 없다는 데 있다. 진리는 그밖의 다른 모

---

[17] P. 코프닌, 김현근 역 (1988), ≪마르크스주의 인식론≫, 이성과현실사, p. 144.

든 것이 그러하듯이 순수한 형태로는 다만 추상 속에서만 존재하고 있는 인식운동의 각각의 현실적 과정이 참이 아닌 데서 참으로 가는 운동을 의미하나, 그 과정은 환상이나 오류의 여러 계기로부터 해방되지 않는다. 그 어떠한 이론도, 과학발전의 경과로 인해 참이 아닌 점이 발견되는 여러 요소를 포함하고 있다. 그러나 전체로서 또 객관적으로 참인 지식이 오류의 여러 계기를 자기 자신 속에 포함하고 있는 것은 아니다. 인식의 발전이 일정단계에 도달하면 과학의 여러 진리(고정화됨으로써)는 그 시대의 오류가 된다."[18]

예를 들어, 인류는 지구가 구체라는 것을 벌써 고대에 인식하였지만, 지구가 태양 주위를 공전한다는 것은 N. 코페르니쿠스, J. 케플러, T. 디거스, G. 갈릴레이, G. 브루노 등 생산력 발전 정도가 일정 수준을 넘어서기 시작한 근세에 이르러서(물론 고대에 이미 이와 유사한 주장을 한 학자가 존재하였지만)야 인식되기 시작하였다. 인류는 고대에 지구가 구체라는 것을 인식하였다. 일정한 구체가 천체에서 운동하고 있다는 것을 인식했으며, 동시에 그러한 인식 과정에서 모순이 크게 발견되지는 않았던 천동설이 성립되었다. 그러나 금성 밝기 관측이 진행된 이후 천동설은 그 학설 자체가 극복되지 않은 모순을 내재한 결함된 체계로 되어버린 것이다. 그런데 동시에 천동설에서 지동설로의 발전은, 아무런 부정적 기반 없이 추동된 것이 아니다. 지동설은 천동설이 발전하면서 그간 쌓아놓은 몇 가지 특정한 사유방식-프톨레마이오스 이후 이어진 천체운동을 수학화하는 고유한 방식들-을 기반으로 하여, 그것의 대립자로서 발전한 것이다.

상승하는 인식은 낡은 체계의 결함을 극복하기 위한 개념적 사유와 그에 관한 실천이라고 할 수 있다. 그러나 이 극복은 기

---

18) 앞의 책, p. 145.

존에 인식된 결함이 없이는 존재할 수 없다. 즉 상승하는 인식의 내용과 형식은 극복되지 않은 모순을 내재한 체계와 그에 관한 낮은 수준의 인식으로부터 발전 과정을 거쳐 형성되는 것이다. 마찬가지로 목적의식적인 투쟁과 자연발생적인 투쟁을 통해 성장한 결과이다. 그런데, 발전을 이룬 목적의식적 활동은 자연발생적 투쟁을 목적의식적인 투쟁으로 상승시킬 수 있다. 이것은 당적 지도나 이론적 선전 등을 통해 달성될 수 있다.

모든 자연발생적인 사유형식과 내용은 그 인식주관의 경험적 내용을 반영한다. 그런데 이 경험적 내용을 구성하는 사회적 존재, 즉 각자 상이한 사회환경에서 사회적 의식을 촉발시킨 구체는 각자 상이한 내용을 지니고 있다. 따라서 모든 인식주관이 단초적인, 그리고 즉자적 수준에서 가지는 표상물은 그 내용이 모두 다르다. 예를 들어, 한국 사회에서의 청년은, 청년과 불가분의 관계에 있는 복합적인 조건에 따른 사회적 규정력을 받게 된다.[19] 물론 청년이라는 것만이 아닌, 구체적인 생활수준에 따라 받게 되는 사회적 규정력도 포함되어 더욱 복잡한 단초적 표상을 형성하게 될 것이다. 이러한 단초적인 표상들, 헤겔의 표현대로라면 '단초적인 것', '최초적인 것'은 인식의 상승 도정에서 형성되는 중간물($P_1 \to Z$)이 지니는 규정성을 결정한다. 이 중간물은 보편적인 대상들, 즉 추상적 보편의 잡다로 구성되어 있다. 이러한 표상물이 지니는 경험적 제약성은 실제로 그것을 구성하는 내용적 측면인 추상적 보편의 고유한 성질로부터 비롯된다. 잡다한 추상적 보편의 '묶음'이 지니는 모순을 그 본질로 하는 경험적 제약성은 개념적 사유로 상승하기 전까지는 극복되지 않

---

[19] 예를 들어, 청년이 겪는 실업, 상대적 빈곤 및 기타 특수한 사회적 관계의 요소들이 그것이다.

은 채로, 그 자체 내에 새로운 경험을 추상적 보편화하는 방식으로, 그 주관적 규정성의 생성과 소멸을 반복하며 잔존하게 된다. 이 특수한 사고형식은 그 "감각표상 및 관념의 재료 속으로 '침잠(沈潛)'해서 그 속에 '가라앉아' 있음으로써 <u>외적인 실재의 형태</u>[실천; 인용자]로 의식적인 사고작용에 대립"[20]함을 거듭하며 그 규정력을 확보한다. 그리고 이러한 객관(실천으로서)-주관(중간적 표상물로서)의 변증법적 과정이라는 응집 작용을 통해 형성된 이데올로기적 체계, 즉 사회적 의식은 그것이 특정한 부문운동에서 작동하는 수많은 개별적 사상으로 되는 것이다. 이러한 사상체계는 사태를 구성하는 범주의 연계성을 제대로 인식할 수 없는 것으로 되어 있다. 이러한 사유물은 사태를 낱개의 정적인 추상물로 형성한다. 즉자적 존재 규정으로서 이러한 추상물을 모아놓은 사유물은 그 내용에서 본질 규정적 성격이 전무하다. 따라서 그것은 실제로 구체적인 것인 객관적 운동의 실제적 매개작용·연관 작용을 파악해낼 수 없다. 결과적으로 그것은 전체성의 관점이 부재하게 되며, 객관적 실재와의 일치성을 이루는 사유형식과는 거리가 먼 것이 된다. 이것이 바로 부문운동 이데올로기가 당사자 계층의 경험에만 집착하거나 또는 전체성의 관점이 전무한, 잡다한 추상적 '개별자'-추상적인 한에서 추상적 보편자와 다르지 않은-의 나열에 그치는 이유이다. 즉 사회적 의식은 그것이 특정한 부문운동에서 작동하는 수많은 개별적 사상으로 되는 것이다.

    이러한 사상체계는 사태를 구성하는 일부 측면으로서의 표층 범주와 그 범주 간 연계를 바르게 볼 수 있겠지만, 그보다 심층에

---

20) E. V. 일렌코프, 우기동·이병수 역 (1990), ≪변증법적 논리학의 역사와 이론≫, 연구사, p. 143.

속하는 범주 간 연계를 올바르게 파악할 수 없다. 그리고 기존에 표층을 파악하였던 모든 방식은 앞서 언급하였던 과정 그대로, 주관 상에서 그 규정력을 보존-우리가 흔히 "생각이 굳어졌다"고 하는 그것으로서-하게 된다. 총체적-사회적 존재[21])의 변증법적 복귀 운동의 일부 측면만을 파악하여 그것을 추상화한 사유형식은 한계를 지니게 된다. 예를 들어, 한 개별적 여성 임노동자는 자신이 겪는 생활상에서 궁핍화의 근원을 따질 때, 그것을 정부의 일정한 여성정책의 차이 문제로 환원하는 방식을 택할 수 있다. 실제로 자본주의 사회에서 부르주아 국가기구의 사회정책의 성격에 따라 개별적인 궁핍화 수준에 일정한 영향을 미칠 수 있다는 것은 사실이라는 점에서, 해당 여성 임노동자는 상대적으로 표층에 드러난 범주의 연관을 옳게 고려한 것이다. 이러한 관점은 임의의 실천을 통해 '확인'된 것이며, 또한 실천을 총화하여 형성한 이론적 형식으로 되고, 그것은 이어질 실천의 이론적 근거로 된다.

그러나 맑스와 엥엘스가 타당하게 밝힌 그대로, 상대적·절대

---

[21]) 총체성은 오로지 <u>역사적 발달 국면</u>이라는 제한성 속에서만 그 존재를 확립하고, 또 자기 규정할 수 있다. 따라서, 인류 사회 형성 이래, 인간 생활과 인간을 규정짓고 또 그것을 구성하는 근거인 <u>총체성은 사회적 존재의 총체성</u>이 될 수밖에 없다. 맑스는 《독일 이데올로기》에서 다음과 같이 언급하였다: "이러한 역사관 기초는 실제 생산과 과정을, 그것도 직접적인 삶의 물질적 생산에서 출발해서 전개하는 것이며 이 생산과정과 연관되어 있으며 여기에서 생겨나는 교류 형태 즉 시민 사회의 다양한 단계를 전체 역사의 기초로서 파악하는 것이다. 또한 그 기초는 시민 사회가 국가로서 어떤 행위를 하는가를 서술하는 것뿐만 아니라 아울러 의식을 통해 생산되는 다양한 이론적 산물과 그 산물의 형태 전체를, 이를테면 종교, 철학, 도덕 등등을 시민 사회에서 설명하고 이런 의식의 산물과 형태가 발생하는 과정을 시민 사회의 다른 단계에서 추적하는 것이다. 이렇게 되면 사태가 전체적으로 서술될 수 있다는 것은 당연하다." (*MEW*, Bd. 03, S. 37; K. 마르크스, F. 엥겔스, 이병창 역 (2019), 《독일 이데올로기》, 제1권, pp. 82-83.)

적 궁핍화의 심화는 자본주의의 일반적 운동법칙에 의해, 필연적으로 추동되는 것이며, 또한 부르주아 국가기구의 사회정책이 근본적으로는, 이 문제를 해결할 수 없다는 것 역시 필연으로 된다. 자본주의 사회에서 노동자의 상대적·절대적 궁핍화의 심화가 필연이라는 사실은 앞서 파악된 표층 범주에서 심층 범주로의 인식의 상승이 진행되어야만, 이해할 수 있다.

인류의 특정한 사회적-역사적 발달 국면에서 주체적 규정력을 얻은 대상이 무엇인지에 대해 파악하지 못한 실천, 그 실천을 반영한 사유물은 사태를 낱개의 정적인 추상물로 형성한다. 특정한 구체적 현실성에 대한 경험을 그 성립·형성 근거로 지니는 이러한 즉자적 존재 규정으로서의 추상물을 모아놓은 사유 내용과 형식에서 사태에 대한 본질 규정의 고려는 제한적으로만 이루어진다. 이 추상물은 앞서 일리옌꼬프가 언급한 과정을 거쳐서 그 특유의 보존력(保存力)을 형성한다. 이 보존력의 연쇄작용을 끊어내지 못한다면, 그것은 총체적으로 활동하는 구체적인 것인 객관적 운동의 실제적 매개 작용·연관 작용의 전 측면을 옳게 파악해낼 수 없다. 결과적으로 그것은 이론적-실천적 재현과 객관인 총체성 간 불일치에 기초하게 된다. 이것이 바로 부문운동 이데올로기가 사태의 일부 측면에 대해서는 타당한 인식을 표현하고 있으나, 한편으로는 당사자 계층의 경험에만 집착하거나, 또는 잡다한 추상적 '개별자'ㅡ추상적인 한에서 추상적 보편자와 다르지 않은ㅡ의 나열에 그치는 이유이다.

낡은 사회에 대한 모든 자연발생적 저항은 그에 상응하는 이데올로기 체계를 필연적으로 지닌다. 그것은 자연발생적 수준에 대응되는 이론적 내용이 일정한 수준에서 자기동일성을 지니게 되어 나타난 것이다. 이러한 이데올로기의 특징은 형이상학적이며, 사회의 제반 현상을 설명하는 데서 자본주의의 본질, 즉 자본주의의 일반적인 운동법칙을 이해한 것과 거리가 먼 내용을 가지고 있는 것이다. 예를 들어, 생태운동에서 심층생태학과 같은 경우, 생태 파괴에 대한 비판적 의식이 들어가 있으나 즉자적 수준에서 그치며, 대개 고대 헤르메스주의나 티베트 밀교 등의 영성주의를 참고하여 생태문제를 신비화하는 방향으로 나아간다. 심한 경우 그것은 인간 일반에 대한 혐오로 이어진다. 다른 예로는 J. E. 러브록의 가이아이론이 있다. 이 이론은 목적론을 인간과 자연 간의 관계에 접목한 대표적인 사례이다. 이 이론은 인간과 자연의 적대 심화, 즉 물질대사의 균열에 있어 자본의 파괴적 운동을 파악하지 못한 상태로 이론을 전개한다. 그러나 상기한 모든 이데올로기 체계는 환경 문제가 인간에게 심각한 악영향을 끼친다는 기초적인 인식이 자리 잡고 있다. 우리가 적지 않은 부문운동에서 발견하게 되는 이른바 '부문 이데올로기'는, 그 내용의 차이가 있을지언정 본질적으로는 전술(前述)한 대로의 성격을 필연적으로 일정 지닌다.

계급운동이 의식적이라면, 인식 상의 한계로 인해 부분적 '통찰'에만 머무르는 이데올로기에 대한 비판을 수행해야 한다. 그러나 더욱 중요한 것은 그러한 이데올로기가 어떠한 인식 도상에서 응집하여 형성되었는지 파악하는 일이다. 그리고 또 그것이 어떻게 하여, 상승하기 시작하는 인식 과정의 중간물로 나타났는지, 또 그것이 현재 운동 발전 도정에서 어떠한 긍정적 의미를 지니는 지까지 파악해야 한다. 이러한 파악이 이루어져야지만 자연발생적 운동을 견인하는 건전한 비판이 이루어질 수 있다. 예를 들어, 우리는 일부 부분적 인식에 머무르고 있는 각 부문운동에 대해서, 그 해당 부문의 활동가들이 실천 상에서 가장 쉽게 인식할 수 있을 만한 내용상의 한계를 파악해야 한다. 이러한 파악은 매우 중요하다. 왜냐하면, 전체성의 관점이 들어서기 위해서는 인식 상에서 직접적으로 반영된 특정 모순을 구성하는 범주에 대한 특정한 극복 방식이 필요하기 때문이다.22) 이때 주어진 모순에 대한 극복으로 형성된, 과정으로서의 상(象)은 아직은 부문 이데올로기의 한계를 충분히 소멸하지 못한 것일 수 있다. 이 경우 우리는 연대의 강화를 통해 새로운 한계의 내용을 파악하고 그 직접적 모순을 해소할 수 있도록 보조해야 한다.

그런데 이러한 보조로서 인식을 상승시키는 과정은 한편으로는 계급운동이 구체적인 개별자에 대한 인식을 확장하는 계기로 된다. 즉 계급운동이 지니고 있는 운동 상의 몇 가지 한계가, 부문운동의 고유한 활동과의 연대를 통해 해소된다는 것이다. 이를 통해 계급운동은 청년으로서의 노동자, 여성으로서의 노동자, 장애인으로서의 노동자 등을 넘어서, 그것 자체 내에 지양·보존된 노동자로서의 청년, 노동자로서의 여성, 노동자로서의 장애인 등

---

22) 인식론에서 언급되는 범주는 본질적으로 논리학의 범주의 문제이기도 하다. 상이한 범주들로 구성된 특정 체계에 내재한 모순은, 그 특정 모순 체계에 상응하는 해결 방식을 통해서만 극복될 수 있다. 왜냐하면, 연쇄된 구체적 사태는 특정한 순차를 이루는 논리적 범주에 대응되기 때문이다. 그래서 E. V. 일렌코프는 다음과 같이 언급하였다: "주관적이거나 객관적인 모든 과정이 발생하는 보편적 형식에 관한 과학인 논리학은 구체적 전체의 형성과정에서 연속적으로 계기하는 단계들을 반영하는 특수한 개념(논리적 범주)의 엄밀한 체계로 정의된다. 한 이론 내에서 연속적으로 계기하는 범주들의 전개는 인간의 의지와는 독립한 객관적 특징을 지닌다. 그러한 범주들의 연속적 전개는 경험적 근거를 갖는 이론적 지식의 연속적이고 객관적인 발전에 의해 우선적으로 표현된다. 그와 같은 표현 형태로, 현실적인 역사과정의 객관적 연속은 우연적 사건들의 분열된 형태나 역사적 형태가 제거된 채 인간의 의식 내에 반영되는 것이다." (≪변증법적 논리학의 역사와 이론≫, 연구사, pp. 240-241.)

을 인식할 수 있게 된다. 이는 구체적인 정립 활동으로서 보편-특수-개별의 전개를 통해 끊임없이 변화·발전하는 구체적 현실성에 내포한 다양한 측면을 파악하는 것으로 된다. 왜냐하면 이렇게 형성되어가는 과정으로서 구체적 보편이란, 개별을 자체 내에 포괄하는 보편이지, 개별을 사상시키는 보편이 아니기 때문이다.

이로써 각 부문에 대한 대처에서 계급운동은 오류와 그에 따른 맹동이 아니라 진리, 목적의식적 실천을 성취할 수 있다. 이러한 과정이 더욱 높은 수준에서 이루어지고 반복됨은 계급운동과 부문운동 간 통일로 나아가고 있음을 의미한다. 이러한 통일은 한편으로 운동 전체가 그 이론적 고민과 실천에서 긍정적인 것을 지양·보존하고, 인식 상의 한계에서 비롯된, 그릇된 사유 규정을 폐기해 나가는 일반적 과정으로도 된다. 계급운동이 각 부문운동의 상승하는 측면, 또는 그 상승의 실재적 가능성을 구체적으로 파악하지 못하고, 추상적인 '노동 중심성'이라는 '형식적 보편자'에만 얽매인다면 통일은 물론이고 가장 기초적인 견인조차 이룰 수 없을 것이다.

III. 상호외재성

감성적인 것과 이성적인 것의 통일로서 인식은, 개별화 작용하며 사회화된 객관적 실재의 반영이다. 제1장과 제2장을 통해 존재의 객관적 운동 과정과 인식 과정이 긴밀한 관계라는 것을 설명하였다. 이 관계의 규정 하에서 부문운동의 이데올로기가 성립된다는 것을, 그리고 계급운동은 부문운동의 고민 일반을 모조리 사상하는 것이 아니라, 그 속에서 긍정적인 것을 자체 내에 간직하며 발전할 수밖에 없다는 것을 설명하였다.

계급운동이 부문운동과의 연대를 통하여, 그리고 부문운동의 고민에 대한 자체 내로의 지양을 통하여 그 한계를 극복해 나가며 성장할 수밖에 없는 그 근저에는 상호외재성이라는 객관 범주가 존재한다. <u>계급운동을 포함한 모든 운동은 서로 불가분의 관계에 있는 동시에, 상호외재(相互外在, Außereinander)하는 관계를 지니고 있다.</u>[23] 즉 자본주의 기본모순에 대응되는 계급운동은 그것이 어떠한 '자기동일성을 전혀 건드리지 않는, 정지해 있는 모순'을 반영하는 '정지해 있는 (실천)운동'이 아니다. 기본모순의 개별화 작용을 통해 나타난 수많은 부문의 문제는 기본모순의 외화라는 보편적 성격을 지닌다. 그러나 동시에 실제로 그것에 전제되는 것으로서, 각 개별화 작용을 통해 형성된 사회적 현존재는 저마다의 그 고유한 체계를 지닌다.

유기적 연관 속에서 동시에 서로에 대해 외면적 관계를 형성하며 저마다의 고유성을 내적으로 보존하려는 구체의 '아이러니함'은 헤겔이 현존하는 모든 것의 보편적 존재 방식의 범주로서 ≪개념논리학≫의 <기계론>에서 다음과 같이 다루었다:

"지금까지 비자립적이고 스스로에게 외면적이었던 객관이 이제는 개념의 복귀를 통하여 마찬가지로 개체로 규정된다. 중심 물체의 자기 동일성은 여전히 구심점을 향한 성향, 노력(ein Streben)이라는 점에서

---

[23] 예를 들어, 우리는 '자연과의 투쟁 주체로서 인간'을 이야기한다. 그러나 인간 역시 자연의 일부이다. 실은 외적 자연은 인간에 대해서 외재적 관계를, 또 인간은 외적 자연에 대해서 외재적 관계를 가지고 있으며, 이러한 상호외재성은 '자연의 일부로서 인간'이라는 의미에서의 자연과 인간이라는 의미와 통일되어 있다.

이 동일성에서는 외면성(Außerlichkeit)이 부착되며, 이 외면성이 중심 물체의 객관적 개별성 속으로 받아들여지는 까닭에 이 외면성에는 다름 아닌 객관적 개별성이 전달된다. 모든 객관은 저마다의 자기의 중심성을 통하여 그 첫 번째 중심을 벗어난 곳에 자리 잡게 되며, 이들 자신이 곧 비자립적인 객관에 대한 저마다의 중심이다."[24]

헤겔은 이를 객관적 개념, 즉 이념의 외화 작용으로 설명하였다는 점에서 그 한계가 있다. 그는 이러한 "중심으로부터의 이탈" 작용을 추론의 구성물인 매사(媒辭)의 연관 작용으로 설명한다. 그러나 유물론자는 상호외재의 본질을 주관적 추론 과정에서 구하지 않는다. 상호외재라는 존재 방식은 물질의 일반적인 존재 양식이라고 이해하여야 한다. 그것은 실제로 상호외재를 부정하는 순간 과학적 방법의 적용 가능성도 소멸해버릴 수밖에 없다는 것의 본질을 통해 드러난다. 모든 과학적 분석과 종합은 구분되는 두 (상대적) 자립 체계에 대한 비교로부터 시작되는데, 구분되는 각 사물 간의 상호외재성이 전제되지 않으면, 직접적으로 동일한 것에 대한 '비교'만이 가능하기 때문이다. 만약에, 상호외재를 부정한다면 모든 규정은 동시에 <u>모든 규정과 연관을 맺는다는</u> 점에서 서로 모두가 직접적으로 동일한 것이 될 수밖에 없을 것인데, 이는 이질적인 각 체계 간의 비교 가능성을 완전히 부정하는 것으로 된다.

현재까지의 모든 과학발전의 양상은 상호외재를 부정하기는커녕 증명한다. 우리는 개별 원자와 분자의 계기인 입자를 말하는 동시에, 개별 원자와 분자, 그리고 입자가 뚜렷이 구분되는 상호외재하는 (상대적) 자립자라는 것도 알고 있다. 이는 사회법칙에 대해서도 동일하게 적용된다.

---

24) 헤겔, ≪대논리학≫ 제3권, pp. 284-285.

계급운동과 부문운동 간의 관계는 한편으로 계급모순의 개별화 작용에 의한 상호외재의 현실화를 반영한 것이다. 물론 앞서 밝힌 대로 모든 외재하는 것의 내부에는 보편의 규정력이 작동하고 있는 것으로 된다. 이 점을 고려할 때, 사회에서 나타나는 모든 문제는 한편으로 계층의 문제라는 성격을 포함하고 있는 동시에 그것을 적극적으로 드러내면서 그 스스로가 본질에 대해 외재성을 지니고 있음을 파악할 수 있다. 따라서 사회에 대한 여러 모순의 표현을 구체적으로 보기 위해서는 그것이 한편으로 본질적으로 계급의 문제임을 파악하면서도, 또한 계층의 문제임을 동시에 파악해야 한다. 예를 들어, 성별임금격차, 여성인권 보장에 관한 다양한 문제, 여성 대상 범죄라는 사회 문제, 여성을 향한 모든 인습 등 모든 사태는 <u>기본모순으로서 계급문제의 구체적 존재 양식(내면)</u>인 동시에, <u>외재성을 얻은 여성 일반의 문제(외면)</u>이기도 하다. 나열된 모든 사태는 사유재산제의 확립 과정에서 심화된 여성에 대한 종속이라는 역사성의 연장이라는 점에서, 그리고 현재 부단히 증식하고 있고 또 자기 가치 파괴를 반복하는 자본 운동의 제 양상이라는 점에서 그것들을 내면으로 고찰할 수 있지만, 그것이 여성이라는 규정성을 얻은 현존재와 관련되는 구체적인 사태로서의 개별로서 나타난다면 항상 나열된 사태로 나타난다. 나열된 사태의 개별적 내용은 그것의 고유한 표현방식(형식)으로 드러나고 이것이 다시 외재성의 내용을 확립한다. 예를 들어, 여성 대상 범죄는 계급제의 고유한 사회적 관계 하[25])에서 추동된다. 그리고 그것은 (상대적이지만) 자립적

---

25) "즉 남성 지배를 보호하는 부르주아 법은 오직 유산자들과 프롤레타리아 통제를 위한 것이기 때문에 가난한 노동자의 아내에 대한 지위에는 아무런 효력을 갖지 못한다. 그의 경우에 결정적인 역할을 하는 것은 이와는 전혀 다른 개인적·사회적 관계이다. 또한 대공업으로 인해 여자가 가정에서 노

체계성을 갖는 형식으로서 그 고유성을 보존하며 관련된 다른 사태의 조건이 된다.26)

그러나 개별의 외재성은 그것이 외재한다는 점에서 끝나는 것이 아니라, 본래 더욱 광범위한 본질적 체계의 형성의 한 수단으로서도 기능한다. 그렇게 하여 개별 사태는 구체적인 보편을 생동하게 표현한다. 그런데 이는 앞서 언급한 바와 같이, <u>보편의 절대적인 존재 양식</u>이 될 수밖에 없다.

사태에 대한 불충분한 사유와 실천은, 특정한 사태의 내면과 외면 중 하나만을 보려고 하는 것에서 기인한다. 그러나 둘 중 하나만 보는 것은 결국 본질적으로 외면적 인식이다. 전자, 즉 '내면'만을 보려고 하는 것도 역시 외면적 인식에 불과하다는 것이다. 구체적인 사유와 실천은 내면에만, 또는 외면에만 천착하지 않는다. 구체는 내면의 외면으로의, 또 외면의 내면으로의 객관적 운동 작용을 인식하고 그에 따라 실천하는 것을 의미한다. 바로 이러한 점에서 본다면, 모든 개별 사태에 대한 구체적 인식은 그것의 내면으로 나아가는 와중에도 그것이 다른 사태에 대해 외재하는 면을 폐기하는 것이 아니라 모두 고려하는 것이 될 수밖에 없다. 예를 들어, 생명 활동을 이해함에서 그것들을 구성하는 각 분자 간 (생)화학적 작용을 고찰하는 대신, 각 분자를

동시장과 공장으로 나와 종종 가족의 부양자로 됨으로써, 프롤레타리아 가정에서의 남편의 지배는 그 마지막 잔재마저 존재할 여지가 없게 되었다. 그런 일부일처제 이래 그칠 줄 모르는 아내에 대한 학대는 예외이다." (*MEW*, Bd. 21, SS. 73-74;F. 엥겔스, 김대웅 역 (1991), ≪가족, 사유재산, 국가의 기원≫, 아침, p. 97.)

26) "토지소유제가 확립되자마자 벌써 저당권이 발명되었다(아테네를 보라). <u>난혼과 매음제도가 일부일처제의 뒤꼬리를 따라다니는 것처럼</u>, 이제부터는 저당권이 토지소유의 뒤꼬리를 집요하게 따라다니게 된다." (*MEW*, Bd. 21, S. 162; p. 227.)

구성하는 기본입자의 고유한 운동 방식만을 거론한다면, 그것을 영양가 있는 연구라고 할 수 없을 것이다. 체계의 일정 단계로서 발전한, 그리고 서로가 구분되는 각 고유한 사회법칙에 대해서 따지자면 역시 이는 보편적으로 적용된다고 할 수 있을 것이다. 사회법칙에 대한 인식은, 해당 인식의 대상과 관련된 <u>고유한 범주 구성</u>과 관련된 <u>고유한 방식의 연구</u>를 통해서만 성과를 볼 수 있을 것이다.

　이제 각 부문운동의 추이를 살펴봄으로써 각 부문운동의 고유한 활동이 사회 변혁에서 어떠한 의미를 지닐 수 있는지 제4장에서 다루어보겠다. 노사과연

맑스의 ≪자본론≫에서 추상과 구체의 변증법(4)*

일렌코프(Evald Ilyenkov)**
번역 : 노준엽 | 회원

1장 구체에 대한 변증법적 개념과 형이상학적 개념

1. 변증법적 논리학과 형식논리학에서 추상과 구체의 개념
2. 추상과 구체의 개념들의 역사로부터
3. 맑스에게 있어서 구체의 정의
4. 개념에 대한 관념의 관계에 대하여
5. 인간의 개념과 그것의 분석으로부터의 약간의 결론들
5. **구체, 그리고 보편과 개별의 변증법(이번 호)**
6. **대립물의 통일로서 구체적 통일(이번 호)**

---

* 출처: https://www.marxists.org/archive/ilyenkov/works/abstract/index.htm/ 이 번역물은 일렌코프의 저서인 ≪맑스의 '자본론'에서 추상과 구체의 변증법≫을 분량을 나누어 연재하는 것이다.
** 역주: 쏘련의 철학자로 ≪변증법적 논리학의 역사와 이론≫(연구사, 1990) 등의 저서가 있으며, 변증법적 논리학의 문제를 깊이 있게 접근하고 있는 철학자이다.

구체, 그리고 보편과 개별의 변증법

유(genus) 개념 속에서 인간을 관념적으로 등치함을 통한 인간 본질의 연구는 보편의 개별에 대한 관계의 형이상학적 개념을 전제한다.

형이상학자에게는 개별만이 구체이다―하나의 개별적인 감각적으로 지각된 사물, 대상, 현상, 사건, 한 명의 고립된 인간 개인 등. 그(형이상학자-역자)에게 추상은 정신적 분리의 산물―현실 속에서 그것(정신적 분리의 산물-역자)의 대응물은 많은 (혹은 모든) 개별적 사물들, 현상들, 인간들의 유사성이다―이다.

이러한 입장에 따르면, 보편은 오직 많은 개별적 사물들 간의 유사성으로서만, 오직 구체적인 개별적 사물의 하나의 측면으로서만 현실 속에서 존재한다. 반면 그것(보편-역자)이 개별적 사물로부터 분리되고, 그렇게 존재하는 것은, 오직 하나의 단어로서만, 용어의 의미로서만, 오직 사람의 머릿속에서만 현실화된다.

처음 보면, 보편과 개별 사이의 관계에 대한 이러한 관점은 유일하게 유물론적이고 상식적인 관점인 것처럼 보인다. 하지만 그것은 오직 처음에만 그렇다. 이러한 입장은, 그 문제에 대한 그러한 접근 자체에서, 머리 밖의 현실 속에서의, 사물들 자체 내에서의 보편과 개별의 변증법을 완전히 무시한다.

이 점은 인간 본질에 대한 포이어바흐와 맑스-레닌주의적 개념이 나뉘는 방식을 숙고함으로써 가장 생생하게 나타날 수 있다. 포이어바흐는, 헤겔의 관념론에 대해서, 헤겔이 '순수 사고'를 인간의 본질로 이해하는 데 대해서 꽤 날카롭게 비판했지만, 사회적 삶의 물질적 생산 속에, 인간과 인간 그리고 인간과 자연의 관계

속에 포함된 변증법적 개념을 헤겔에 대립시키지 못했다.

그 점은, '구체적이고', '실제적이고', '현실적인' 인간에 그 자신이 관심 있었다는 것에도 불구하고, 왜 그가 사회학과 인식론 모두에서 추상적 개별에 대한 집중에 머무는지에 대한 이유였다. 이 인간은 오직 포이어바흐의 상상 속에서만 '구체적'인 것임이 입증된다. 그는 인간의 현실적인 구체성이 어디에 있는지를 보지 못했다. 다른 모든 것을 다 제쳐두더라도, 그 점은 '구체'와 '추상'이라는 용어가 포이어바흐에 의해 그것들의 참된 철학적 의미와 직접적으로 대립되는 의미로 사용되었다는 것을 의미한다: 그가 구체라고 부른 것은, 사실 맑스에 엥엘스에 의해 훌륭하게 증명되었듯이, 극히 추상적이며, 그 역도 그러하다.

'구체'라는 용어는 포이어바흐에 의해 모든 개별들에 공통적이고 각각의 개별 속에 내재된 감각적으로 지각되는 특성들의 집합에 적용되었다. 인간에 대한 그의 개념은 이러한 특성들에 기초한다. 맑스와 엥엘스의 관점에서, 변증법적 관점에서, 그것은 인간에 대한 전형적으로 추상적인 묘사이다.

맑스와 엥엘스는, 유물론적 관점에서, 인간 존재의 진정한 구체성이 어디에 있는지 그리고 철학자가 '구체'라는 용어를 그것의 완전한 의미로 적용하게 되는 객관적 현실은 무엇인지를 보여준 첫 번째 사람들이었다.

그들은, 각각의 개별 속에 내재된 일련의 특성들 속에서가 아니라 사회생활의 전체 과정과 그것의 발전 법칙 속에서 인간의 구체적 본질을 발견했다. 인간의 구체적 본질의 문제는 여기서, 인간과 인간 그리고 인간과 자연의 사회적 관계들의 체계의 발전 문제로 정식화되고 해결된다. 인간과 사물 간의 상호작용의 보편적 (사회적으로 구체적인) 체계는, 한 고립된 개인과 관련해서는, 그와는 독립적이고 그의 외부에서 형성된 그 자신의 인간적 현실로서 나타난다.

자연 자체는 '인간적인' 어떤 것도 절대적으로 창조하지 않는다. 그의 모든 특수한 인간적인 특징들을 지닌 인간은 처음부터 끝까지 그 자신의 노동의 산물이다. 심지어 직립보행조차, 처음에는 인간의 자연적이고 해부학적으로 타고난 특성으로 보이지만, 실제로는 수립된 사회 내에서 아이를 교육한 결과이다: 사회로부터 고립된 한 아이, 라 모글리(a la Mowgli)(그리고 그러한 경우는 많다)는 팔 다리 모두로 뛰기를 선호하고, 그의 그러한 습관을 버리게 하는 것은 많은 노력이 든다.

다시 말하면, 궁극적으로 사회적 노동의 산물인, 개별의 그러한 특징들, 성질들 그리고 특성들만이 특수하게 인간적인 것이다. 물론 해부학적이고 생리학적인 전제조건들을 제공하는 것은 어머니 자연이다. 그러나 그것들이 궁극적으로 전제하는 특수한 인간적인 형태는 노동의 산물이며, 그것은 오직 노동으로부터만 파악되고 추론될 수 있다. 역으로, 노동의 산물이 아닌 인간의 모든 특성들은 인간의 본질을 표현하는 특징들에 속하지 않는다(예를 들어, 부드러운 귓불은, 비록 그것들이 인간의 하나의 '특수한 특징'이고 다른 어떤 생물에게도 없는 것이라 할지라도.).

인간적 삶의 활동으로 깨어나는 개인, 즉 사회적 존재가 되고 있는 자연적인 생물학적 존재는, 교육을 통해 이 모든 활동 형태들에 강제적으로 동화된다. 그것들(인간적 삶의 활동들-역자) 중 어떤 것도 생물학적으로 유전되지 않는다. 유전되는 것은 그것들(인간적 삶의 활동들-역자)에 동화되기 위한 생리학적 가능성이다. 처음에 그것들(인간적 삶의 활동들-역자)은 그(인간-역자)와는 독립적으로 외부에 존재하는 무엇으로서, 완전히 객체적인 어떤 것으로서, 동화와 모방을 위한 대상으로서 그(인간-역자)와 대면한다. 교육을 통해서, 사회적 인간 활동의 이 형태들은 개인적, 개별적, 주관적 재산으로 변모하고 그것들은 심지어 생리학적으로 공고화된다: 한 명의 성인은 더 이상 팔다리로 걸을 수 없으며, 심지어 그가 원한다고 해도 그럴 수 없다. 그리고 전혀 그렇게 하지 않는데, 왜냐하면 그는 조롱받을 것이며, 생고기는 그를 병들게 만들 것이기 때문이다.

다시 말하면, 많이 이야기된 인간의 본질을 구성하는 총합을 이루는 그러한 모든 특징들은 사회적 인간의 노동 활동의 결과이고 산물(물론, 궁극적으로)이다. 인간은 그것들(인간의 사회적 특징들-역자)을 그러한 자연에 빚지고 있는 것도 아니며, 더구나 신이라고 부르든 혹은 어떤 다른 명칭(예를 들어, 이데아)으로 부르든 간에, 어떤 초자연적인 힘에 빚지고 있는 것도 아니다. 인간은 그것들(인간의 사회적 특징들-역자)을 오직 이전 세대의 노동과 그 자신에 빚지고 있다. 이것은 심지어 직립보행보다도 더 감각적이고, 객관적인(물질적인), 그리고 정신적인 인간 활동의 더 복잡한 형태들에서도 더 참된 것이다.

역사를 통해 축적된 인류 문화는 현대의 개인들에게 개별적인 인간 활동을 결정하는, 일차적인 어떤 것으로서 나타난다. 과학적인 (유물론적인) 관점에서, 개별, 인간적 개인은 그러므로 물질적이고 정신적인 것 모두에서, 보편적인 인간 문화를 체현하는 하나의 단위로 간주되어야 한다. 이러한 문화는 개인 속에서 다소간에 일면적이고 불완전한 방식으로 자연스럽게 현실화된다. 개별이 풍부한 문화를 그의 소유로 만들 수 있는 정도는 그 자신 한 사람에게만 달려있지 않다; 훨씬 더 큰 정도로, 그것은 사회에, 그리고 사회에 특징적인 노동 분업 양식에 달려있다.

문화의 이러저러한 영역의, 인간적인 활동의 어떤 형태의 동화는, 하나의 독립적인, 개별적인, 그리고 창조적인 방식으로 그것(인간적인 문화-역자)을 더욱 발전시킬 수 있을 정도만큼 그것을 동화한다는 것을 의미한다. 어떤 것도 수동적인 관조를 통해서 동화될 수는 없다—그것은 공기 속에 성을 쌓는 것과 같다. 활동적인 실천 없는 동화는 아무런 결과도 산출하지 않는다. 그 점은, 개별을 통해 보편적인 인간 문화를 동화시키는 형태가 노동 분업의 형태에 의해 결정되는지의 이유이다. 물론 거기에는 일면성들이 가득하다. 이 문제를 해결하는 데 있어서 맑스와 엥엘스의 주요한 성과는, 노동의 부르주아적 분업의 모순에 대한 그들의 신중하고 구체적인 연구였다.

적대적인 계급적 노동 분업은 각각의 개별들을 극단적으로 일면적인 인간, 한 명의 '부분적인' 인간으로 만든다. 그것(적대적인 계급적 노동 분업-역자)은 그(개별-역자)의 능력의 어떤 부분을 다른 부분을 발전시킬 가능성을 제거함을 통해 발전시킨다. 어떤 개별들에게서는 특정한 능력들이 발전되고, 다른 개별들에서는 다른 능력들이 발전된다. 그리고 보편적인 발전이 현실화되는 형태로 작용하면서, 개별들을 인간으로서 서로 간에 연결시키는 것은 이러한 발전의 일면성이다.

인간적인 발전의 구체적인 풍부함은 여기서 개인적, 개별적 발전의 풍부함에 기인하며, 고립적으로 취해진 각각의 개별이 결함 있고, 일면적인, 즉, 추상적인 인간이라는 사실에 기인한다.

포이어바흐가 그러한 객관적으로 추상적 개인을 '구체적인' 인간으로서 간주한다면, 그것은 부르주아적 이론가의 한계, 사물의 실제적 상태를 감추는 이데올로기적 환상의 한계의 표현일 뿐만 아니라 그의 입장의 논리적 취약성의 한계의 표현이기도 하다. 이러한 인간의 본질에 대한 구체적인 개념을 형성하기 위해서, 포이어바흐는 재단사와 페인트공, 열쇠장이와 점원, 농민과 성직자, 임금 노동자와 기업가의 똑같이 특징적인 일반적 속성을 찾으면서, 역사에 의해 발전된 모든 실제적 차이를 추상했다. 그는 모든 직업과 계급의 개인들에게 공통적인 속성 속에서, 인간의 본질, 인간 존재의 진정한 구체적 본성을 찾으려고 애썼다. 그는 하나의 추상을 했다. 즉, 인간 활동의 상호간에 조건 짓는 양식들의 총체로서 대립물을 통해 발전하는, 인류의 실제적인 본질을 구성하는 모든 요소들로부터 추상을 했다. [헤겔의 '추상적 보편에 관하여'를 보시오]

맑스와 엥엘스의 논리에 따르면, 인간의 구체적인 이론적 개념은, 인간의 본질의 구체적 표현은, 오직 정반대로 대립하는 방식으로, 포이어바흐가 간과한 바로 그러한 차이들과 대립(계급, 직업, 그리고 개별)을 통하여서만 형성될 수 있다. 인간의 본질은 오직 능력들의 잘 발달되고 명료한 체계로서만, 그리고 자신의 필요에 부합하게 개인들—수학자들, 철학자들, 기업가들, 은행가들, 하인들 등—을 형성하는 노동 분업의 복잡한 체계로서만 실제적으로 존재한다.

다른 말로 하자면, 인간 본질에 대한 이론적 정의는, 사회적-인간적 활동의 모든 다양한 표현과 양식을 야기하고 발전시키는 필연성을 드러내는 데에서만 존재할 수 있다.

이 체계, 즉, 인간 본질에 대한 '보편적 정의'에 대한 가장 일반적 특성과 관련하여, 혹자는 그 특성이 인간 문화의 전체적인 부가 필연적으로 성장하는, 실제적이고 객관적인 보편적 토대를 표현해야 한다고 지적해야만 한다. 잘 알다시피, 인간은, 그가 직접 만든 노동 수단을 사용하여 노동하기 시작할 때 동물세계와 분리되게 된다. 노동 도구의 생산은 인간의 생명 활동의, 인간의 존재의 정확히 (논리적으로 그리고 역사적으로) 첫 번째의 그리고 시의적절한 형태이다. [엥엘스의 '노동의 역할'을 보시오]

그러므로 인간에게 있어서 인간적인 모든 것의 실제적인 보편적 기초는 생산 수단의 생산이다. 의식과 의지, 언어와 사고, 직립 보행과 그 밖의 다른 모든 것을 포함하는, 인간 존재의 다른 다양한 성질들이 발전한 것은 이 기초로부터이다.

만약 누군가 인간 일반에 대한 하나의 보편적 정의, 그 개념에 대한 간략한 정의를 시도한다면, 그것은 다음과 같을 것이다: '인간은 노동 도구를 생산하는 존재이다'. [프랭클린, ≪자본론≫ 1권을 보시오] 이것은 한 개념에 대한 구체적인 보편적 정의의 특징적인 예시가 될 것이다.

이 정의는, 낡은 논리학의 견지에서 보면, 보편이 되기에는 용납될 수 없을 정도로 '구체적'이다. 모짜르트, 라파엘, 뿌슈낀 혹은 아리스토텔레스와 같은, 인간 종족의 의심할 수 없는 대표자들은, 삼단논법을 통하는, 단순한 형식적 추상에 의해서는 이 정의 안에 포함되기 어려울 수 있다.

다른 한편으로, '노동 도구들을 생산하는 존재'로서 인간의 정의는, 낡은 논리학에 의해서, 보편적인 것이라기보다 인간에 대한 순수하게 특수한 정의로서 평가될 것이다. 그리고 그것은 인간의 특수한 유형, 계급 혹은 직업-기계공업 노동자 혹은 상점 일 같은 것-과 같은 정의로 인식될 것이다.

이 의견 차이의 원인은 무엇일까? 문제는 사실상, 이 구체적인 보편적 정의가 이루어지는 기초인 맑스의 논리학이, 비변증법적 논리학의 개념과는 다르게, 보편, 특수, 그리고 개별 사이의 상호 연관성에 대한 상이한 개념에 토대를 두고 있다는 점이다.

노동 도구의, 생산 수단의 생산은 정말로 인간 존재의 하나의 실제적이고, 따라서 매우 특수한 형태이다. 동시에 그 점은 그것을 인간의 발전의 나머지의 보편적 기초로서, 인간에게 있는 인간적인 모든 것의 보편적인 유전적 기초로서, 덜 실제적인 것으로 만들지 않는다.

인간 활동의 최초의 보편적 형태로서, 예외 없이 모든 인간의 특성의 객관적 기초로서, 인간의 유적 존재로서의 가장 단순하고 초보적인 형태로서, 노동 도구들의 생산─그것이 맑스와 엥엘스의 체계 속에서 인간의 본질에 대한 보편적 개념 속에서 표현된 것이다. 그러나 인간의 전체적인 가장 복잡한 사회적 현실의 객관적으로 보편적인 기초가 되는 노동 도구의 생산은, 1천 년 전에도, 지금도, 그리고 미래에도 개별적 인간에 의해 수행되는 개별적 행동 속에서 실제로 실현되는 인간의 활동 매우 특수한 형태이다. 노동 도구 생산이라는 사회적 행위에 대한 분석은, 이 행위의 내적 모순을 드러내고, 언어, 의지, 사고, 미적 감수성 그리고 나아가 집단의 계급으로의 분화, 법률, 정치, 예술, 철학, 국가 등의 출현을 발생시키는 그것들(내적 모순들─역자)의 본성을 드러내야만 한다.

이 개념 속에서, 보편은 감각적으로 주어진 현상들의 풍부함에 대한 정신적 추상으로서 특수와 개별에 형이상학적으로 대립하지 않고, 오히려 보편, 특수 그리고 개별의 실제적인 통일로서, 객관적인 사실로서, 하나의 그리고 동일한 구체적인 역사적으로 발전한 체계 속에서 객관적인 사실들로서의 다른 것에, 이 경우에는, 인간의 사회적 및 역사적 현실에 대립한다.

개별에 대한 보편의 관계의 문제는 이 경우에, 감각적으로 주어진 객관적 실재에 대한 정신적 추상의 관계의 문제로서 라기보다는, 감각적으로 주어진 사실들의 다른 감각적으로 주어진 사실들에 대한 관계의 문제로서, 대상의 그 대상 자체에 대한 내적인 관계로서, 그것의 상이한 측면들의 다른 측면들에 대한 관계로서, 그것 자체 내에서 객관적인 구체성의 내적인 분화의 문제로서 떠오른다. 이러한 기초 위에서 그리고 그것의 결과로서, 그것은 객관적으로 표현된 구체성을 이러한 관련 속에서 표현하는 개념들 간의 관계의 문제로서 나타난다.

추상적 보편이 올바르게 혹은 올바르지 않게 추출되었는지를 결정하기 위해서, 우리는 그것이, 단순한 형식적 추상을 통해서, 예외 없이 각각의 특수하고 개별적인 사실들을 직접적으로 포괄하고 있는지를 보아야만 한다. 만약 그것이 그렇지 않다면, 그러면 우리는 하나의 보편으로서 주어진 관념을 고려하는 데에서 실패한 것이다.

구체적 보편 개념의, 특수하고 개별적인 사실들의 감각적으로 주어진 다양성에 대한 관계의 경우에는 상황이 다르다. 하나의 주어진 개념이 대상의 보편적 정의를 드러내는지 혹은 비보편적인 정의를 드러내는지 알아내기 위해서, 우리는 훨씬 더 복잡하고 의미 있는 분석에 착수해야 한다. 이 경우 우리는, 그것(주어진 개념-역자) 안에서 직접적으로 표현되는 특수한 현상이 동시에 보편적인 발생적 기초-이것의 발전으로부터 주어진 구체적 체계의 다른 모든, 특수한 현상들이 그 필연성 속에서 이해될 수 있다-인지를 스스로에게 물어야만 한다.

노동 도구의 생산 행위는, 인간의 다른 모든 다른 특성들이 그로부터 필연적으로 추론될 수 있는 그런 종류의 사회적 현실이 될 수 있는가, 아닌가? 이 문제에 대한 대답은 개념의 논리적 성격이 보편적인 것인가 비보편적인 것인가를 결정한다. 개념의 내용에 대한 구체적 분석은 이 경우 긍정적인 대답을 산출한다.

지식인의 추상적 논리의 입장에서는 동일한 개념에 대한 분석이 부정적인 대답을 산출한다. 인류의 의심할 수 없는 개별적인 대표자들의 압도적 다수는 이 정의에 직접적으로 부합하지 않는다. 낡은 비변증법적 논리학의 입장에서 이 개념은 보편적인 것으로 정의되기에는 너무 구체적이다. 그러나 맑스의 논리학에서, 이 개념은, 그것이 인간의 다른 모든 특성들의 사실적인 객관적 기초—인간은 이 기초 위에서 사실적으로, 역사적으로 발전했다—를, 인간적인 것의 구체적인 보편적 기초를 직접적으로 반영한다는 바로 그 이유 때문에 진정으로 보편적이다.

다른 말로 하면, 한 개념의 보편적 성격의 문제는 다른 영역으로, 즉 실제적인 발전의 과정에 대한 연구로 이행한다. 발전에 대한 접근은 그러므로 논리에 대한 접근이 된다. 이 접근은 또한 변증법적 유물론의 명제를 결정한다. 그 명제는, 개념이 추상적 보편을 표현하는 것이 아니라, 레닌의 적절한 정식에 따르자면, 그 자체 속에 특수, 개별, 단일성의 풍부함을 체현해야 한다는 것이다. 그리하여 구체적 보편이 된다.

특수와 개별의 이러한 풍부함은, 이러한 개념 속에서가 아니라 오히려 그 개념 속에 반영되는 객관적 실재 속에서, 그 특성이 보편적 개념의 정의들로서 추상되는 특수한 (그리고 심지어 개별적인) 감각적으로 주어진 실재 속에서 자연스럽게 체현된다.

그러므로 모든 다른 인간적 특성들의 개념들을 자신 속에 포함하는 것은 노동 도구들을 생산하는 존재로서 인간의 개념이 아니며, 오히려 노동 도구를 생산한다는 실제적 사실이 그것들의 기원과 발전의 필연성을 자신 속에 포함하는 것이다. 자신 속에 자본주의의 다른 이론적 정의들의 전체적 다양성을 포함하는 것은 상품 개념 혹은 가치 개념이 아니며, 오히려 생산자들 간의 연계의 실제적인 상품 형태가 임금 노동자의 빈곤을 포함하는, 모든 '부'가 발전하는 싹이다. 이 점이 맑스가 사람들 간의 실제적이고 직접적으로 관찰 가능한 관계로서, 단순한 상품교환에 대한 그의 분석 속에서 현대 사회의 모든 모순을 드러낼 수 있었던 이유이다.

자연히 이러한 종류의 어떤 것도, 상품의 개념 속에서 관찰될 수 없다. ≪자본론≫에 대한 부르주아 비평가들과의 논쟁에서, 맑스는 그의 책의 첫 부분은 상품 개념에 대한 분석을 전혀 담고 있지 않으며, 상품 관계─하나의 실제적인 감각적으로 고려되는 사실, 그리고 머릿속에 존재하는 추상이 아닌─라고 불리는 기초적인 경제적 구체성을 담고 있다는 사실을 강조해야 했다.

가치 범주의 보편성은 그러므로 개념의, 정신적 추상의 성격이라기보다는, 무엇보다도 자본주의의 출현에서 상품 형태가 하는 객관적 역할의 성격을 갖는 것이다. 오직 이러한 결과로서만 보편성은 또한 이러한 현실을 표현하는 개념과, 고찰 중에 있는 전체적 구조에서 그것(그 개념-역자)의 역할의 논리적 특성으로 입증될 수 있다.

'가치'라는 단어와 그에 상응하는 보다 정확한 관념은 페티 혹은 스미스 혹은 리카도에 의해 창조되지 않았다. 사고, 팔고, 교환할 수 있는 어떤 것들, 값이 나가는 모든 것들은 그 시대의 모든 상인들에 의해 가치로서 언급되었다. 정치경제학 이론가들이 전통적인 용법 속에서 '가치'로서 언급되는 모든 대상들에 있는 일반적인 요소를 추상함을 통해 개념의 정교화를 시도했다면, 그들은 물론 개념을 결코 구성하지 못했을 것이다. 그들은 단지 '가치'라는 단어의 의미를, 정확히 모든 상인들이 의미하는 것과 같은 의미로서만 도출했을 것이다. 그들은 '가치'라는 단어가 적용될 수 있는 그러한 현상들의 속성들을 열거했을 것이다. 그 모든 것은 그 단어, 이름의 적용가능성의 한계를 찾는 것 이상으로, 이름에 함축된 의미의 분석 이상으로 나아가지 못했을 것이다.

그런데 전체적인 요점은, 그들이 이 문제를 매우 상이한 방식으로 정식화했고, 그래서 그것에 대한 결론적인 대답이 하나의 개념임을 입증했다는 것이다. 맑스는 이러한 접근의 실제적인 본질을 명확하게 보여주었다. 페티로 시작되는 정치경제학의 고전가들은, 자본주의적 유통의 표면에서 관찰되는 모든 개별적인 경우들로부터, 그리고 가치들의 운동의 경우들로서 언급되는 유행하는 용법으로부터 추상을 하는 것에 전혀 빠져들지 않았다. 그들은 사물들의 가치 속성들의 실제적 원천에 대한, 가치의 실체에 대한 문제를 매우 명확하고 직접적으로 제기했다.

그들의 주된 성취는, 그들이 기본적인 상품교환에 대한 고려를 통해서 가치의 내용을 엄격하게 정의하려고 시도했다는 바로 그 점에 있었다. 이 덕분으로, 그들은 가치의 실체가 사회적 노동에 있다는 점을 발견했다. 가치 개념을 끌어내는 작업 속에서, 그들은 왜, 어떤 객관적 기초 위에서, 어떤 구체적 실체 속에서, 하나의 사물이 다른 것과 실제로 등치되는지를 이해하려는 시도 속에서 한 상품의 다른 상품과의 교환을 실제적으로 면밀하게 연구했다. 다른 말로 하면, 그것들의 작동의 논리적 본질을 명확하게 깨닫지 못한 상태에서, 그들은 가치 운동의 하나의 특수한 경우, 즉 단순한 상품교환의 사실을 실제적으로 고려했다. 이 특수한 경우에 대한 분석은 가치 개념을 산출했다.

최초의 영국 경제학자였던, 윌리엄 페티는 이렇게 추론함으로써 가치의 개념을 획득하였다: '만약 한 사람이 페루 동부에서 런던으로 1온스의 은을 가져올 수 있다면, 같은 시간에 그는 1부셸의 곡물을 생산할 수 있고, 그러면 하나는 다른 것의 자연가격이다

…' [맑스의 ≪잉여가치학설사≫ IV]

이 주장에는 '가치'라는 단어가 전혀 포함되어 있지 않음을 주목하자─페티는 '자연가격'을 말한다. 하지만 여기서 나타나는 것은 정확히 하나의 상품 속의 사회적으로 필요한 노동량의 체현물로서 가치의 개념이다.

하나의 개념은, 단순히 하나의 용어 속에 표현되는 일반적 관념이 아니라 실제적인 개념인 한에서, 추상적인 보편이 아니라 구체적인 보편, 즉 하나의 실재를 언제나 표현한다. 그 실재는, 다른 특수한 현상들 중의 하나의 특수한 현상이면서, 동시에 진정으로 보편적인, 구체적으로 보편적인 요소이며, 다른 모든 특수한 현상들 속에서 하나의 '세포'이다. [맑스, ≪자본론≫ 1장 3절]

부르주아 정치경제학의 고전적 대표자들은 자연발생적으로, 시행착오를 통해서, 가치를 정의하는 이 올바른 길을 발견했다. 그러나 그들은 이 사고 양식의 진정한 중요성을 잘 깨닫지는 못했다. 그들의 사고가 의식적으로 지향하고 있는 로크의 철학은 그들에게 보편적 개념을 정의하는 문제의 해답을 주지 못했다. 이 점은, 논리적 관점에서 꽤 유용한 수많은 역설로 그리고 수많은 근본적인 어려움들로 그들을 이끌었는데, 이것들의 진정한 의미는 오직 맑스의 분석 속에서만 명료하게 되었다.

자본주의 경제의 다른 모든 범주들을 위한 보편적 기초로서 가치에 대한 맑스적 분석과 부르주아 정치경제학 속에서 획득된 종류의 분석 간의 주요한 차이는, 맑스가 화폐를 연관시키지 않으면서 한 상품의 다른 상품과의 직접적인 교환에 대한 구체적 고려의 기초 위에서 '가치 일반', '가치 자체'에 대한 과학적 정의를 형성했다는 사실에 정확히 놓여 있다. 그렇게 함으로서, 맑스는 이 기초 위에서 발전한 다른 모든 종류의 가치(잉여가치, 이윤, 지대,

이자 등)로부터 엄격한 추상을 하였다. 리카도의 주요한 오류는, 맑스에 따르면, '가치 자체'를 고려함에 있어서 '이윤을 잊어버리지' 못하는 그의 무능에 있었다. 그래서 그의 추상은 불완전하고, 불충분하고, '형식적'으로 되었다. 맑스는, '가치 일반'에 대한 정의에서, 한 가지 종류의 가치, 즉, 역사적으로 그리고 논리적으로 (즉, 본질에서 그리고 시간에 있어서) 기초적이며 최초의 것으로 입증되는 것으로 밝혀진 가치의 종류만을 분석하고 그를 통하여 드러난 그러한 정의들만을 포함한다. 그의 분석의 산물은 가치 일반에 대한 진정으로 보편적인 정의들이며, 화폐와 이윤과 관련해서도 구체적으로 보편적인 정의의 의미를 지닌 정의들이다. 다시 말해서, 이것들은 다른 모든 특수한 종류의 가치 표현의 구체적으로 보편적인 정의들이다.

그것은 가장 구체적으로 보편적인 개념의 가장 빛나는 예시이다. 그것의 정의는, 다른 모든 특수한 범주들의 기본적이고 '발생적인' 본질을 구성하는 실제적인 (형식적이 아니라) 일반적 계기를 표현한다. 이 진정으로 보편적인 정의들은, 화폐에서, 이윤에서, 지대에서 더욱 재생되는데, 이 모든 범주들에 공통적인 정의들을 구성하게 된다. 그러나 맑스가 보여주듯이, 사람들은 상품, 화폐, 이윤, 그리고 지대의 특수한 특징들로부터의 단순한 형식적 추상을 통해서 이러한 정의들을 결코 드러낼 수 없을 것이다.

가치의 보편적 정의는, ≪자본론≫에서의, 단순한 상품교환의 특수한 특징, 이들 특수한 특징을 드러내는 법칙에 대한 이론적 표현과 직접적으로 일치한다. 그것의 이유는, 단순한 상품형태의 특수한 특징이, 전체 체계의 진정으로 보편적인 토대, 그것의 '기초적인 세포', '가치 일반'의 표현의 최초의 실제적 형태를 구성한다는 바로 이 점에 있다.

이러한 특수한 예시를 고려하면, 맑스는, 자신의 분석을 통해, '추상의 힘'에 의해, 가치의 보편적 정의를 그것(특수한 예시-역자) 속에서 드러낸다. 처음 보면 개별적 예시에 지나지 않는 린넨과 코트의 교환에 대한 분석은, 그 결론으로서 개별적 정의가 아닌 보편적 정의를 산출한다. 개별에서 보편으로의 상승은 형식적 추상의 단순한 행위와 근본적인 차이가 있다는 것을 한눈에 보면 알 수 있다. 자신을 이윤, 지대, 그리고 다른 종류의 가치와 구별하게 하는 기초적인 상품 형태의 특수한 속성은 비본질적인 어떤 것으로서 무시되지 않는다. 오히려, 이 속성들에 대한 이론적 분석은 보편적 개념의 형성을 가져온다. 그 점이 개별을 보편으로 상승시키는 변증법적 방식이다.

낡은 비변증법적 논리학은 여기서 다른 접근을 권할 것이다. 그것의 원칙들에 따라서, '가치 일반'에 대한 정의는, 상품, 이윤, 지대, 이자 등의 공통적 특징들을 확인하는 것을 통해, 단순한 상품 교환을 포함하여 모든 종류의 가치의 특수한 형태로부터 추상을 통해 형성될 수 있을 것이다. 가치의 상품 형태의 특수한 특징들은 '비본질적'인 것으로 무시될 것이다. 보편은 특수로부터 고립되어 취해질 것이다.

맑스는 매우 다른 방식으로 접근했다. 보편이 특수와 개별을 통해서만 현실 속에서 존재하는 한, 그것은 오직 특수로부터의 추상의 행위보다는 특수에 대한 철저한 분석에 의해서만 드러날 수 있다. 보편은 특수와 개별의 이론적 표현이며, 그것들의 존재의 법칙의 표현이다. 자연에서 보편의 현실성은, 단지 현상들의 몇몇 측면에서의 형식적 유사성—그것들을 하나의 부류에 포함시키기 위한 기초로서 기여하는—이라기보다는, 특수와 개별의 존재의 법칙이다.

상품 형태, 화폐, 이윤, 그리고 다른 모든 범주들의 실제적인, 현실적인 일반적인 내용을 도출하도록 하는 것은 맑스적 변증법이다. 이 일반적 내용은 단순한 형식적 추상의 행위를 통해서 드러날 수 없다. 그것(형식적 추상-역자)은 오직 현상들의 최초의 분류에서만 유용하다. 그것은 더욱 심각한 이론적 과제-보편적이며 객관적인 이론적 정의들, 개념들을 만들어 내는 것-가 떠오를 때 불충분한 것으로 입증된다. 더구나 그것은 여기서 자신의 영역 너머에 적용되면서 과제를 해결할 수 없게 된다. 더 심오한 방법이 여기에서 필요하다.

구체적 보편의 문제에 대한 올바른 변증법적 개념에 매우 가깝게 다가갔던 헤겔은 가장 중요한 지점에서 변증법을 배반했고, 그것은 그의 개념의 관념론적 성격에 기인한다.

보편과 특수의 변증법에 대한 그의 개념 설명에서, 헤겔은 잘 알려진 아리스토텔레스의 기하학 형태에 대한 주장을 언급한다. 아리스토텔레스에 따르면, '"형상들 중에, 오직 삼각형과 다른 명백한 형상들", 직사각형, 평행사변형 등은 "정말로 중요한 것이다. 공통적인 것은 형상이다; 그러나 이 일반적인 형상, 즉 공통적인 것은, 존재하지 않는다." 그것은 실제적인 것이 아니며, 정신의 텅 빈 것이다. 그것은 오직 추상일 뿐이다. "반면에, 삼각형은 최초의 형상이자, 실제적이고, 일반적인 것이며 그것은 또한 직사각형에서도 나타난다, 등등."-가장 단순한 정의로 축소된 형상. 한편으로 삼각형은 하나의 특수한 것으로서 직사각형, 오각형 등과 나란히 존재한다. 그러나 다른 한편으로-그리고 여기에 아리스토텔레스의 지성의 위대함이 있다-그것(삼각형-역자)은 실제적인 형상, 정말로 일반적인 형상이다.' [헤겔, ≪철학사 강의≫]

처음 보면, 헤겔은 구체적 보편 개념과 공허한 추상의 주요한 차이를, 그것(구체적 보편 개념-역자)이 직접적으로 객관적인 의미를 가지고 있고 어떤 경험적으로 주어진 구체성을 표현한다는 점에서 보고 있다. 그러나 헤겔은 자주 보편, 특수, 그리고 개별 간의 관계가 수학적 (기하학을 포함하여) 이미지와 그것들의 관계들과 견줄 수 있는 것이 절대 아니라는 것을 경고한다. 후자(수학적 이미지-역자)는, 그의 설명에 따르면, 단지 개념에 대한 어떤 비유일 뿐이다; 그것들은 너무 많이 "감각"의 짐을 지고 있다. 그가 개념으로서 해석하는 진정한 보편은 '감각적인 사물'로부터, '감각의 문제로부터' 완전히 자유로운 것이다. 그는 유물론자들을 이 점에서 공격했는데, 보편에 대한 그들의 해석은 본질적으로 보편을 제거하고, 그것을 '다른 특수의 예시들과 나란히 있는 특수'로 변형시키기 때문이었다.

특수와 개별의 풍부함을 포함한 보편, 이러한 보편은, 헤겔에 따르면, '외적 실재'의 영역에서가 결코 아니라, 오직 개념으로서만, 오직 순수 사고의 에테르에서만 존재한다. 이 점은, 정확히 말하자면, 헤겔이 유물론이 철학이 되는 것은 불가능하다고 믿었던 이유이다(왜냐하면 철학은 보편의 학문이며, 그리고 보편은 사고이고 사고 이외의 것이 전혀 아니기 때문이다).

같은 이유로, 노동 도구를 생산하는 생명체로서 인간의 정의는 헤겔의 논리학에서는, 그것에 선행하는 논리학에서처럼, 보편적 정의로 받아들여질 수 없다. 헤겔의 관점에서, 그것은 단지 인간에 대한 특수한 정의일 뿐이며, 헤겔의 보편적인 '사고하는' 자연이 자신을 드러내는 하나의 특수한 형태일 뿐이다.

보편에 대한 관념론적 개념, 보편을 오직 개념으로서만 해석하는 것은, 직접적으로 헤겔을 그것의 형이상학적 해석과 동일한 결과로 이끈다. 만약 헤겔의 논리학이 그것의 원래의 교조적인 형태로 맑스의 ≪자본론≫에 대한 분석에 적용되었다면, 맑스의 전체적인 추론 과정은 타당하지 않은 것으로 보일 것이다. 헤겔에 따르면, 가치에 대한 정의들은, 맑스가 그것들을 획득했던 방식으로 획득될 수 없다. 헤겔주의에 충실한 사람이라면 ≪자본론≫의 첫 번째 부분에 대해서, 가치의 한 특수한 형태에 대한 정의들이, 그것들이 보편적 정의가 전혀 아님에도 불구하고, 그곳에서 가치의 보편적 정의로 취해졌다고 말할 것이다. 그는 가치의 보편적 정의를 추론적인 의지의 정의들로부터 연역할 것(그것들이 헤겔의 ≪법철학≫에서 연역되는 방식)을 추천할 것이다.

이 모든 것은 헤겔의 논리학이, 낡은 형이상학적 논리학에 대한 그것의 모든 장점에도 불구하고, 근본적인 비판 없이는, 관념론의 모든 흔적의 근본적인 제거 없이는, 유물론에 의해 채택될 수 없다는 것을 증명한다. 맑스에게서 가치 범주는 헤겔의 '순수 개념'과 근본적으로 다를 뿐만 아니라 단순한 형식적인 추상과도 근본적으로 다르다. 그것(맑스의 가치 범주-역자)은 명백히 '감각의 짐을 지고 있고', 특수의 이론적 표현으로서 나타나는 것으로 보인다. 맑스가 말하기를, 가치는 '감각적-초감각적' 성격을 지니는데, 헤겔의 관점에서 볼 때 있을 수 없는 어떤 것이다. 더욱이 맑스가 강조하듯이, 가치의 단순한 (보편적) 형태는, 처음부터 모든 시기의 경제적 관계들의 보편적 형태가 결코 아니다. 오직 자본주의의 발전만이 그것(가치의 단순한 형태-역자)을 그러한 형태(보편적 형태-역자)로 전환시켰다.

직접적인 상품교환은, 이것을 고려하는 가운데 가치의 보편적 정의가 획득될 수도 있는 하나의 현상으로서, 가치가 순수한 형태로 나타나는 하나의 현상으로서, 화폐, 잉여가치, 그리고 가치의 다른 특수한 발달된 형태들의 출현 이전에 현실화된다. 그것은 다른 무엇보다도, 자본주의 하에서 진정으로 일반적인 것이 되는 경제적 관계들의 형태가, 매우 특수한 현상으로서 혹은 심지어 우연적인 개별적 현상으로서 그것(자본주의 하에서 일반적으로 되는 것-역자) 이전에 실현되었다는 것을 의미한다.

현실에서는, 나중에 보편적인 것이 되는 하나의 현상이 개별적인, 특수한, 특정한 현상으로서, 법칙으로부터 예외적인 것으로서 발생하여 출현한다는 것은 항상 일어나는 것이다. 그것은 실제로 다른 어떤 다른 방식으로도 나타날 수 없다. 그렇지 않다면 역사는 상당히 신비한 형태를 띨 것이다.

그리하여 어떤 새로운 노동의 개선도, 생산에서 인간의 행위의 모든 새로운 양식은, 일반적으로 받아들여지고 승인되기 전에, 이전에 받아들여지고 법률화된 규범으로부터의 어떤 일탈로서 최초로 나타난다. 한 사람 혹은 몇 사람의 노동 속에서 규율로부터의 개별적인 예외로서 출현하는, 새로운 형태는 이윽고 다른 사람들에 의해 받아들여지고 적절한 시기에 새로운 보편적인 규범이 된다. 새로운 규범이 바로 이러한 방식으로 발생하지 않는다면, 그것은 결코 실제적으로 보편적인 형태가 될 수 없을 것이며, 단지 환상 속에서, 희망적 사고 속에서만 존재하게 될 것이다.

같은 방식으로, 실제적인 보편을 표현하는 개념은, 그 속에 개별과 특수의 보편으로의 이행의 변증법의 개념을 포함하고, 현실에서 인간의 머리 밖에서 발전의 보편적 형태를 구성하는 개별과 특수를 직접적으로 표현한다.

레닌은 헤겔 논리학에 대한 개요와 노트에서, 변증법의 중요한 지점들 중 하나—지성에 의한 추상적 보편의 추출물에 대립하는 구체적 보편으로서의 보편 개념—를 지속적으로 언급한다. 특수와

개별에 대한 보편의 관계는 변증법에서 '아름다운 정식'에 의해 표현되고 있다. 레닌은 제기하고 있다:

"단지 추상적인 보편이 아니라, 그 속에 특수의 부를 포함하는 보편."

'《자본론》을 참고할 것,' 레닌은 가장자리에 주를 달고 있는데, 그리고 이어나간다:

'하나의 아름다운 정식: "단지 추상적 보편인 것이 아니라, 그 속에 특수, 개별, 단일한 것의 부를 포함하는 보편"(특수와 단일한 것의 모든 부!)!! 대단히 훌륭하다!' [레닌, 《헤겔 논리학 개요》]

개념 속에서 표현되는 구체적 보편은 물론, 그것이 모든 특수한 예시들을 포괄하고 일반적 명칭으로서 그것들에 적용된다는 의미에서 자신 속에서 이 모든 부를 포함하는 것은 아니다. 그것은 정확히 헤겔이 반대하는 형이상학적 개념이며, 그 점은 레닌이 그(헤겔-역자)의 입장에 대해 승인하는 점이다. 구체적 보편 개념은 두 가지 의미에서 구체적인 정의들 속에 '특수들의 부'를 자신 속에 포함하고 있다.

첫째, 구체적 보편은 그 정의 속에, 하나의 단일한 것의 특수한 구체적 내용 (내적인 법칙 지배적 구조), 고찰 중에 있는 대상의 발전의 매우 특정한 형태를 표현한다. 그것은 이 형태, 그것의 구조와 그것의 특수성에 대한 정의들의 '전체적 부'를 자신 속에 포함한다. 둘째, 그것(구체적 보편-역자)은 그 정의 속에, 전체로서의 대상의 발전의 어떤 자의적으로 선택된 형태를 표현하지 않으며, 그 위에서 다른 구성물의 '전체적 부'가 성장하는, 실제적인 보편적 기초 혹은 토대를 구성하는 형태만을 표현한다.

그러한 개념의 가장 놀라운 예시는 ≪자본론≫에서의 가치 범주이다. 이 개념은 자본주의 세계의 '가장 기초적인 경제적 구체성'—화폐를 전혀 연루시키지 않는, 한 상품의 다른 상품과의 직접적 교환—에 대한 철저한 분석의 결과이다. 이 형태의 특수성은, '세포' 혹은 '싹'과 같이, 자본주의적 관계들의 더욱 복잡하고 더욱 발전된 형태들의 부를 포함하고 있다는 점에 있다. 그것이 왜 '이 매우 단순한 현상 속에서(부르주아 사회의 이 "세포"속에서), 분석이 현대사회의 모든 모순들(혹은 모든 모순들의 근원)을 드러내는지'에 대한 이유이다. [레닌의 ≪헤겔 논리학 개요≫] 그것이 왜 가치 범주의 정의 속에서 표현되는 이 분석의 결과와 생산물이, 자본주의 세계 전체의 이론적 개념으로의 열쇠를 제공하는지에 대한 이유이다.

이 범주의, 단순한 추상들('가구', '용기' 혹은 '달콤함'과 같은)과의 차이는 근본적으로 본질적인 것이다. 후자(단순한 추상들-역자)는 물론, 그 어떤 '특수와 개별의 부'도 포함하고 있지 않다—이 부는 일반적인 이름들로 그것들과 단지 외면적으로 상호 연관되어 있을 뿐이다. 이 개념들의 구체적 정의는 어떤 방식으로도 이러한 부를 표현하지 않는다. 가구 일반의 개념은 단지 탁자가 의자, 찬장, 등과 공통적으로 가지는 일반적 요소를 기록할 뿐이다. 그것(가구 일반의 개념-역자)은 의자, 테이블, 찬장의 특수한 특징을 포함하지 않는다. 이런 종류의 정의는 단일한 종을 표현하지 않는다. 반면에, 가치 범주는 그 특수성이 동시에 유(genus)가 되는 그러한 종의 완전한 표현을 자체 속에 포함한다.

그것은, 물론 기초적이고 '지성적인' 일반적 추상들의 중요성과 인식적 역할을 낮추지 않는다. 그것들의 역할은 크다: 어떤 구체적 보편 개념도 그것들 없이는 가능할 수 없다. 그것들은 복잡한 과학적 개념의 출현의 전제와 조건을 구성한다. 구체적 보편 개념 또한 하나의 추상이다—그것이 그것의 정의 속에 절대적으로 개별적인 것, 독특한 것을 기록하지 않는다는 의미에서. 그것은 전형적인 현상의 본질을, 그리고 이러한 의미에서 일반적이고 백만 번 반복되는 현상의 본질을, 보편적 법칙의 표현이 되는 개별적 사례의 본질을 표현한다. 단순한 가치 형태의 분석에서, 맑스는 물론, 코트나 린넨의 개별적 특징들에 관심이 있지 않았다. 그럼에도 불구하고 코트와 린넨의 관계는 분석의 직접적인 대상으로 취해졌는데, 그것이 단순한 상품 교환의 전형적인(그리고 이러한 의미에서 일반적인) 경우, 화폐 없는 교환의 전형적인 특성에 조응하는 경우라는 이유 때문이었다.

> '이러한 종류의 일반적 분석에서, 실제적인 조건들은 그것들의 개념에 조응하거나, 혹은 같은 말이지만, 실제적인 조건들은, 그것들이 전형적으로 그것들 자신의 일반적인 경우가 되는 정도로만 대표된다는 것이 대개 언제나 전제된다.' [《자본론》 3권]

물론, 구체적 보편 개념은 이러한 이유로 단순한 지적인 추상들과 유사하다. 그것들(단순한 지적인 추상-역자)이 항상 개별적 경우들, 사물들, 현상들의 일반적인 성질들을 표현하고, 또 '개별에서 보편으로의 상승'의 산물이 된다는 점에서 그러하다. 과학적인 개념과 어떤 기초적인 추상의 관계의 유사성을 가리키는 이러한 계기 혹은 측면은 틀림없이 항상 개념 속에 나타나며 개념 속에서 발견하기 쉽다. 그러나 중요한 점은 이 계기는 과학적 개념의 특수한 특징을 주지 않으며, 그것의(과학적 개념의-역자) 특수성을 표현하지 않는다는 것이다. 그것은 가치와 흰색, 그리고 물질과 가구와 같은 추상들을 단순히 등치시키는 논리적 이론들-두 종류가, 단일한 개별적인 현상보다 많은 개별적인 현상들을 똑같이 언급하고 있고, 이런 의미에서 똑같이 추상적이고 일반적이다 라는 것을 근거로 하는-이 전혀 불합리한 어떤 것을 주장하지 않는 이유이다. 그러나 이 개념은 단순한 추상들을 위해서는 충분하지만, 복잡한 과학적 개념을 위해서는 매우 부적당하다. 그리고 만약 이것이 과학적 개념의 본질로 취해진다면, 이러한 관점은 오류가 되는데, 왜냐하면 예를 들어, '가치는 노동생산물이다'라는 명제가 거짓이 되기 때문이다. 여기서는 구체적인 하나의 현상이 너무 심하게 일반적이고 추상적인 방식으로 특징지어지기 때문에 매우 잘못된 것이 된다. 물론, 인간은 하나의 동물이고, 과학적 개념은 하나의 추상이다. 그러나 이러한 정의의 부적절함은 그것의 극단적 추상성에 있다.

변증법적 논리학은, 보편적 개념이 고립된 경우들, 개별적 사물들, 현상들, 사건들의 '일반적 본질', '보통의 유형'을 표현하는 추상이라는 명제의 진리성을 전혀 거부하지 않는다. 하지만 그것(변증법적 논리학-역자)은 더 나아가고 더 깊어지며, 이 점에 그것(변증법적 논리학-역자)의 개념과 낡은 논리학의 개념의 차이가 놓여 있다. 보편에 대한 변증법적 개념은 개별의 보편으로의 이행과 보편의 개별로의 이행, 어떤 실제적인 발전에서도 계속적으로 진행되는 이행을 가정한다.

그러나 이 입장이 사물에 대한, 개념 속에서 표현되는 객관적 실재에 대한 역사적 관점을 전제한다는 것을 쉽게 알 수 있다. 그 점이, 로크와 엘베시우스 심지어 헤겔도 구체에 대한 추상의 관계의 문제에 대한 합리적 해결을 주지 못한 이유이다. 헤겔은 그러한 해결을 제공할 수 없었다. 왜냐하면 발전의 사상, 역사적 접근은 사고와 관련하여서만 그의 체계 속에서 완전한 실천으로 되었고 사고의 주체 문제를 구성하는 객관적 실재와 관련해서는 그렇지 않았기 때문이었다. 객관적 실재는 헤겔의 관점에서, 그것(객관적 실재-역자)이 오직 사고, 정신의 발전의 외적인 형태가 되는 한에서, 정신이 그것(객관적 실재-역자)을 내부에서 감화시키고 북돋우고 그것을 움직이게 하고 심지어 발전시키는 한에서만, 발전한다. 객관적인 감각적 실재는 그 자신의 내재적인 자연발생적인 운동을 가지고 있지 않다. 그러므로 헤겔의 눈에는 그것(객관적 실재-역자)은 진정으로 구체적인 것이 아니다. 왜냐하면 그것(객관적 실재-역자)의 서로 다른 측면들 간의 살아있는 변증법적인 상호 연관과 상호 의존은 사실상 이러한 실재 자체가 아니라 그것(객관적 실재-역자)에 스며드는 정신에 속하기 때문이었다. 그러므로 헤겔에게는 오직 개념만이, 다른 것이 아닌 오직 개념만이, 개별적인 현상들의 관념적인 상호 연관의 관념적인 원리로서 구체적이다. 이러한 관점에 따르면, 개별적인 사물들과 현상들은 단지 추상적일 뿐이다.

그러나 이 개념은 관념론뿐만 아니라 인식에 대한, 감각적 자료의 이해과정에 대한 변증법적 견해도 포함한다. 헤겔은 개별적 사물, 현상 혹은 사실을 추상이라고 불렀는데, 이 용법은 매우 근거가 있는 것이다: 만약 의식이 개별적 사물들에 대해, 그 사물이 실제로 존재하는 상호 연관들의 구체적 사슬의 전체를 파악하지 않는 방식으로 인식한다면, 의식이 그 사물을 직접적인 구체적 관찰을 통해 인식하였고, 감각적으로 만질 수 있는 정도의 명료함으로 지각했다는 사실에도 불구하고, 그 사물을 극히 추상적인 방식으로 인식했다는 것을 의미한다.

반면에, 의식이 하나의 사물을, 개별적 사물들, 사실들, 현상들과 같은 다른 모든 것과의 상호 연관 속에서 인식한다면, 만약 의식이 개별을 그것의 보편적 상호 연관을 통해서 파악했다면, 그러면 의식은 처음으로 그것을 구체적으로 인식한 것이다. 그 사물에 대한 관념이 직접적인 직관, 접촉 혹은 냄새를 통하지 않고 다른 개별과의 언어 소통을 통해 형성되고, 따라서 직접적인 감각적 특징을 결여하고 있을 지라도.

다른 말로 하면, 헤겔에서는 이미 추상성과 구체성이, 지식이 개인의 머릿속에 존재하는 형태의 직접적인 심리적 성격의 의미를 잃게 되고, 의식의 내용의, 지식의 논리적 성격이 된다.

만약 개별적 사물이 실제적으로 출현하고, 존재하며, 발전하는 보편적인 구체적 상호 연관을 통해 이해되지 않는다면, 그것의 진정한 본성을 구성하는 상호 연관의 구체적 체계를 통해 이해되지 않는다면, 그것은 오직 추상적 지식과 의식이 획득되었다는 것을 의미할 뿐이다. 만약, 다른 한편으로, 개별적 사물(현상, 사실, 대상, 사건)이, 완전히 일관된 체계를 형성하는 다른 사물과의 객관적 연계 속에서 이해된다면, 그것이 단어의 가장 철저하고 풍부한 의미에서 구체적으로 이해되고, 지각되고, 인식되고, 파악되었다는 것을 의미한다.

형이상학적 유물론자의 눈에는, 오직 감각적으로 인식된 개별만이 구체적이고, 반면에 보편은 추상과 동의어다. 변증법적 유물론자들에게 사물들은 매우 다른 것이다. 그의 관점에서, 구체성은 무엇보다도, 정확히 수많은 개별적 현상들의 보편적인 객관적 상호 연관과 상호 의존, '다양성 속의 통일'이며, 추상적 동일성, 추상적인 죽은 통일이 아니라 구별되고 상호 대립하는 것들의 통일이다. 기껏해야 후자(추상적 동일성-역자)는 사물 속에서 내적인 연계들, 현상들의 잠재적 통일의 존재의 가능성을 암시하거나 나타낼 뿐이지만, 그것은 항상 그런 것은 아니며 필연적인 것도 전혀 아니다: 당구공과 시리우스(큰개자리의 항성-역자)는 그것들의 기하학적 형태에서 동일하지만, 물론 그것(추상적 동일성-역자)은 여기서 어떤 실제적인 상호작용도 전혀 찾으려 하지 않는다.

대립물들의 통일로서의 구체적 통일

우리는 그러므로 개념적 사고는 사물들의 살아있는 실제적인 통일을 드러내는 것을, 즉 추상적 통일, 죽은 동일성을 정의하는 것이 아니라 상호작용의 구체적 연관을 드러내는 것을 겨냥한다는 것을 정립했다.

그러나 상호작용의 범주에 대한 분석은, 두 개별적 사물의 단순한 동일성, 단순한 일치는 그것들의 상호 연관의 원리의 표현이 전혀 아님을 보여준다.

일반적으로, 만일 한 대상이 다른 대상에게서 그것의 보완물, 즉 그것이 결여하고 있는 어떤 것을 찾아낸다면, 상호작용은 강력한 것으로 판명될 것이다.

물론, '동일성'은 상호 연관의 고리가 수립된다는 것의 전제 혹은 조건으로 가정된다. 하지만 바로 상호 연관의 본질 자체는 동일성을 통해 실현되지 않는다. 두 개의 톱니바퀴가 정확히 들어맞는 것은, 톱니바퀴의 이가 반대편의 같은 종류의 이와 맞물리기 때문이 아니라 반대편이 드라이브 톱니바퀴의 두 이 사이의 공간에 위치하기 때문이다.

본래 명백히 동일한, 두 화학적 미립자가 하나의 분자로 '고정'되었을 때, 그것들 각각의 구조는 어떤 변화를 겪는다. 그 분자 속에 실제적으로 결속되어 있는 두 미립자 각각은 다른 미립자 속에 자신의 보완물을 가지고 있다; 그것들이 가장 외곽에 있는 껍질의 전자를 교환하는 순간 마다, 이 상호 교환은 그것들을 단일한 전체로 결속시킨다. 그것들(미립자-역자) 각각은 상대방의 중력에 이끌리게 되는데, 왜냐하면 각각의 주어진 순간에 그것의 전자(혹은 전자들)는 다른 미립자 내부에 있게 되기 때문인데, 그 미립자는 바로 이러한 이유로 인해 바로 그 전자를 결여하고 있다. 그러한 지속적으로 발생하고 지속적으로 소멸하는 차이가 존재하지 않는 곳에서는, 어떤 결합 혹은 상호작용도 또한 존재할 수 없다; 이 경우에 우리가 가지는 것은 다소간에 우연적인 외적인 접촉이다.

만약 혹자가 현실에서 완전히 불가능한 하나의 가정-모든 특질이 절대적으로 동일한 두 현상-을 도입한다면, 그것들 사이의 강력한 끈 혹은 결합 혹은 상호작용을 상상하거나 생각하기 어려울 것이다.

우리가 이 과정과 연관된 두 개의 (혹은 더 많은) 발전하는 현상 사이의 연계를 다룰 때, 이 지점을 고려하는 것이 훨씬 더 중요하다. 물론 두 개의 완벽히 동일한 현상은 나란히 공존할지도 모르고 심지어 어떤 접촉을 할 수도 있다. 이 접촉은 그러나, 그것이 그것들을 어떤 통일된 전체 내에서의 상이하고 서로 대립하는 계기들로 변형시킬, 그것들 각각 안에서의 내적 변화를 이끌어내기 전까지는 전혀 새로운 것을 산출하지 못할 것이다.

각각이 자신이 필요로 하는 모든 것을 자체적으로 생산하며, 이웃 가족도 동일한 것을 생산하는 가부장적 가족 생계는 서로를 필요로 하지 않을 것이다. 그들 사이에는 강한 고리가 없는데, 왜냐하면 누군가 다른 사람이 하지 못하는 것을 하는 노동의 분업, 노동 조직이 없기 때문이다.

가족생계 사이에 차이가 발생하는 곳에서, 노동생산물의 상호 교환의 가능성 또한 최초로 발생한다. 여기에서 발생하는 끈은 차이를 공고화하고 발전시키며, 그와 함께, 상호 연관을 발전시킨다. 한때 동일했던 (그리고 바로 이런 이유로 무관심하게 공존하는) 가계들 사이에서 차이의 발전은, 그들 사이의 상호적인 연계들의 발전이며, 그것은 단일한 경제적 전체, 불가피한 생산 유기체의 구별되고 대립하는 요소들로의 이행의 과정이다.

일반적으로, 노동 분업의 형태의 발전은 동시에 물질적 생활의 생산에서 사람들 간의 상호작용의 형태의 발전이다. 노동 분업이 없는 곳에서는, 심지어 그 기본적인 형태도 없다면, 사회가 존재하지 않는다—그곳에는 사회적 유대가 아니라 오직 생물학적으로 묶인 무리가 있을 뿐이다. 노동 분업은 적대적인 계급적 형태를 취할 수도 있고, 반면에 그것은 동지적 협동의 형태를 취할 수도 있다. 하지만 그것은 항상 노동 분업으로 남아 있으며, 결코 노동의 모든 형태의 '동일화'일 수는 없다: 공산주의는 정신적 및 물질적 생산에서 이 능력들의 평준화보다는 각 개별의 능력의 최대한의 발전을 전제로 한다. 각각의 개별은 여기에서 개념의 완전하고 고귀한 의미의 개인이 된다. 왜냐하면 그와 상호작용하는 다른 모든 개별이, 똑같이 정형화되고, 규격화되고, 추상적으로 동일한 행위 혹은 활동을 수행하는 존재라기보다는, 독특한 창조적인 개성이라는 바로 그 이유 때문이다. 그러한 작업은 일반적으로 인간 활동의 영역 밖으로 밀려나고 기계의 손에 맡겨진다. 그리고 정확히 이러한 이유로 여기에서 각 개별은 자본주의적 노동 분업의 세계에서보다 훨씬 더 다른 사람에게 필요하게 되고 다른 사람에게 관심을 갖게 된다. 개인과 개인을 결속시키는 사회적 연계는, 상품생산에서의 연계보다 여기에서 훨씬 더 직접적이고 포괄적이고 강하다.

그 점은, 실제적인 개별적 것들 간의 살아있는, 사실적인, 객관적 끈과 상호작용의 표현으로서 이해되는 구체성이, 고찰 중인 것들의 추상적 동일성, 공허한 평등, 혹은 단순한 유사성으로서 표현될 수 없는 이유이다. 자연, 사회, 혹은 의식에서의 실제적인 상호작용의 어떤 사례도, 아무리 기초적이라고 할지라도, 단순한 동일성이 아니라 구분되는 것의 동일성, 대립물들의 통일을 필연적으로 포함한다. 상호작용은, 하나의 대상이 자신의 주어진 특수한 본성을 오직 다른 대상과의 상호 관계를 통해서만 실현하며, 이 관계 밖에서 '이것 하나'로서, 하나의 특수하게 규정된 대상으로서, 이와 같은 것으로서 존재할 수 없다는 것을 상정한다.

사고에서 개별을 표현하기 위해, 개별의 다른 예시들과의 유기적 연계 속에서 그리고 그것들의 연관의 구체적 본질 속에서 개별을 이해하기 위해, 혹자는 벌거벗은 추상을, 분리되어 취해진 그것들 모두에서 추상적으로 공통적인 동일한 특징을 찾아서는 안 된다.

이제 더 복잡하고 동시에 더 충격적인 예시를 들어보자. 예를 들면, 자본가와 임금 노동자 사이의 실제적이고, 살아있는, 구체적이고 객관적인 끈은, 이 개별적인 경제적 등장인물 각각이 상대와 비교할 때 가지는 '공통적 요소'는, 어디에 있는가? 그들 모두 사람이고, 그들 모두 음식과 옷 등이 필요하다는 사실, 그들 모두 사고할 수 있고, 말할 수 있으며, 일할 수 있다는 사실? 의심할 여지없이 그들은 이러한 특징들을 모두 가지고 있다. 게다가 이 모든 것들은 심지어 자본가와 임금 노동자로서의 그들의 끈의 필수적인 전제를 구성하기조차 한다. 하지만 그것은 결코 자본가와 임금 노동자로서의 그들 관계의 본질 자체를 구성하지 않는다. 그들의 실제적 끈은 그들 각각이 상대방이 결여하고 있는 경제적 특질을 가지고 있고, 그것들의 경제적 정의는 정반대로 대립한다는 사실에 기초하고 있다. 중요한 것은 그들 중 하나가 다른 하나가 결여하고 있는 특징을 가지고 있고, 그는 다른 하나가 그것을 가지고 있지 않다는 바로 그 이유 때문에 그것을 가지고 있다는 점이다. 각각은 그들의 경제적 정의들의 정반대의 대립 때문에 다른 하나를 필요로 한다. 그리고 그것은, 그들이 공통적으로 가지고 있을 지도 모를 어떤 것('그들의 유사성')보다 더 강하게 그들을 묶어주는 동일한 관계의 필연적인 극들로 그들을 만들어주는 바로 그것이다.

하나의 개별적인 것이 다른 것이 아니라 바로 그것인 이유는, 다른 것이 모든 특질에서 그것과 정반대로 대립하기 때문이다. 그 점이, 왜 그것이 다른 것이 없이, 그 자신의 대립물과의 연관 밖에서 존재할 수 없는지에 대한 이유이다. 자본가가 자본가로, 그리고 임금 노동자가 임금 노동자로 남아 있는 한, 그들 각각은 필연적으로 다른 것 속에서 정반대로 대립하는 경제적 특징을 재생산한다. 그들 중 하나는 임금노동자로 나타나는데, 왜냐하면 다른 것이 전자(임금노동자-역자)와 마주하는 자본가이기 때문이며, 두 경제적 인물은 정반대로 대립하는 특질을 가지고 때문이다.

그 점은, 주어진 구체적 관계 내부에서 그들의 끈의 본질이 양자에게 추상적으로 공통적인 정의의 완전한 부재 자체에 기초해 있다는 것을 의미한다.

한 명의 자본가는, 이 끈 속에서, 한 명의 임금 노동자가 가지는 어떤 특질도 가질 수 없으며, 그 역도 마찬가지이다. 그리고 이 점은 그들 중 아무도 상대 속에 동시적으로 내재하는, 양자에 공통적인 경제적 정의를 가지지 않는다는 것을 의미한다. 그들의 구체적인 경제적 끈 속에서 결여되고 있는 것은 바로 이 공통성이다.

맑스가 혹평한 진부한 변호론자가 자본가와 노동자 간의 상호적인 연계의 기초를, 그들의 경제적 특성들의 공통성 속에서 찾을 것을 주장했다는 것은 잘 알려진 사실이다. 맑스의 견해에 따르면, 두 개의 혹은 그 이상의 상호작용하는 개별자, 특수자들(현상들, 과정들, 사람들, 등등)의 실제적으로 구체적인 통일은, 상호간에 배타적인 대립물들의 통일로서 언제나 나타난다. 그들 사이에서, 이 구체적인 상호작용의 측면들 사이에서 추상적으로 동일한 혹은 추상적으로 일반적인 것은 없으며 있을 수도 없다.

이 경우, 구체적으로 일반적인 것으로서 공통적인 것은, 정반대의, 상호보완적인, 그리고 상호 전제하는 대립물로서의 상호작용의 요소들 간의 상호적인 끈 자체이다. 각각의 구체적으로 상호작용하는 측면들이 무엇인지는, 주어진 구체적 연계의 맥락 속에서, 오직 그 자신의 대립물과의 관계를 통해서만 알 수 있다.

'공통적'이라는 용어는 여기에서 '동일성' 혹은 '같음'과 의미를 같이하지 않는다. 하지만 변증법적 논리학에 특징적인 이 용법은 공통의 용법에 대해 결코 이질적이지 않으며 '공통적'이라는 단어에 존재하는 의미의 뉘앙스에 기반하고 있다. 그러므로 모든 언어에 있어서 결합된 혹은 집단적인 소유의 한 대상은 '공통적'(공유-역자)이라고 불린다: 예를 들면, 누군가는 '공통의 토지'(공유지-역자), '공통의 조상' 등으로 말한다. 변증법적 접근은 항상 의미의 어원적 뉘앙스에 기초하고 있다. 여기에 '공통적'은 상이한 상호 연관된 대상들, 사람들 등의 동일한 특징과 내용에서 결코 부합하지 않는 끈의 의미를 가지고 있다. 토지를 결합하여 소유하고 있는 사람들 사이의 구체적 끈의 본질은, 그들이 공통적으로 가지고 있을지도 모르는 그러한 동일한 특질에 포함되어 있지 않다. 여기서 그들에게 공통적인 것은, 그들 각각이 그들의 밖에서 가지고 있고 그들과 마주하고 있는 특수한 대상이며, 그것에 대한 관계를 통해 그들 사이의 관계가 수립되는 그러한 대상이다. 그들의 상호적인 끈의 본질은, 그러므로 그들이 그 내부에서 가장 다양한 역할들을 수행할 수 있는 조건들의 더 일반적인 체계, 상호작용의 체계에 의해 주어진다.

독자는 그가 읽는 책과 어떤 공통성을 가지며, 무엇이 그들의 상호의존적 관계의 본질인가? 확실히 그 공통성은 독자와 책이 3차원적이며, 그 둘 모두가 공간적으로 정의된 대상에 속하며, 둘 다 동일한 원자, 분자, 화학적 원소들, 등으로 구성되어 있다는 데에 있지 않다. 그들에게 공통적인 것은 둘의 동일한 속성에 있는 것이 아니다. 정반대이다: 독자가 독자인 이유는 그가, 그것 없이는 독자가 되지 않는 조건으로서, 그가 읽는 것과, 즉 독자의 구체적 대립물과 마주한다는 것 때문이다.

어떤 것은 이렇게 존재한다. 즉, 주어진 구체적으로 정의된 대상으로서 존재한다. 그리고 그것이 자신과 구체적으로 상이한 어떤 것—그 정의가 전자의 대상의 정의와 정반대로 대립하는 대상—과 마주하고 있다는 바로 그 이유 때문에, 그리고 오직 그러한 이유 때문에 존재하는 것이다. 어떤 하나에 대한 정의는 다른 정의의 역전된 정의이다. 그 점은 대립물들의 구체적 통일, 구체적 공통성이 하나의 개념으로 표현되는 유일한 방식이다.

구체적 연계들(구체적 공통성, 구체적 통일)의 본질은, 그러므로, 이러한 하나의 공통성의 각각의 요소들에 추상적으로 내재하는 동일한 특질들을 찾는 것을 통해 결정되는 것이 아니라 다른 수단에 의해 결정된다.

이 경우 분석은, 그 내부에서 두 개의 요소들, 대상들, 현상들 등이 출현하는 조건들의 체계로, 동시적으로 양자가 상호 간에 서로를 배제하고 상호 간에 서로를 전제하는 조건들의 체계로 향하게 된다. 그 상호 관계들이 문제가 되는 상호작용 체계, 어떤 주어진 구체적인 공통성을 존재하게 하는 대립물을 성립시킨다는 것은 그 과제의 해결을 의미한다. 변증법적 공통성의 분석은, 그러므로, 각각이 상대가 가지고 있지 않은 특징을 가지기 때문에, 그리고 그 역도 마찬가지로, 각각 상대 없이는 존재할 수 없는 두 요소의 상호작용(예를 들면, 자본가와 임금노동자 혹은 독자와 책)을 창출하는 과정에 대한 연구임이 입증된다.

이 경우, 상호작용하는 두 대상의 각각에서, 주어진, 독특하게 특수한, 구체적인 상호작용의 양식의 하나의 요소로서 그것에 고유한 하나의 정의가 발견될 것이다. 오직 이 경우에서만, 두 개의 연관된 대상들의 각각에서, 대상을 주어진 구체적 전체의 요소로 만드는 그 측면이 발견될(그리고 추상을 통하여 추출될) 것이다.

구체적 동일성, 대립물들의 동일성―이것들은 변증법적 정식이다: 상이한 것들의 동일성, 상호 배제하는 그리고 따라서 상호 전제하는 정의들의 구체적 통일. 중요한 것은 하나의 요소로서, 보편적인 (구체적으로 보편적인) 내용의 개별적 표현으로서 인식되어야 한다는 것이다.

이러한 관점은, 예를 들면, 아리스토텔레스가 교환 관계의 본질, 실체, 하나의 집과 다섯 개의 침대의 동등성의 신비를 발견하는 것을 가로 막은 어려움을 설명한다. 여기서 고대의 위대한 변증법론자는, 역시 그 추상적 동일성보다는 두 사물의 내적인 통일을 찾으려고 노력했다. 후자(추상적 동일성-역자)를 찾는 것보다 더 쉬운 것은 아무것도 없는 반면, 전자(내적인 통일-역자)를 발견하는 것은 매우 어렵다.

하나의 집과 하나의 침대 사이의 교환관계를 고려함에 있어서, 아리스토텔레스는 당시에 풀 수 없는 과제에 부딪혔는데, 그것은 그가 둘이 공통적으로 갖고 있는 어떤 것을 볼 수 없었기 때문이 아니었다. 논리학에 정통하지 않은 한 두뇌는 집과 침대 모두에 공통적인 추상적 특징들을 찾으려 할 것이다: 아리스토텔레스는 하나의 집과 하나의 침대가 공통적으로 가지는 어떤 것을 표현하기 위한 쓸 수 있는 수많은 단어들이 있었다. 집과 침대 모두는 똑같이 일상 생활의 대상들이며, 사람의 가정환경의 부분이며, 시간과 공간 속에서 존재하는, 감각적으로 인식되는 사물들이고, 둘 모두 무게, 형태, 강도(强度) 등 무한하게 전개되는 것들을 가지고 있다. 만약 누군가, 집과 침대 모두는 똑같이 인간 (혹은 노예)의 손에 의해 만들어졌다는 것, 그 둘은 인간 노동의 생산물이라는 사실에 아리스토텔레스의 주의를 돌리려 했다면, 아리스토텔레스는 그렇게 놀라지는 않았을 것이다.

따라서 아리스토텔레스의 어려움은, 집과 침대 모두에 공통적인 추상적인 일반적 속성을 찾는 것에, 혹은 양자를 '공통의 유(genus)' 안에 포함시키는 것에 있는 것이 아니었으며, 그보다는 주관의 의도, 추상하는 두뇌, 그리고 사람들이 실용적 편의의 목적을 위해 만든 순수하게 인공적 장치와 관계없이 그들 양자가 동등하게 되는 실제적인 실체(내용 substance)를 드러내는 데에 있었다. 아리스토텔레스는 더 나아간 연구를 포기하였는데, 그가 하나의 집과 하나의 침대가 공통적으로 가지는 어떤 것을 찾을 수 없어서가 아니라, 상호간의 교환이라는 사실, 두 개의 상이한 대상들이 자신의 실현 혹은 표현을 위해 서로 대체된다는 사실을 필연적으로 요구하는 하나의 전체를 그가 발견할 수 없었기 때문이었다. 아리스토텔레스가 두 개의 그러한 상이한 사물들 사이에서 공통적인 어떤 것을 발견할 수 없었다는 것은, 그의 논리적 능력의 약점 혹은 관찰의 결여보다는 오히려 그의 사고의 변증법적 힘과 심오함을 드러내준다. 추상적 일반에 만족하지 않으면서, 그는 사실의 더 깊은 뿌리를 발견하려고 시도한다. 그는, 혹자가 그렇게 원할 수도 있지만, 그 둘 모두가 포함될지도 모르는 근사성(近似性)으로서의 유(proximate genus)에 단순히 관심을 갖는 것이 아니라, 논리학의 학적 전통이 그를 구속했던 것보다 훨씬 더 의미 있는 개념을 갖게 해주는 실제적인 유(*real genus*)에 관심이 있었다.

아리스토텔레스는, 그것들 사이의 교환관계에 기인하는 하나의 집과 하나의 침대의 속성으로서만 효력을 갖는 하나의 실재를 찾고 싶어 했으며, 그것의 표현을 위해 교환을 요구하는 일반적인 어떤 것을 찾고 싶어 했다. 그러나 그가 그것들 속에서 관찰하는 그러한 모든 공통적 속성들은 그것들이 교환과 관계가 없고 따라서 교환의 특수한 본질을 형성하지 않을 때도 또한 존재하는 것이었다. 그러므로 아리스토텔레스는, 2천 년 후에 하나의 사물의 가치의 성질의 내용과 본질을 그것의 유용성 속에서 보았던 이론가들의 머리와 어깨보다 훨씬 더 위에 있다. 하나의 사물의 유용성은 교환과 전혀 필연적으로 연관되지 않으며, 그것은 교환으로 드러날 것을 필수적으로 요구하지 않는다.

다른 말로 하면, 아리스토텔레스는 오직 교환을 통해서 그 자신을 표현하고, 그것이 그 사물의 '숨겨진 본성'을 구성함에도 불구하고 교환 밖에서는 결코 표현되지 않는 하나의 본질을 찾기를 원했다. 맑스는 아리스토텔레스의 교환관계의 본질에 대한 이해가 무엇을 배제하고 있는지 명백하게 밝혔다: 가치 개념의 결여. 아리스토텔레스는 사물들의 교환의 속성의 실제적 본질, 실제적 실체(내용 substance)가 사실은 사회적 노동임을 이해하거나 드러낼 수 없었다. 전체적인 요점은 가치와 노동의 개념들이 존재하지 않았다는 점이다. 그 둘의 일반적인 추상적 관념은 그의 시대에 존재했다는 것을 동시에 지적해 두자. '노동은 매우 단순한 범주인 것처럼 보인다. 이 보편적 형태 속에서, 노동일반으로서의 노동의 관념은, 또한 극도로 오래된 것이다.'[1] 그리고 아리스토텔레스는 확실하게 그 점을 알고 있었다. 집과 침대를 '노동 생산물 일반'이라는 추상적 관념 속에 포함하는 것은, 아리스토텔레스에게 그렇게 복잡하고 풀 수 없는 논리적 과제는 아니었을 것이다.

아리스토텔레스에게 결여된 것은 가치 개념이었다. 가치에 대한 단순한 추상을 포함하는 단어, 이름은 물론 그의 시대에도 존재했으며, 구매와 판매라는 추상적 관점에서 모든 것을 바라보는 상인들이 존재했다.

하지만 노동의 개념은 그 시대에 존재하지 않았다. 그 점은, 맑스의 용어법에서 그 개념이 하나의 용어 속에 고정된 추상적인 일반적 관념과는 다른 어떤 것이라는 점을 단지 다시 한 번 보여줄 뿐이다. 그렇다면, 그것은 무엇인가?

노동의 개념은 (그것과 구별되고 대립되는 것으로서) 인간 생활의 전체 과정에서 노동의 역할의 실현을 전제로 한다. 아리스토텔레스의 시대에, 노동은 인간적인 모든 것의 '실제적 본질'로서, 예

---

[1] Karl Marx, ≪정치경제학 비판 요강≫(A Contribution to the Critique of Political Economy), p. 209.

외 없이 모든 인간의 특질의 실제적 원천으로서, 사회생활의 모든 현상들의 실체로 나타나지 않았다.

일반적으로 하나의 현상에 대한 개념은, 이 현상이 추상적으로가 아니라(즉, 반복되는 하나의 현상으로서가 아니라), 구체적으로, 즉, 상호작용하는 현상들의 명확한 체계 속에서, 어떤 통일된 전체를 형성하는 하나의 체계 속에서, 그것의 위치와 역할에 관해서 이해되는 곳에서만 존재한다. 하나의 개념은, 그 특수와 개별이 단순한 개별과 특수 이상으로 (반복되는 것일지라도) 실현되는 곳에서 존재한다―그것들(특수와 개별-역자)은, 그것들 간의 상호 연계들을 통하여, 이 연계들의 원리의 표현으로서 보편적인 추론을 통해서 실현된다.

아리스토텔레스는 그러한 노동 개념을 가지지 못했는데, 왜냐하면 인류는 아직 그 시대에서는 사회적 생활의 체계 속에서 노동의 역할과 지위에 대한 그 어떤 명확한 자각도 이끌어내지 못했기 때문이었다. 더욱이 아리스토텔레스의 동시대인들은 노동을 인간생활의 영역 안에 응당히 포함될 수도 있는 생명 활동의 형태라고는 믿지 않았다. 그는 노동을 인간 생활의 모든 형태와 양식의 실재적인 실체(내용-역자)로서 인식하지 못했다. 놀랍지 않은 것이지만, 그는 하나의 사물의 교환 속성들의 실체로서 그것(노동-역자)을 이해하지 못했다. 맑스의 용어법으로는, 그 점은 바로 다음을 의미한다. 즉, 그는 노동과 가치의 개념을 가지고 있지 못했고 그것들에 대한 단지 추상적인 관념만을 가지고 있었다. 이 추상적 관념은 상품 교환의 본질을 이해하는 열쇠가 될 수 없었을 것이다.

부르주아 경제학의 고전적 대표자들은 노동을, 다른 무엇보다도, 상품교환의 형태를 포함하여, 경제적 생활의 모든 형태의 실재적 실체로서 인식한 최초의 사람들이었다. 그 점은 그들이 아리스토텔레스가 오직 추상적 관념으로만 가지고 있었던 그 실재의 개념을 형성한 최초의 사람들이라는 것을 의미한다. 그렇게 된 이유는, 물론, 영국 경제학자들이 스타게이아(Stagirte: 아리스토텔레스가 태어난 지역-역자)보다 더 훌륭한 논리학자들임이 증명되었기 때문은 아니다. 그 이유는, 그 경제학자들이 이 실재를 보다 더 발전된 사회적 환경 속에서 연구했다는 점이다.

맑스는 여기에 무엇이 관계되어 있는지를 명확하게 보여주었다: 연구의 대상 자체가, 이 경우 인간 사회가, 그것의 모든 표현들의 구체적 실체를 표현하는 개념들의 용어 속에서 그것(인간 사회-역자)을 연구하는 것이 필연적이고 가능한 수준으로 성숙했다는 점.

보편적 실체로서, '능동적인 형태'로서 노동은, 여기에서 의식에서만이 아니라 현실에서, 아리스토텔레스가 보지 못한 '근사성(近似性)이 있는 실제적인 유(proximate real genus)'로서 나타났다. 모든 현상들의 '노동 일반'으로의, 모든 질적이 차이가 결여된 노동으로의 환원이 여기에서 처음으로 이론가들의 추상이 진행되는 두뇌 속에서가 아니라 경제적 관계들 자체의 현실성 속에서 발생했다. 가치는, 노동 속에서 실현되는 모든 것이 지향하는 목표가 되었다; 그것(가치-역자)은 '능동적인 형태'가 되었고, 각각의 분리된 것 그리고 각각의 분리된 개별의 운명을 지배하는 구체적인 보편적 법칙이 되었다.

중요한 점은, 모든 차이를 결여한 노동으로의 환원이 여기에서 하나의 추상으로서, 그러나 '생산의 사회적 과정 속에서 매일 만들어지는'[2] 하나의 실제적인 추상으로서 나타난다는 점이다. 맑스

---

2) Karl Marx, ≪정치경제학 비판 요강≫(A Contribution to the Critique of Political Economy), p. 30.

가 제기하듯이, 이 환원은 유기적 육체를 공중으로 분해하는 것이라기보다는 추상 이상도 이하도 아닌 것이다. '이리하여 시간에 의해 측정되는 노동은, 물론, 상이한 사람들의 노동으로 보이는 것이 아니라, 반대로 상이한 노동하는 개인들이 이 노동의 단순한 기관으로 보이게 된다.'[3]

여기서 노동 일반, 그러한 노동은, 구체적인 보편적 실체로서 나타나고, 하나의 단일한 개인 과 그의 노동의 단일한 생산물은 이 보편적 본질의 표현들로서 나타난다.

노동의 개념은, 개인의 노동활동으로부터 추상될 수 있는 단순히 동일한 요소들보다 더 큰 어떤 것을 표현한다. 그것은, 특수와 개별을 지배하고, 그들의 운명을 결정하고, 그들을 조종하고, 그들을 그것의 기관으로 만들며, 그들이 다른 어떤 것이 아니라 주어진 기능을 수행하게 강제하는 실제적인 보편적 법칙이다.

특수와 개별 그 자체는 이 실제적 보편에 포함되어 있는 요구에 부합하여 형성되며, 그 함의는, 개별이 자신의 특수성 속에서 실제적인 보편의 개별적 체현자로서 나타난다는 것이다. 개별 자체들 간의 구별은, 보편과 나란히 있으며 그리고 그것(보편-역자)과 어떤 관계도 없는 어떤 것이라기보다는 보편의 표현의 하나의 형태임이 증명된다.

하나의 개념은 이러한 보편의 이론적 표현이다. 하나의 개념을 통해서, 모든 특수적 및 개별적 요소들은, 주어진 전체에 속하는 그러한 측면들 속에서 정확히 파악될 수 있고, 주어진 구체적 실체의 하나의 표현이며, 그리고 상호작용의 구체적인 특수한 체계의 운동의 출현하고 소멸하는 요소로서 이해된다. 실체 자체, 상호작용하는 현상들의 구체적 체계는 역사적으로 형성된 하나의 체

---

[3] 같은 책.

계로서 이해된다.

하나의 개념(하나의 단어로 표현되는 일반적 관념과 구별되는 것으로서)은 단지 하나의 것(대상, 현상, 사건, 사실, 등등)을 근사성(近似性)의 유(proximate genus)에 있는 다른 것과 등치시키고, 그것 속에서 그것의 모든 차이들을 소멸시키고, 그것들로부터 추상하는 것이 아니다. 상당히 다른 어떤 것이 개념 속에서 발생한다: 개별적 대상은, 그것을 어떤 전체의 필연적인 부분으로, 구체적 전체의 개별적 (한 측면의) 표현으로 만드는 그것의 특수한 특징들 속에서 반영된다. 어떤 변증법적으로 나누어지는 전체의 각각의 분리된 요소는, 그것들에 대한 추상적 유사성을 통해서가 아니라, 바로 다른 요소들과의 차이 속에서 이 전체의 보편적 성질을 일면적으로 표현한다.

개념(그것의 엄격하고 정확한 의미 속에서)은 그러므로 과학적인 이론적 사고의 독점물은 아니다. 모든 사람은, 용어로 표현되는 일반적 관념이 아니라, 테이블 혹은 의자, 칼, 혹은 성냥과 같은 것들에 대한 개념을 가진다. 모든 사람들은 우리의 생활에서 이것들의 역할과 특수한 특징—이 역할과 특징 때문에, 그것들(테이블, 의지 같은 사물들-역자)이 만들어지고 출현하게 되는 사회적 생활의 조건들의 체계 속에서, 그것들이 다른 어떤 것이 아니라 하나의 주어진 역할을 하고, 다른 어떤 것이 아니라 하나의 주어진 위치를 차지한다—을 매우 잘 이해하고 있다. 이 경우 개념은 완전히 풍부한 정의들로 나타나며, 모든 사람들은 사물들을 그것들의 개념에 부합하게 의식적으로 조종하며, 그럼으로써 그가 이 개념을 가지고 있다는 것을 증명한다.

원자나 예술과 같은 것들은 매우 상이한 문제이다. 모든 예술가가, 그가 위대한 예술 작품을 창조했을지라도, 예술에 대한 충분히 발전된 개념을 가지고 있는 것은 결코 아니다. 필자는 물리학자와 비교해서, 원자에 대해 좀 모호한 관념을 가지고 있다는 것을 인정하기를 부끄러워하지 않는다. 그러나 모든 물리학자가 그 개념(원자-역자)에 대해 하나의 개념을 갖고 있는 것은 아니다. 철학을 피하는 물리학자는 그것(하나의 개념-역자)을 습득할 것 같지 않다.

오해를 피하기 위해서, 우리는 다음의 조건들을 만들어야 할 것 같다. 현재의 작업에서 사고는 무엇보다 과학적인 이론적 사고, 즉, 세계에 대한 과학적인 이론적 연구 속에서 작동하는 사고를 의미하는 것으로 받아들여진다. 작업 범위에 대한 이 제한은, 소위 일상의 사고가 과학으로서의 논리학만큼 가치가 없다거나, 혹은 그것이 상이한 법칙에 따라서 발전한다는 것을 의미하지는 않는다. 그 전체적인 요점은 과학적인 이론적 사고는 사고의 가장 발전된 형태라는 것이다. 그것의 분석은 그러므로, 사고 일반 속에서 작동하는 법칙을 수립하는 것을 훨씬 더 수월하게 한다. 다른 한편, 일상 속에서 행해지는 사고는 사고의 이 보편적 법칙들과 형태들을 쉽게 발견하게 하지는 않는다: 그것들은 수많은 복잡한 것들과 다양한 요인과 환경들에 의해 시야로부터 감추어져 있다. 사고의 과정은 순수한 연상(聯想) 혹은 순수하게 개별적인 감정적 동기들이 끼어들기 때문에 자주 방해를 받는다; 매우 자주 추론의 사슬 속에서의 수많은 연결고리는 단순히 생략되며, 그 공백은 마음을 가로지르는 순수하게 개인적인 경험들에 기초한 주장으로 채워진다; 적지 않은 경우에, 인간은 하나의 상황 속에서, 다른 사람 혹은 사건과의 관계 속에서, 충분히 발전된 미적 기호와 지각의 도움으로 방향을 잡아가며, 반면에 엄격한 의미의 추론은 부수적 혹은 보조적인 역할을 한다, 등등. 이러한 모든 이유들 때문에 일상의 사고는, 논리적 분석, 즉 사고 일반의 보편적 법칙을 수립하는 것을 목적으로 하는 연구의 매우 편리하지 못한 대상이다. 이 법칙들은 여기에서 영구적으로 작동하지만, 과학적인 이론적 과정에 대한 분석에 있어서보다, 복잡한 환경의 영향으로부터 분리시키면서 그것들을 연구하는 것은 훨씬 더 어렵다. 후자(과학적인 이론적 과정에 대한 분석-역자)에서는, 사고의 보편적 형태와 법칙은 일반적으로 훨씬 '더 순수한' 양상으로 나타난다; 모든 곳에서처럼 여기에서도, 더 발전된 형태는 덜 발전된 형태를 그것의 진정한 본질 속에서 우리가 이해할 수 있게 하며, 더 높고 진보된 형태로의 발전의 가능성과 전망들이 고려될 수 있는 것은 더욱 더 그러하다.

과학적인 이론적 사고는 '일상적 사고와 정확히 이러한 종류의 관계 속에 있다: 인간에 대한 해부학은 유인원에 대한 해부학의 열쇠를 제공하지만, 그 역은 아니다. 그리고 '더 진보된 형태의 싹'은, 오직 이러한 더 진보된 형태들 자체가 알려질 때만 정확하게 이해될 수 있다. 이러한 일반적인 방법론적 가정으로부터 나아가면서, 우리는 사고 일반의 법칙들과 형태들을 대개 그것들이 과학적인 이론적 사고에서 나타나는 방식에 관련해서 고려한다. 우리는 그렇게 함으로써, 어떤 의미에서 과학적인 사고보다 훨씬 더 복잡한, 즉, 과학적인 이론적 문제들, 명확하고 엄격하게 윤곽이 그려진 문제들의 해결을 위해 사고하는 응용능력보다 훨씬 더 복잡한, 사고의 다른 모든 형태들과 응용들을 이해할 수 있는 열쇠를 획득하게 된다. 사고의 보편적 법칙이 과학적인 사고와 소위 일상적인 사고 모두에서 동일하다는 것은 이유가 있는 것이다. 하지만 그것들(사고의 보편적 법칙들-역자)은 과학적 사고 속에서 더 쉽게 파악되는데 (같은 이유로) 자본주의적 구성체의 발전의 보편적 법칙들은 러시아 혹은 이탈리아가 아니라 19세기 중반 영국 자본주의에 대한 분석을 통해서 더 쉽게 수립될 수 있었다.

<다음 호에 계속> 노사과연

쓰딸린과 제2차 세계대전 이후 쏘련에서의 '시장 사회주의' 문제*

비자이 싱(Vijay Singh)**
번역 : 김의진 | 회원

"오늘날의 쓰딸린" 국제 세미나는, 쏘련의 최종적인 해체 이후, 그 폐허 위에서 떠오른 국가들의 노동자계급이 부활한 자본의 지배에 맞서는 첫걸음을 내딛었을 때인, 10월 혁명 77주년 기념일에 모쓰끄바에서 개최됐다. 쓰딸린이 이러한 발전들에 대해 우리에게 말해 줄 어떤 것이 있을까? 쓰딸린의 생전 마지막 대작(大作)인 ≪쏘련 사회주의 경제의 제 문제≫는 1953년 이후 쏘련에 도입된 '시장개혁'을 검토하고, '시장개혁'의 경제적 및 정치적 성격에 대한 결론에 이르기 위한 중심적인 출발점으로 여기서 제기되고 있다.

경제적 논쟁의 맥락은 무엇이었는가?

쏘련 공산당(볼)은 1935년까지 사회주의 사회의 토대가 주요하게 놓였다고 간주했다. 제18차 당 대회는 공산주의 사회로의 이행이 나라의 더 이상의 발전을 위해 전진하는 경로라고 생각했다.

---

* 출처: https://www.revolutionarydemocracy.org/rdv1n1/marksoc.htm
**비자이 싱(Vijay Sing)은 인도에서 1995년부터 발행되고 있는 반년간지 ≪Revolutionary Democracy≫(혁명적 민주주의)의 편집장이다. 2014년에는 쓰딸린 협회(Stalin Society) 인도 지부의 창립 성원으로서 활동을 전개했고, 맑스-레닌주의에 대한 글들을 집필하고 있다.

새로운 당 강령을 작성하기 위한 위원회가 설치되었고, 1941년 국가계획위원회는 공산주의 사회의 토대를 놓기 위한 15개년 경제발전 계획을 정식화할 것을 요구받았다. 이러한 전망은 비록 나찌 독일의 침략으로 인해 차질을 빚었지만, 전후(戰後) 시기에 즉각적으로 부활했다. 1947년에 말렌꼬프는 제9차 당 정보국 협의회에서 당이 "쏘련 공산당(볼)의 새로운 강령을 준비하는 작업을 하고 있다. 쏘련 공산당(볼)의 기존 강령은 명백히 시대에 뒤떨어졌고, 새로운 강령으로 대체되어야 한다"고 적시했다. (게오르기 말렌꼬프, <쏘련 공산당 중앙위원회 활동 보고>, ≪영구평화를 위해, 인민민주주의를 위하여≫에 실림, 뭄바이, 1948년, p. 79.) 이러한 과제는 1952년 19차 당 대회에서 반복적으로 언급됐다. 니꼴라이 보즈네쎈쓰끼도 말렌꼬프와 동일한 선상에서 1946년에 4차 5개년 계획에 대한 보고서를 최고 쏘비에트에 제출했을 때, 1941년에 자신에게 주어졌던 그 과제를 회상했다. 그는 그 계획에 대해 다음과 같이 주장했다:

> "그 계획은 계급 없는 사회주의 사회의 건설의 완수와 사회주의에서 공산주의로의 점진적 이행을 구상하고 있다. 그 계획은 1인당 공업 생산량의 측면에서 주요 자본주의 나라들을 경제적으로 따라잡고 넘어선다는, 쏘련의 기본적인 경제적 과제들의 완수를 구상하고 있다." (니꼴라이 보즈네쎈쓰끼, ≪쏘련 국민경제의 회복과 발전을 위한 1946-1950년 5개년 계획≫, 쏘비에트 통신, 런던, 1947년, p. 10.)

쓰딸린은 '일국에서 공산주의'를 건설할 수 있다고 판단하는지 여부를 묻는 영국 특파원의 질문에 대한 답변에서 명백하게 드러나듯이, 이러한 강령적 전망에 동의했다. 쓰딸린은 "특히 쏘련과 같은 나라에서는 완벽할 정도로 가능하다"고 답변했다. (이오씨프 쓰딸린, ≪전후 국제관계에 대하여≫, 쏘비에트 통신, 런던, 1947, p. 13.)

≪쏘련 사회주의 경제의 제 문제≫에서 국가계획위원회의 경제학자인 야로쎈꼬(L.D. Yaroshenko)에 대한 쓰딸린의 비판은 보그다노프 견해의 두드러진 유산이 전후 시기까지 지속됐다는 사실을 의미했다. 야로쎈꼬는 어떤 고립된 시각을 대표하지 않았다. 유딘(Yudin)은 과학일꾼들 사이에서 틀림없이 어떤 경향이 있는데, 그것은 뜨로츠끼주의-부하린주의-보그다노프주의로의 상습적인 복고를 의미했던 야로쎈꼬프치나였다고 시사했다. 이후에도 재차 언급되겠지만, 보그다노프는 혁명 이전 시기에 영향력을 발휘했던 정치경제학 교과서의 저자였다. 보그다노프는 철학의 영역에서 레닌으로 하여금 ≪유물론과 경험비판론≫이라는 형태의 답장을 집필하게 만든 마하(Mach)와 아베나리우스(Avenarius)의 관점을 채택했다. 1917년에 그는 러시아에서 사회주의 혁명을 위한 물질적 조건이 존재하지 않는다는 유사 멘쉐비끼적 관점을 지지했다. 문화 분야에서 그는 혁명 이전 시기의 유산을 부정하는 "프롤레타리아 순수문화"를 주장했다. 보그다노프는 생애 말년에 그 자신이 테크톨로지(tektology)로 일컬었던 '조직 과학'을 개발했으며, 구조적 관계들이 수학에서의 양과의 관련에서처럼, 형식적 계획으로 일반화될 수 있다고 주장했다. (≪철학대사전≫ 제1권, 모쓰끄바, 1960년, p. 177.) 이러한 견해들은 변증법적 유물론, 사적 유물론과 맑스주의 정치경제학의 명제들로부터 명백히 멀리 떨어진 것이었다. 보그다노프는 루나차르쓰끼와 부하린, 고리끼를 비롯한 러시아의 좌익 인사들 사이에서 특출 난 영향력을 발휘했다. 그의 견해는 정치경제학, 사적 유물론 그리고 과학 및 기술의 문제들에 대한 부하린의 저술들에 스며들었다.

쓰딸린은 야로쎈꼬가 생산관계의 중요성을 소극적으로 다루고, 사회의 진보적 발전에 있어 생산력의 역할을 과대평가 했으며, 생산관계를 생산력의 구성 요소로 축소시켰다는 것을 지적했다. 야로쎈꼬는 다양한 소유 형태들, 상품의 유통, 일반적으로는 가치 범주들의 지속적인 존재와 같은 중심적 문제들을 무시함으로써 사회주의 정치경제학을 실질적으로 폐지했다. 정치경제학은, 보그다노프의 잔재인 생산력의 무계급적 조직화로 변형되었다. 이 두드러진 경제주의와 대비되게, 쓰딸린은 쏘련에서 생산관계와 생산력 사이의 모순들이 지속적으로 존속하고 있다는 사실을 반복해서 강조했다. 만약 지도 기관이 올바르지 못한 정책을 수행한다면, 갈등은 출현할 수밖에 없으며, 이와 같은 조건에서 생산관계는 생산력의 발전을 저해할 것이다. 야로쎈꼬의 견해는, 농촌에서 계급적 갈등의 분출에 눈을 감으려는 부하린의 시도, 그리고 농업에서 기존의 자본주의적 생산관계를 고정시키려 하고 '기술혁명'으로 주의를 돌리고자 했던 부하린의 바람을 연상시킨다. 부하린은 1930년대에 "우리나라에서 프롤레타리아 혁명은 새로운 단계, 즉 기술혁명의 단계에 진입했다"고 공공연하게 진술했다. (N. I. 부하린, ≪Metodologiya i Planirovanie Nauki i Tekhniki', Izbrannie Trudy≫, 모쓰끄바, 1989, p. 135.) 이러한 견해는 1953년 이후의 불모의 시기에 지배적으로 되었다. 사회주의는, 레닌과 쓰딸린의 견해에서처럼, 계급의 철폐와 공산주의로의 전진을 의미하는 것이 더 이상 아니라, 집단농장 소유의 보존과 무계급적인 '과학-기술적 진보'라는 이데올로기의 발전, 상품-화폐 관계의 보편화된 적용을 의미했다. 야로쎈꼬의 견해는 1953년 이후 시장 관계의 수립과 전적으로 합치됐다. 쏘련 지도부는 사회주의적 생산관계의 유지 내지는 발전에 무관심했으며, 쓰딸린 시대의 주요한 특징을 이뤘던 높은 수준의 생산력 발전을 지속적으로 유지하는 데에 무능함을 드러냈다. 야로쎈꼬는 그 자신의 주장이 끼친 여파에 대해 모르지 않았던 것으로 보인다. 1992년에 쓰인 글에서 야로쎈꼬는 쏘련 해체가 맑스주의 정치경제학에 제기한 화두들에 대해 무관심한 태도를 보였다. 야로쎈꼬는 어떤 사회적 문제들보다 생산력 발전법칙의 선차성을 지속적으로 강조하며, 1951년에 있었던 정치경제학 교과서를 둘러싼 토론의 핵심적인 과제가 사회주의 경제의 합리적, 조직적 기능화의 제반 문제들로 되어야 했다는 당시의 주장을 반복했다. 그는 사회주의 하에서 생산관계라는 쟁점을 논하면서, 경제의 과학적 조직화는 그 자신이 당시 용어로 '사회-조직적 관계'와 '경제적 기제'라고 했던 사회주의적 생산관계의 완벽화를 전제한다고 주장했다는 것은 기발한 것이었다. (Yaroshenko,L.D., 'Svidetel'stva Vremeni' in Igor' Troyanovskii (ed), I. Stalin, 'Ekonomicheskie Problemy Sotsializma v SSSR', Peredelkino, 1992, pp.100-104.) 야로쎈꼬는 바로 이러한 논리를 통해 뻬레쓰뜨로이까 시기의 정치경제학을 공개적으로 옹호했다.

생산관계와 생산력 간의 사회적 모순의 지속적인 출현의 문제는 보다 광범위한 파급력이 있다. ≪독일 이데올로기≫에서 맑스는 계급적 충돌의 근원에 생산력과 생산관계의 모순이 있다는 관점을 견지한다. 쓰딸린의 야로쎈꼬에 대한 비판은, 쓰딸린이 자신의 마지막 이론적 저작물에서 사회주의 사회 내부에서 모순들이, 계급투쟁이 지속적으로 출현한다는 사실을 인지하고 있었다는 것을 명백하게 보여준다. 야로쎈꼬에 대한 비판에서 보이는 것처럼, 올바르지 못한 정책들이 실시된다면 생산력 발달을 저해하는 갈등이 출현할 것이다. 동시에 쓰딸린은 뒤처진 생산관계를 생산력의 성격과 조응시키기 위해 사회가 시의적절한 조치를 취하는 것이 가능하기 때문에, 사회주의 하에서 사태는 갈등이 발생할 정도에 이르지 않을 것임을 고려하고 있었다. 이것은 사회주의 사회가 저항을 조직할 만한 퇴화한 계급을 포함하고 있지 않기 때문에 가능했다. 그러나 사회주의 사회는 생산관계를 변화시킬 필요성을 깨닫지 못하는 후진적이고 관성적인 세력을 포함하고 있었다. 쓰딸린은 사태를 갈등으로 가져가지 않아도 이러한 견해를 극복하는 것이 가능할 것이라고 보았다. 이러한 인식은, 사회주의 하에서 비록 모순이 지속되지만, 적대가 더 이상 존재하지 않는다고 논했던 레닌의 주장과 합치하는 것이었다.

쏘비에트 사회에서 사회적 모순의 지속에 대한 논의는 쏘비에트 철학에 대해 명백한 영향을 끼쳤다. 유딘은 그 자신을 비롯한 많은 철학자들이 쏘비에트 사회에서 생산관계와 생산력 사이에 완전한 일치가 존재한다고 주장함으로써 양자 사이에서 모순의 존속을 부인했다고 말했다. 철학자 글레저먼(Glezerman)은 1951년의 소책자 "사회주의 사회에서 생산관계와 생산력의 완전한 조응"에서 이러한 결론에 안이하게 도달한 채, 쏘비에트 사회의 경제관계, 생산력 혹은 생산관계를 분석하지조차 않았다. 유딘은 모순의 존재에 대한 일체의 부정이 쏘비에트 철학을 생동감 없고 형이상학적인 도식의 건립으로 이끌었다고 결론지었다. (Yudin,P.F., "Trud I.V. Stalina 'Ekonomicheskie Problemy Sotsialisma v SSSR'- Osnova Dalneishego Razvitiya Obshestvennikh Nauk", Moscow, 1953, pp.23-24.)

레닌은 1921년 5월에 사회주의적 공장의 생산물이 '정치경제학적 견지에서 상품이 아니'며, 이미 '상품이기를 중단하고 있는 상품'이라는 점을 강조했다. (V.I. Lenin, 'Polnoe Sobranie Sochinenya', Volume 43, 5th edition, Moscow, 1963, p.276) 하지만 우리는 ≪경제적 제 문제≫에서 쏘련의 경제학자 A. I. 노뜨낀이 사회적 부문에서 제작되는 생산의 도구들이 사실상 상품이라는 견해를 표출했다는 것을 발견한다. 쓰딸린은 이러한 이해를 거부했고, 생산의 도구들이 기업들에 할당되는 것이지 판매되는 것이 아니며, 국가는 생산 도구들에 대한 소유권을 보유하고 있고, 이 생산 도구들이 국가의 대리인인 기업 경영진에 의해, 국가계획에 부응하여 이용되고 있다고 말했다. 1948년에 니꼴라이 보즈네셴쓰끼(N.A. Vozhnesensky) 국가계획위원회 의장에 의해 어떤 시도가 있었는데, 이 시도는 중공업과 운수 부문에서 국가보조금 체계를 종식시키기 위해 기획된 1949년 1월의 도매가격 개혁으로 현실화되었다. 보즈네셴쓰끼는 생산비용의 3-5% 정도의 최소한의 이윤 원칙을 중공업과 철도 운송을 포함하는 생산 분야들에 도입하고자 했고, 그럼으로써 생산수단의 상품으로의 변형을 위한 기초를 놓고자 했다. (Trifonov, D.K., et al, 'Istoriya Politicheskoi Economii Sotsializma, Ocherki', Leningrad, 1972, p.201.) 가치법칙을 기본적인 생산수단에서 작동시키려는 이러한 시도는 신속하게 종식됐다. 보즈네쎈쓰끼는 쓰딸린의 지시로 1949년 3월 5일에 본래의 직책에서 축출됐다.

≪쏘련 사회주의 경제의 제 문제≫에서 쓰딸린은 쏘련에서 상품생산의 영역이 한정되어 있으며 제한되어 있다고 단언했다: 부르주아지는 존재하지 않으며, 국가, 협동조합, 집단농장에서 연합된 사회주의적 생산자들만이 존재한다. 상품생산은 개인적 소비품목에 국한되었다. 이러한 이유로, 쓰딸린은 쏘련에서 상품생산이, '상품으로서의 노동력, 잉여가치, 자본, 자본주의적 이윤, 평균

이윤율'과 같은 자본주의적 상품생산의 경제적 범주들을 야기할 수 있다는 것을 부정했다. (이오씨프 쓰딸린, ≪쏘련 사회주의 경제의 제 문제≫, 모쓰끄바, 1952년, p. 21.) 사회과학에서의 반맑스주의적 오류에 대한 유딘의 비판에서 명백히 드러나는 것처럼, 그와 같은 견해는 쏘비에트 경제학자들 일부분에서 지배적이었다. 메르제네프(Merzenev)와 미꼴렌꼬(Mikolenko)는 쏘련에서 노동력이 자본주의 사회에서처럼 상품이라는 의견을 견지했다. 야꼬블레프(A. Yakovlev)는 '자본'의 범주가 쏘비에트의 조건에도 적용될 수 있다고 주장했다. 저명한 경제학자인 아뜰라스(Atlas)는 쏘비에트 경제에서 평균 이윤율이 작동한다는 견해를 표명했다.

경제정책의 근본적인 변화가 쓰딸린 사후부터 쏘련 공산당 20차 대회 사이에 이르는 기간에 걸쳐 발생했다. 공산주의 사회의 토대를 마련하기 위한 계획적 전망은 포기되었고, 소비 중심주의적 복지강령에 의해 대체되었다. 상품 유통을 대체하여 도시와 농촌 사이에서의 생산물 교환을 점진적으로 도입하기 위한, 쏘련 공산당 19차 당 대회에서 승인된, 쓰딸린의 제안은 1953년 5월을 기점으로 효력을 상실했으며, 상품 유통의 확대를 위한 강령이 '쏘비에트 거래(trade)'를 확대한다는 슬로건 하에서 채택되었다. 쏘련 경제에서 국가계획위원회의 영역은, 1953년 4월 전 연방 쏘비에트 성(省)들의 경제적 권한 확대로 인해, 그리고 1955년 기업 관리자 및 연방공화국들의 성(省)들의 권한 확장으로 인해, 점차적으로 제한되었다. 쓰딸린 시대로부터 물려받은 법률로서의 중앙집중화된 지령적 계획의 체계는 1955년을 기점으로 종언을 고했고, 국가계획위원회와 전 연방 및 연방 공화국 성(省)들에 의한 '협동적 계획'이라는 새로운 체계에 의해 대체되었다.

쏘련 공산당 20차 대회에서 2년이 지난 후 쏘비에트 경제의 운영 과정에서 일련의 급진적인 변화들이 추가적으로 발생했다. 1957년 5월 22일자 쏘련 각료 협의회의 제555호 결정 하에서, 국영 부문 생산물들에 대한 할당 체계는 종식을 고했으며, 쏘비에트 공업에 의해 제조된 공업 생산물들을 판매하기 위한 많은 수의 중앙집중화된 판매 조직들이 국가계획위원회 산하에 창설되었다. 쏘련 공산당 지도부에서 몰로또프와 까가노비치, 싸부로프의 제거는 경제정책에 즉각적인 영향을 끼쳤다. 생산수단의 상품으로의 변형은 1957년 9월 22일자 쏘련 각료 협의회의 제1150호 결정을 통해 명백히 달성되었는데, 그것에 의해 기업들은 이윤의 기초 위에 작동하도록 예정되어 있었다.

1958년에 출판된 ≪정치경제학 교과서≫ 3판은, 생산수단이 국영 부문에서 상품으로서 유통되고 있다고 적시함으로써 새로운 경제체제를 정확히 반영했다. (Ostrovityanov, K.V., et al, 'Politicheskaya Ekonomiya, Uchebnik', 3rd edition, Moscow, 1958, p. 505.)

사니나(A. V. Sanina)와 벤제르(V. G. Venzher)의 편지에 대한 답장에서, 쓰딸린은 농업에서 기본적인 생산 도구들을 보유했던 기계-트랙터 기지(MTS)가 집단농장에 매각되어야 한다는 견해를 반대했다. 이것은 특히 막대한 양의 생산 수단들이 상품생산의 궤도에 들어오는 것이었다. 사니나와 벤제르는, 그들이 자신들의 의견을 표명했을 때, 결코 고립된 위치에 있는 경제학자들이 아니었다. 1년 전에 팔체프(A. Paltsev)는 '사회주의로부터 이행의 길' (끼예프, 1950)'이라는 제목의 소책자에서 기계-트랙터 기지(MTS) 내에서 농업 기술의 성장과 함께, 그리고 소규모 집단농장의 병합과 함께, 집단농장의 작업과 밀접하게 연계되는, MTS 부서들이 집단농장의 편제 하에 수립될 수 있을 것이라는 제안을 하였다.(Yudin, op. cit, pp. 31-32.) 이러한 조치를 통해 팔체프는 전 인민적 소유, 즉 국가소유였던 기계-트랙터 기지(MTS)를 집단농장의 집단적 소유로 귀속시켜야 한다고 주장했다. 기계-트랙터 기지(MTS) 해체의 전제조건은 농업에서 주요한 생산수단을 할당하는 체계의 종식이었다. 국가계획위원회 포고령 제663호 하에서, 국가계획위원회는 쓰딸린 시기로부터 물려받은 농기계 할당 체계를 폐지했으며, 자신이 감독하는 기구로서, 농업 부문에 필요한 농기계들의 판매를 전담했던 트랙터 수리-기술 배급소(Glavavtotraktorsbita)를 신설했다. 흐루쇼프는 1958년에, 벤제르에 의해 수 년 전에 상정된 제안과 공식적으로 선을 그으면서도, 기계-트랙터 기지(MTS)를 해체하고, 농업 생산 도구들을 집단농장에 매각하는 조치를 도입했다. 그 결과 공업뿐만 아니라 농업에서도 생산수단은 이제 상품으로서 유통되기 시작했다. 벤제르 및 흐루쇼프와 막역한 사이였던 쏘련의 평론가 빈니첸꼬(Vinnichenko)는 농업에서 기본적인 생산 도구들을 집단농장이 보유해야 한다는 견해에 쓰딸린이 반대한 기저에는 농민을 향한 '불신'이 작용했다고 논했다. 그러나 이는 그렇지 않았다. 쓰딸린은 단지, 엥엘스의 맑스주의적 입장, 즉, 1886년 1월에 베벨(Bebel)에게 보낸 서신에서, 개개 협동조합 농민의 특수한 이해관계가 사회 전반의 총체적 이해관계를 압도하지 못하게 만들기 위해 농촌에서 생산수단이 사회 전체에 의해 소유되어야 한다고 주저 없이 말했던 입장을 옹호했을 뿐이었다. (Engels to A.Bebel in Berlin, 20-23 January 1889, in K. Marks and F. Engels, 'Sobranie Sochneniya', Volume 36, Moscow, 1964, p. 361.). 더 나아가, 엥엘스와 쓰딸린은 모두 부농들이 집단농장의 성원으로 될 수 없다는 입장을 견지했다. 꿀라끄(부농)가, (그리고 심지어 일부 지주들조차) 농업 생산자 협동조합의 성원이었고 농업에서 주요한 생산 도구들이 이 협동조합에 의해 소유되었던 인민민주주의 국가들에서 사니나와 벤제르에 대한 쓰딸린의 비판이 차가운 반응을 맞이하게 될 것은 이해할 만하다.

유딘의 저술들을 보강하는 것은, 1947년에 출판된 보즈네쎈쓰끼(N.A. Vozhnesensky)의 저서인 ≪대조국전쟁기 쏘련의 전시경제≫의 견해들에 담긴 함의들을 집중적으로 조명했던, 1952년 12월 25일에 ≪이즈베스띠야≫지에 게재된 쑤슬로프의 글이다. 보즈네쎈쓰끼에 대한 쑤슬로프의 가장 핵심적인 비판은 쏘비에트 경제의 상이한 분야들에서 노동의 분배를 규율하는 것처럼 보였던 가치법칙에 대한 숭배였다.

이는 보즈네쎈쓰끼의 책 속에서 다음과 같은 문구를 통해 보다 명백하게 표현된다. "가치법칙은 쏘련의 국민경제의 다양한 분야들 사이에서 생산물의 분배뿐만 아니라 노동 자체의 분배 속에서도 작동한다. 이 영역에서 국가계획은, 사회주의적 이해관계를 바탕으로, 경제의 다양한 분야들에서 사회적 노동의 적절한 분배를 확보하기 위해 가치법칙을 활용한다." (N. 보즈네쎈쓰끼, ≪대조국전쟁기 쏘련의 전시경제≫, 모쓰끄바, 1948년, p. 118.)

여기서 관건이 되는 것은 무엇인가? 쏘비에트 사회에서 가치법칙의 작용이 중요한 쟁점으로 남는 한, 맑스주의 경제 이론의 의의는 더욱 빛을 발한다. 맑스와 엥엘스는 가치법칙이 상품생산이 현존하는 사회에 한해서만 작동한다고 여겼다. 가치는 상품생산의 부상과 함께 작동하게 되며, 상품 체계의 종말과 함께 소멸된다. (엥엘스, "취리히에서 칼 카우츠키에게 보내는 편지", 맑스의 ≪가치론≫에 수록, 벨파스트, 1971년, p. 5.) 경제에서 가치가 노동의 분배를 규율한다는 주장으로부터 얻을 수 있는 유일한 논리적 결론은, 일반적인 상품생산의 체계, 즉, 자본주의가 쏘련에서 지배적이 되었다는 것이다. 보즈네쎈쓰끼는 이를 바탕으로 사회주의 사회의 본질적인 성격에 대한 근본적인 문제들을 제기했다.

맑스와 엥엘스에게 가치법칙은 상품생산이 존재하는 사회에서 작동하는 것이다. "가치 개념은 상품 생산의 경제적 조건들의 가장 일반적이며, 따라서 가장 포괄적인 표현이다."(프리드리히 엥엘스, ≪반뒤링론≫, 모쓰끄바, 1978년, p. 376.) 상품생산의 사회는 '사적 생산자'들로 구성되어 있는데, 그곳에서는 상품이 "이들 사적 생산자들에 의해, 그들의 사적 이해를 위해 서로 간에 대립하여 생산되고 교환된다."(같은 책, p. 240.) "사회에 의한 생산수단의 장악과 함께" 상품생산이 종식되는 사회에서, "상품생산은 사라지게 되며, 동시에 생산자에 대한 생산물의 지배도 사라지게 된다. 사회적 생산의 무정부성은 체계적이고 명확한 조직화에 의해 대체된다."(같은 책, p. 343.) 그러면, 가치법칙은 불필요해진다. 이는 또한 1868년 7월에 쿠겔만에게 보낸 맑스의 서신에서 제시된 주장의 함의이기도 하다. 쿠겔만에게 보낸 서신에서 맑스는 이렇게 말했다:

> "사회적 노동이 일정 비율로 분배될 이러한 필요성은 사회적 생산의 특수한 형태에 의해 없어질 수는 없으며, 다만 그것이 띠게 되는 형태만을 변화시킬 수 있을 뿐이라는 것은 자명합니다. 자연법칙들은 없앨 수 없는 것입니다. 역사적 환경을 변화시키는 데서, 변화할 수 있는 것은, 이러한 법칙들이 관철되는 형태입니다. 그리고 사회적 노동의 상호연관이 노동의 사적 생산물들의 사적 교환으로 나타나는 사회 상태에서, 노동의 이러한 비례적 분배가 관철되는 형태는 다름 아니라 이 생산물들의 교환가치입니다."(맑스, '쿠겔만 박사에게', 런던, 연도 미상, pp. 73-74.)

사회적 노동의 상호연관이 상품 체계의 부재 속에서, 즉, 사적 생산자들의 부재 속에서 발생하는 사회에서, 사회적 노동의 할당은 가치의 작동 없이 발생할 것이다. 이 점은 사회주의 하에서 분배에 대해 논한 엥엘스의 제언을 통해 확인된다:

"물론 그 경우에도 사회는 각 소비 물품 제작에 얼마만큼의 노동이 필요한가를 알지 않으면 안 될 것이다. 사회는 생산수단의 생산에 부합하여 생산 계획을 세우지 않으면 안 될 것이며, 특히 그 생산수단에는 노동력도 속한다. 상이한 소비 물품의 효용은, 즉 그것들의 생산에 요구되는 노동의 양을 서로 간에 비교하는 것을 통해, 결국 계획을 결정할 것이다. 사람들은 몹시 우쭐해 하는 '가치'가 끼어들지 않아도 모든 것을 아주 간단하게 처리하게 될 것이다." (엥엘스, 같은 책, p. 375.)

이러한 점은 정치경제학을 다룬 맑스의 마지막의 일련의 저술에서 더욱 명백하게 드러난다. '아돌프 바그너의 정치경제학 교과서에 대한 논평'에서, 맑스는 사회주의 사회에서 가치가 작동할 것이라는 논변이 맑스 자신에게서 비롯됐다는 바그너의 주장을 배격한다. 맑스는 '"맑스주의 사회적 국가"에서, 부르주아 사회를 대상으로 발전된 그의 (맑스의) 가치 이론이 가치를 결정할 것이라고 주장한 바그너의 전제'를 비판했다.

맑스와 엥엘스는 사회주의 사회에서 가치법칙의 작동을 배제했다. 그럼에도 불구하고 그들은 소농이 하나의 계급으로서 지속적으로 존속하는 이행기적인 사회주의 사회에서 가치가 잔존하게 될 것이라는 사실을 부정하지 않았다. 엥엘스는 1884년에 ≪프랑스와 독일에서의 농민 문제≫라는 자신의 글에서 그러한 조건에 대해 다음과 같이 말했다:

"만일 우리가 국가권력을 보유하고 있다면, 소농들을 향한 강압적인 수탈은 (보상의 여부를 불문하고) 대지주들의 경우와 달리 상상조차도 할 수 없을 것이다. 소농들에 관한 우리의 첫 번째 과제는, 무엇보다도 소농의 사적인 기업과 사적 소유를 협동조합적 소유로 전환시키는 것이며, 그 과정에서 강제적인 방식이 아니라 사례의 힘으로 그리고 이 목적을 위한 사회적 원조의 제공을 통한 것이다."

쏘련에서 사적 생산은 집단화와 집단적 소유가 확립된 이후에도 제한된 형태로 계속해서 존재했다. 국가계획위원회(고스플란)가 명확한 계획을 통해 사회적 노동의 할당을 규율함에 의해, 국영 공업, 국영 농장, MTS의 영역에서 가치법칙의 작동을 철폐할 수 있었던 데 반해, 집단농장에서는 그럴 수 있는 가능성이 없었다. 집단농장에서는 파종지, 수확량, 트랙터 작업의 정도, 사회적으로 소유된 가축의 수, 농업 총생산, 의무 교부금과 MTS에 대한 현물 지급의 양이 지령적 계획의 범주 하에 포함됐지만, 국가는 잉여 상품생산 혹은 특정 시기의 특정 과제에 맞는 노동력의 사용을 계획할 수 없었다. (Smolin,N., 'O zachatkakh produkto-obmena', Voprosi Ekonomiki, No.1, 1953, pp. 33-45.).

보즈네쎈쓰끼는, 쏘비에트 경제의 다양한 분야들 사이에서, 즉 농업 부문만이 아니라 공업에서도 가치법칙이 노동의 분배에 있어 작동한다는 것을 주장했기 때문에 맑스주의적 입장을 고수하지 못했다. 보즈네쎈쓰끼는 이러한 입장을 설파함으로써 쏘련 경제학자들의 일반적인 견해와 유리됐다. 1943년에 편집된 글인 "정치경제학 강습의 몇 가지 문제들"에서는 "개별적인 생산 분야들에 대한 기금과 노동력의 할당은 계획적인 방식으로, 사회주의 건설의 기본적인 과제들에 따라 수행된다"고 논해졌다. (≪맑스주의의 기치 아래≫ (Pod Znamenem Markzisma), 1943년, No.7-8.) 유사하게 다음해에 쏘련 정치경제학의 중진인 오쓰뜨로비쨘꼬프(K. V. Ostrovityanov) 역시 사회주의 경제에서 "국민경제의 다양한 분야들에서 노동과 생산수단의 분배는 우연적인 가격의 운동과 이윤 추구의 기초 위에서 이루어지는 것이 아니라 가치법칙을 활용하는 계획적 지도의 기초 위에서 이루어진다."고 주장했다. (Ostrovityanov,K.V., 'Ob osnovnikh zakonomernostyakh razvitiya sotsialisticheskogo khozaistva', Bol'shevik, No. 23-24, 1944, pp. 50-59.) 가치는 "사회적 노동의 분배"를 이끄는 것이 아니라, "쏘비에트 경제의 제반 분야들에서 노동과 생산수단의 계획적 분배를 위한 보조적인 도구라는 역할을 했다."

가치는 생산수단의 생산의 발전을 지배하지 않는다. 왜냐하면 가치법칙이 제한되지 않을 경우 그 부문을 위한 필요한 기금의 할당은 있을 수 없기 때문이다. 그러나 보즈네쎈쓰끼는 보다 확대된 규모로의 재생산을 위한 생산수단의 생산과 소비재의 생산 사이에 적절한 비율을 수립하는 문제에 관한 논의에서, 소비 수단의 생산(2부문)에 대한 생산수단의 생산(1부문)의 우위―이것은 국민경제의 지속적인 확대를 위해 필요하다―를 지적하지 않는 방식으로 주장한다. 그러면서 문제를 전후(戰後) 경제와 관련한 사업의 부문으로 축소시켰다. 보즈네쎈쓰끼는 다음과 같이 말했다:

"만약 우리가 생산수단을 생산하는 1부문과 소비재 품목들을 생산하는 2부문으로 쏘련에서의 사회주의적 생산을 구분한다면, 쏘비에트 국가에 의해 2부문 기업들에게 배치된 생산수단의 가치는 1부문 기업들에게 배치된 소비재 품목들의 가치에, 명백히 계획에 의해 규정되는 방식으로 조응해야 한다. 물론 1부문 기업들이 소비재 품목들을 취득하지 못하게 되고, 마찬가지로 2부문의 기업들이 생산수단을 취득하지 못하게 된다면, 보다 확대된 규모의 사회주의적 재생산은 불가능할 것이다. 생산수단을 생산하는 기업의 노동자들이 소비재 품목들에 접근하지 못하게 되고, 소비재 품목들을 생산하는 기업들이 생산수단, 즉 연료, 원자재, 장비를 획득하지 못하게 되는 만큼." (보즈네쎈쓰끼, 같은 책)

이와는 대조적으로, 오쓰뜨로비쨘꼬프는 생산수단의 분배를 계획하는 과정에서 가치가 단지 보조적인 역할에 그친다는 사실을 인정했다. (오쓰뜨로비쨘꼬프, 앞의 글) 좀 더 명확하게 말하자면, 1943년 당시의 편집물(≪맑스주의의 기치 하에서≫)의 저자는, 마께예프까의 끼로프 공장과 마그니토고르스크, 꾸즈네츠끄 콤비나트의 사례를 거론하며, 가치가 쏘비에트의 철강산업의 발전을 지배하지 않았는데, 이 산업들은 여러 해 동안 이윤을 창출하지 않고도 국가예산의 기금으로 운영되었다는 것을 주장했다. (≪맑스주의의 기치 아래≫ (Pod Znamenem Markzisma), 앞의 글)

보즈네쎈쓰끼의 저술에 대한 쑤슬로프의 비판은 적중했다. 그러나 보즈네쎈쓰끼는 단순한 이론가가 아니라, 쏘련 각료 협의회 산하의 국가계획위원회(Gosplan) 의장으로서, 1948-1949년에 쏘련에서 상품-화폐 관계의 작동의 영역을 확장하는 정책을 수행하는 위치에 있었다. 고르바초프 치하 당시에 실시된 레닌그라드 사건에 대한 검토의 결과, 보즈네쎈쓰끼의 국가계획위원회가 1949년 1/4분기 동안 전국적 규모의 공업 계획을 축소시킨 조치에 대해 쏘비에트 연방 국가공급위원회 부의장인 포마즈네프(M. Z. Pomaznev)가 반대의사를 개진했다는 사실을 밝혀냈다. 이후 당 통제위원회의 쉬낄랴또프(Shkiryatov)는 그러한 혐의를 재론에 부쳤으며, 쏘련 각료 협의회는 정부의 계획적 지령을 보즈네쎈쓰끼가 옹호하지 못했다는 점을 지적했다. (Izvestiya Ts.K. KPSS No 2, 1989.) 공업 계획의 축소라는 혐의는, 1949년 1월 중공업 제품에 대한 도매가격의 인상과, 그리고 생산수단의 생산에 이윤 원리를 도입하고 생산수단의 생산을 상품-화폐 관계의 영역으로 견인하기 위한 시도와 전적으로 일치한다. 1949년 3월 5일 보즈네쎈쓰끼가 국가계획위원회에서 제거된 것은 기존의 보즈네쎈쓰끼의 경제정책을 폐기하는 것의 시작이었는데, 몇 단계에 걸쳐서 도매가격이 1949년 수준보다 궁극적으로 30% 낮아졌다. 보즈네쎈쓰끼는 쏘비에트 경제를 시장경제 노선에 따라 재구성하기를 원했던 이들의 영웅이 되었다. 그는 쓰딸린 사후에 즉시 복권되었다.

쑤슬로프의 1952년 글은 가치와 관련된 또 다른 문제를 제기했다. 그는, 사회주의 하에서 가치가 사회주의에 복무하는 방식으로 '변형', 혹은 '변경'된다는, 쏘비에트 경제학자들 사이에서 오랜 기간 동안 유행하였던 견해를 비판했다. 쓰딸린은 ≪경제적 제 문제≫에서, 이것(가치의 변형-역자)이 발생하는 사회주의 계획경제의 조건 하에서, 가치가 '변형'된다면, 그러면 경제적 법칙은 폐지되거나 다른 법칙들에 의해 대체될 수 있다는 이유로 이 견해를 거부했다. 경제법칙의 작동 영역은 제한될 수 있지만, '변형'되거나 '폐지'될 수 없다. (쓰딸린, 앞의 책, p. 97.) 사회주의 하에서 가치 범주의 '변형'이라는 주관주의적 관념은 쏘비에트 정치경제학 속에 침투했다. 보즈네쎈쓰끼가 다음과 같이 말했을 때, 그는 이러한 경향의 표본을 대표적으로 보여주었다: "사회주의 사회에서 상품은, 생산수단의 사적 소유에서 기원하는 상품적-자본주의적 사회의 특징인 가치와 사용가치의 대립으로부터 자유롭다." (보즈네쎈쓰끼, "전시경제", p. 97.)

사회주의 하에서 상품이 사용가치와 교환가치의 대립으로부터

해방될 수 있다는 것이 가능한가? 쏘련에서 가치는 두 가지 상이한 소유의 형태들로 인해 지속적으로 존속했다. 집단농장의 형태로 주로 구현된 집단적 소유가 국가소유의 수준으로 상승했다면, 가치의 잔재들의 작동을 위한 기초는 더 이상 존재하지 않게 될 것이다. 그러나 맑스가 자본주의의 기본적인 '세포', 혹은 '싹'으로 간주했던 것은 상품의 본성 자체였다. 상품은 '변화'될 수도 혹은 '변형'될 수도 없으며, 단지 그 범위가 한정되고 제한될 뿐이었다.

이 문제에 대한 쓰딸린의 이해는, 1884년 9월에 카우츠키에게 서신을 보낸 엥엘스의 맑스주의적 입장과 일치했다. 카우츠키는 독일의 강단 경제학자인 로드베르투스(Rodbertus)의 경제이론에 대한 논문의 초안을 작성하고 있었는데, 엥엘스는 다음과 같이 말했다:

> "귀하는 가치에 대해 (로드베르투스 등처럼) 유사한 방식으로 접근하고 있습니다. 현재의 가치는 상품 생산의 가치이지만 상품 생산의 폐지와 함께 가치는 스스로를 '변경'시킨다고, 즉 가치 자체는 그대로 있지만 그 형태가 바뀐다고 했습니다. 그러나 사실 경제적 가치는 상품생산에 속한 범주의 하나이며, 상품생산 이전에 가치가 존재하지 않았던 것처럼, 상품생산과 함께 소멸합니다. (《반뒤링론》, pp. 252-62.를 보십시오.) 노동과 생산물의 관계는 상품생산 이전에 가치로 표현되지 않았고, 상품생산 이후에도 더 이상 그렇게 표현되지 않을 것입니다." (프리드리히 엥엘스, 취리히의 칼 카우츠키에게, 칼 맑스 《가치론》, pp. 5-6.)

엥엘스에게 가치의 '변형'은, 사회주의 사회에서 허용될 수 없는 가치법칙의 작동에 대한 완곡한 밀수입을 의미했다. 카우츠키의 글에서 이것은 고립적인 큰 실수였지만, 쓰딸린은 쏘련의 경제학자들 전반이 실질적으로 이러한 오류를 승인하는 상황에 직면했다.

 '변형'된 가치라는 관념은, 집단농장의 존속이 상품-화폐 관계의 지속적인 보존을 수반하던 때에 가치가 인위적으로 쏘련에서 폐절될 수 있다는 생각을 비판하기 위한, 그리고 그와 결합하여, 사회주의 계획경제의 조건 하에서 가치의 작동이 보조적이고 부차적이며 제한된 역할을 하고 있다는 분명히 하기 위한, 이중적 필요의 표현으로서 떠오른 것 같다. 그럼에도 '변형'된 가치라는 개념은, 맑스적 의미에서 명확한 이데올로기적 내용을 지녔는데, 쏘련에서 오랫동안 유행하고 있음에도 불구하고 그 정식이 정확성을 위해 포기되어야만 한다고 쓰딸린이 간주한 이유는 바로 그러한 이데올로기적 내용 때문이었다. '변형'된 가치론은 이중적 문제를 지녔는데, 가치가 인위적으로 창출되거나 폐지될 수 있다는 인식을 여전히 수반하고 있었고, 그리고 보즈네쎈쓰끼의 사례에서 명백하게 드러나듯이 상품-화폐관계의 작동의 영역에서, 가치의 수축이 아니라 가치의 팽창을 정당화하기 위한 이론적 지렛대로 쉽게 변모될 수 있기 때문이었다.

 1953년 이후 쏘련 경제에서 상품-화폐관계의 급격한 팽창과 함께 '변형'된 상품이 복원되는 것은 불가피했을지도 모르는 일이었다. 1954년 '정치경제학 교과서'는 사회주의 경제가 사적 노동과 사회적 노동 사이의 모순을 알지 못한다고 논했다. (K. V. 오스뜨로비짜노프 외, ≪정치경제학 교과서≫ 제 1판, 모쓰끄바, 1954년, p. 442.) 이러한 추론은 많은 문제들을 제기했다. 그 추론은, 상품-화폐관계가 여전히 제한된 방식으로 활용되어야 할 사회에서, 노동자계급이 소비재를 구매하기 위해 임금의 형태로 보수를 받고 있다는 사실에도 불구하고, 사회적 노동이 완전한 형태로 존재할 수 있다고 제기하는 것이었다. 더구나 그 추론은 맑스의 저술에서 공산주의 사회 하에서 비로소 종식될 수 있다고 말해진 구체적 노동과 추상적 노동 사이의 모순이 이미 해결되었다는 것을 시사하는 경향이 있었다. 그 추론은, 특정 기간 동안 특정 과제에 대한 사회주의적 계획의 영역에 충분히 있지 못하고 또한 노동과 생산물들의 관계가 가치형태로 완전히 표현되는 바와 같이 일정한 사적 노동의 특징을 여전히 보전하였던, 집단농장 농민층의 노동력을, 당시에 전 인민 소유를 통제하던 노동자계급의 사회적 노동의 수준으로 끌어들임에 의해, 사적 노동이 근절될 것을 요구하지도 못했다. 1954년 판 '정치경제학 교과서'는 쏘비에트 정치경제학을 보즈네쎈쓰끼의 모순으로부터 자유로운 상품으로 되돌려 놓았다. 그 교과서는 생산관계와 생산력 간의 사회적 모순이 쏘비에트 사회에서 지속적으로 작동한다는 ≪경제적 제 문제≫에서의 쓰딸린의 입장을 거부했다.

1953년 이후 쏘련 공산당은 더 이상 레닌주의적 전통에 입각한 노동자계급의 전위당이 아니라, 전인민의 당으로서 스스로를 규정했다. 맑스가 공산주의의 확립 이전까지 지속된다고 간주했던 프롤레타리아 독재는 전인민국가로 대체됐다. 1953-1958년 경제개혁 이전에, 쏘련에서 상품 생산은 특수한 형태라고 쓰딸린이 했던 것과 같은 주장이 가능했었다.

"연합한 사회주의적 생산자(국가, 집단농장, 협동조합)들의 생산물들과 주로 관계하고, 그 활동의 영역이 개인적 소비품목에 국한되며, 자본주의적 생산으로 발전할 가능성이 없는, 그리고 그것의 '화폐 경제'와 함께 사회주의적 생산의 발전과 공고화를 위해 복무하는 방향으로 향하는 상품생산." (쓰딸린, 앞의 글, pp. 20-21.)

그러나 생산수단이 상품으로서 유통되기 시작한 1953-1958년의 시장개혁 이후, 상황은 질적으로 변화했다. 사회주의 하에서도 존재하는 생산의 상품 형태는, 쓰딸린이 지적했던 것처럼, 특수한 형태였다. 상품 생산에 가해진 제한은 개혁 이후로 사라졌고, 상품형태는 사회주의적 생산관계와는 다른 유형의 경제관계를 체현하기 시작했다. 맑스는 ≪자본론≫에서, 자본주의의 기본 세포인 상품이 그 자체 내에 임금노동과 자본의 싹을 포함한다는 점을 확립했다. 급속하게 팽창하는 상품생산의 논리는, 노동력, 잉여가치, 자본주의적 이윤 그리고 평균이윤율과 같은 경제적 범주들이 다시 한 번 나타난다는 것을 의미했다. 흐루쇼프에 의해 1961년에 제시된 공산주의 사회의 건설을 위한 강령이 평가되어야 하는 것은 이러한 맥락이다. 공산주의로의 전진에서, 상품생산과 상품유통이 작동하는 영역의 모순을 살피는 대신, 쏘련 공산당은 그와 같은 범주들의 가일층의 활용을 구상했다. 그 강령은 사회주의 하에서 계급의 폐지라는 과제로부터 후퇴했으며, 쏘비에트 사회의 생산관계를 재구축하는 것을 회피했다. 집단농장의 집단적 소유를 전 인민적 소유로 끌어올린다는, 쓰딸린이 제기한 전망은 종언을 고했다. 이를 대신하여 흐루쇼프 하에서 집단농장 소유와 국가 소유 간의 추가적인 합병이 채택되었다. **노사과연**

러시아는 제국주의인가?*

POLITSTURM***
번역 : 김의진 | 회원

I. 서론

러시아-우끄라이나 위기의 격화가 시작된 지 거의 4달이 흘렀다. 이 사건은 현대 자본주의 세계에서 러시아의 위치에 관한 장구한 논의를 재차 촉발시켰다. 공산주의 운동 내부에서 일부는 러시아가 제국주의 국가가 아니며, 따라서 서방의 제국주의 국가들과 비교했을 때 진보적이라고 말한다.

러시아의 엘리트들은 "러시아 언어"와 "러시아 세계"의 보호에 대해, "유럽 구원을 위한 비밀스러운 사명"에 대해, 그리고 "역사적 정의"나 심지어는 "분할된 영토의 재결합"에 대한 웅장한 문구들에 호소함으로써 자신들의 외교 정책을 정당화한다.

동시에, 러시아의 엘리트는 메시아주의와 보호주의를 오가며 자신들의 "신성불가침한 영토"에 대한 서방 국가들의 무역 및 경제

---

* 출처: https://us.politsturm.com/is-russia-imperialist/
Politsturm의 집단적 저작으로 추정되는 글이다.

*** POLITSTURM은 미국과 러시아에서 맑스-레닌주의를 연구하고, 인터넷 홈페이지에 공개하는 신생조직이다.

적 확장을 성토하고, 더 나아가 "미국 일극 세계"를 탄핵하고 이들 모두를 "제국주의"라는 단어로 부른다.

"제국주의"라는 용어가 포퓰리즘적 표현 이상도, 이하도 되지 않고, 애매모호하기 이를 데 없는 욕설로 쓰이는 부르주아 미디어와 달리, 맑스-레닌주의의 이론에서 제국주의는 엄격하게 정의된 과학적인 개념이다. 그것은 자본주의 국가의 정책을 묘사할 뿐만 아니라 사회적 발전의 체계에서 그 형태를 가리킨다.

II. 제국주의의 표지들

≪제국주의: 자본주의의 최고 단계≫라는 책에서 블라지미르 레닌은 제국주의를 독점자본주의의 단계로 정의한다:

> "만약 제국주의에 대한 가장 간명한 정의를 할 필요가 있다면, 우리는 제국주의가 자본주의의 독점 단계라고 말해야만 한다."[1]

부르주아 이론가들이 모든 방식으로 현대 자본주의의 그러한 성격을 탈각하려는 시도들은 아무런 가치가 없다. 특히 유명한 경제학자인 J. 슘페터는 20세기 초반에 일찍이 "자본주의와 제국주의의 근본적인 논리적 양립불가능성"를 증명하고자 했고, 후자를 "격세유전"이며 산업화 이전 시기의 "잔재"라고 불렀다.[2] 같은 시기에 신고전파적 조류의 대표자들(폴 사뮤앨슨, 프리드리히 폰 하이에크)은 제국주의를 단지 자본주의적 "소아병"의 표현으로만 인

---

1) V.I. 레닌, ≪제국주의, 자본주의의 최고 단계≫
2) 조지프 슘페터, ≪자본주의, 사회주의 그리고 민주주의≫(Capitalism, Socialism, and Democracy)

식했다.

현대의 "계몽된" 부르주아 지식인들의 일부 대표자들은 한층 더 나아간다. 그들은 제국주의 이론을 19세기와 20세기의 전환기에 출현한 현상으로서 논한다. 그들의 의견에 따르면, 제국주의라는 개념은 현대의 조건들 하에 "거의 적용될 수 없는"[3] "100% 시대착오적인"[4] 것이다.

그럼에도 불구하고, 현대 자본주의 국가들 중 몇몇 나라들을 제국주의 국가라고 보는 것은 우리에게 현실의 상태를 반영하지 않는, "시대착오" 혹은 이론적 "도그마"로 비춰지지 않는다. 레닌의 제국주의 이론과 독점자본주의의 이론은 그 적절성을 상실하지 않았고 현대 사회에 대한 분석에 적용될 수 있다.

제국주의에 관한 고전적 정의는 다음과 같다:

"제국주의는 독점체와 금융자본의 지배가 수립된 발전 단계의 자본주의이다: 그리고 자본수출이 두드러진 중요성을 획득하고, 국제 트러스트 간의 세계적 분할이 시작되고, 거대 자본주의 열강들 간의 전 지구적 영토 분할이 완성된 발전 단계에서의 자본주의이다."[5]

제국주의는 19세기 후반과 20세기 초반에 자유경쟁─초기의 그리고 성숙한 부르주아 사회의 특징으로서─이 독점자본의 지배로 변증법적으로 대체된 자본주의적 관계들의 객관적 발전의 결과로 출현했다.

이 당시 제국주의 국가의 대표적인 예시로는 세계의 영토를 상당한 분분을 식민지화했던 대영 제국이 있었다. 대영제국과 함께,

---

[3] https://platfor.ma/magazine/text-sq/experience/5341316bf1e9e/
[4] https://polit.ru/article/2011/12/20/Beauvois/
[5] V.I. 레닌, ≪제국주의, 자본주의의 최고 단계≫

보다 제한적인 규모로 제국주의적 정책을 추구했던 다른 제국주의 국가들(예를 들면 프랑스, 독일, 일본)이 전체적으로 산재해 있었다.

그러나 제국주의 국가가 언제나 거대한 식민제국인 것은 아니다. 러시아 제국과 오스트리아-헝가리, 오스만 제국과 이탈리아 왕국도 20세기 초엽에 제국주의 국가였다.

광대한 식민제국과 상대적으로 작은 제국주의 국가들 사이에는 경쟁이 존재하는데, 이 경쟁은 상대적으로 평화적인 방식으로 진행될 수도 있고, 전쟁의 형태로 전환될 수도 있다. 제1차 세계대전의 주요한 이유가 되었던 것은 국민적 독점체들의 경쟁과 세계에서 영향력의 영역을 재분할하려는 열망이었다.

제국주의의 핵심적 특징은 다음과 같은 요소들을 포함한다:

첫째, 경제적 생활에서 결정적인 역할을 하는 독점체를 창출할 정도로 고도화된 발전 단계에 도달한 생산과 자본의 집적.
둘째, 은행자본과 산업자본의 융합과 이 금융자본에 기초한 금융과두제의 창출;
셋째, 상품의 수출보다도 더욱 중요해진 자본의 수출;
넷째, 세계를 분할하기 위한 자본가들의 국제적인 독점체의 연합의 형성
다섯째, 주요 자본주의 열강들의 세계의 영토적 재분할에 대한 참가

제국주의의 본질을 고려하고 핵심적 특징들을 강조하면서, 우리는 이것을 현대 러시아와 상호 연관시키고, "러시아 연방이 왜 제국주의 국가인가?"라는 핵심적인 질문에 답할 것이다.

III. 러시아 연방은 왜 제국주의 국가인가?

1) 독점자본

러시아 "국가안보전략"은 "러시아 시장에서 경쟁의 지원, 발전, 보호와 독점적 활동과 반(反)경쟁적인 협정들의 억제, 러시아 연방의 영토에서 경제 활동이 평등한 조건과 자유를 보장하는 것"6)을, 러시아 연방의 경제적 안보를 달성하는 데에서 주된 임무 중 하나로서, 진술하고 있다. 그러나 러시아의 경제는 사실상 독점적이다.

러시아 국가의 GDP의 구조에서 국내 독점자본들의 몫에 대한 정확한 평가는 어렵지만, 70% 이상에 달할 것이다.

그렇기 때문에, 소매업에서 X5 소매 그룹 PC(45%)와 마그니트 OJSC(40%)의 소매체인은 독점적 위치를 차지하고 있는데, 이들은 반복하여 서로 간에 카르텔적 공모를 하고 있다.7)

석유 정제 부문에서 11개의 석유 및 가스 회사들(로스네프트, 루코일, 가즈프롬 네프트 등)은 전체 생산의 95% 이상을 제공하고 있다. 러시아 통신 시장은 오래 전에 "4대 독점체"(MTS PJSC, 메가폰 PJSC, 비라인, 텔레2 LLC)에 의해 분할되었다.

금융 부문의 경우, 러시아 중앙은행조차도, 2018년에 자신의 분석 보고서에서, 러시아의 은행 부문이 "경쟁적 환경과 결합된 독점 내지 과두제"8)라고 서술했다. 특히, 개인의 대출과 예금에서

---

6) 러시아 연방 대통령 포고(2021. 07. 02) N 400, "러시아 연방의 국가안보전략"
7) https://www.retail.ru/news/fas-proverit-magnit-na-nalichie-kartelnogo-sgovora-s-drugimi-torgovymi-setyami-26-maya-2020-194567/

스베르방크는 전국의 85개 지역 중에서 83개 지역에서 주도적인 역할을 하고 있으며, VTB 은행은 68개 지역에서 그러하다. 은행 기금의 대출 및 증가에 있어 "스베르방크"는 82개 부문에서, VTB 은행은 61개 부문에서 주도적인 위치를 차지하고 있다. 그 외에, 다른 은행들—가즈프롬방크와 로셀호즈방크—도 마찬가지로 이러한 서비스를 제공하는 데 있어서 중요한 역할을 하고 있다.

"레닌주의의 기초"라는 저작에서 이오씨프 쓰딸린은 이렇게 말했다:

> "제국주의는 공업 국가들에서 독점 트러스트와 신디케이트, 은행과 금융과두제의 전능한 힘이다."9)

러시아 영토에서 소위 "자연스런" 독점자본의 경제적 활동은 특별한 주목을 받을 만하다.

이에 대한 대표적인 예로는 PJSC 가즈프롬과 JSC 러시아 철도가 있다. 부르주아 경제 이론가들(J.S. 밀, J.W. 버몰 등)의 경박한 판단에 의하면, 자연스런 독점은 "좋은" 독점이다. 즉, 사업주의 이익에 복무하는 인위적인(혹은 "나쁜") 독점과 대립되는 것으로서, 공공의 이익에 복무하는 경제활동의 조직 형태이다.

그러나 맑스주의 이론에 따르면, "좋고" "나쁜" 독점자본은 없다. 독점자본들은 국가기구에 대한 영향력의 정도에서만 서로 간에 차이가 난다. 그리고 그 국가는 "자본주의적 생산의 무정부성" 속에서 사실상 형식적 역할을 함에도 불구하고, 경제적 활동을 규율하는 기능을 수행한다고 알려져 있다. 이것은 정확히, "경제활동을 통제하는" 연방 반독점청의 역할이다.

---

8) http://cbr.ru/StaticHtml/File/41186/20180607_report.pdf
9) 이오시프 쓰딸린, "레닌주의의 기초"

이에 대한 가장 두드러지는 예시로는, 사회적으로 중요한 상품의 목록에 있는 많은 수의 상품에 대한 이윤의 제한에 대해, 소매 체인들인 <O'kay> 회사와 <오샹 소매>(Auchan Retail) 회사(대형 슈퍼마켓인 오샹과 아탁)가 거부한 최근의 사례가 있다.[10]

그러므로 러시아 경제는 근본적으로 독점자본주의이다. 이것은 경제에서 주요한 역할이 중소규모 기업들에 의해서가 아니라, 자신들의 이윤을 극대화하기 위해 지배적 위치를 활용하는 대규모 기업들에 의해 수행되기 때문이다.

몇몇 인사들은 경제의 독점화를 순전히 푸틴의 정책 탓으로 돌린다. 특히 러시아의 블로거인 안드레이 루도이의 <푸틴의 자본주의: 푸틴은 어떻게 러시아를 90년대로부터 "구원했는가"?>와 <푸틴의 자본주의: 러시아의 대외 정책의 내면>이라는 제목의 비디오 시리즈에서 러시아 경제의 독점화와 국가독점자본의 출현이 푸틴의 정책에 따른 결과라고 주장하는 것은 매우 과장됐다. 이들은, 즉, 푸틴이 아니었다면, 러시아에서 자유시장과 자유경쟁이 존재했을 것이고, 따라서 독점자본과 제국주의가 존재하지 않았을 것이라고 말한다.

그러나 경제의 독점화의 과정은 (러시아에서건, 혹은 다른 나라에서건) 주관적인 과정이 아니라, 자본주의적 관계들의 발전의 객관적인 과정이다. 자유시장과 순수한 경쟁을 가지는 경제가 독점자본주의적인 경제로 전화하는 과정은 몇몇 개인의 주관적인 성격에 의존하지 않는다. 그것은 사회적 관계들의 발전의 성격 자체에 의존한다.

---

10) https://new-retail.ru/novosti/retail/o_key_i_ashan_otkazalis_ot_ogranicheniya_natsenki_na_sakhar6472/

2) 금융자본

은행자본과 산업자본의 융합, 그리고 금융자본과 금융과두제의 출현에 대해 논할 때, 우리는 러시아의 현실에서 이러한 과정이 두 가지 경로들을 통해 수행된다는 사실을 지적해야만 한다.

첫째로, 19세기 후반과 20세기 초반에 세계적 실천으로서 나타난 전통적인 방식은 공업기업들의 기초 위에 자회사로서 은행들의 출현이었다.

러시아에서 이러한 금융자본의 예시들로는 가즈프롬 공개주식회사(PJSC. Public Joint-Stock Company의 약자로, 주식이 시장 참여자에게 매매될 수 있는 주식회사를 의미한다—역자 주)의 "자회사"인 가즈프롬방크 주식회사와, 로스네프트 NC 공개주식회사의 "자회사"인 전 러시아 지역개발은행 주식회사, 그리고 루코일(Lukoil) 주식회사의 "자회사"인 오뜨끄리찌예 방크(Otkritie Bank)가 있다.

둘째로, 은행 생태계를 창출함에 의해, 은행 생태계의 출현은 자본을 합병하는 새로운 방식의 발전 국면을 반영한다.

러시아에서 금융자본의 이러한 새로운 형태에 관한 예시들로는, 은행업무 뿐만 아니라 주택 및 공공 서비스, 보험 업무와 음식 배달 네트워크, 컨설팅, 병참, 항공 및 철도 운송, 택시 운송업, 그리고 심지어는 영화산업까지를 포함하는, "스베르방크", "틴코프 방크"(Tinkoff-Bank), 공개주식회사 "VTB"의 은행 생태계들이 있다.

그러나 금융자본은 은행 생태계의 질적인 내용을 변화시키지 않는다. 단지 경제의 한 영역, 예를 들면 산업자본이 현대 경제의 상당수를 구성하는 또 다른 영역, 예를 들면 서비스 부문

(55.8%))으로 단순히 대체될 뿐이다.11)

금융과두제의 대변인들이 "고객이 은행 생태계의 중심에 있다"는 슬로건을 제창하고 있다는 사실에도 불구하고, 오래 전에 이미 과도하게 성장한 독점적인 은행 부문은 인간 생활의 모든 측면을 독점화하고 상업화하려 한다. 독점적인 은행 부문은 개인에게, 개인의 창조적 발전이 아니라, 소비를 중심에 놓는 특정한 가치 체계를 주입함으로써, 인간생활에 대한 통제를 추구한다.

러시아 국내의 금융자본의 영향력은 산업 영역으로 확장되고 있다. 은행자본과 산업자본의 융합의 결과는, 금융 및 산업 그룹들, 지주회사들, 그리고 복합기업들(알파 그룹, 알리셰르 우스마노프의 조직 등)의 출현이다.

러시아의 은행은 또한 산업 기업들에 대한 통제권을 보유하고 있다. 이것은 간접적으로는 대출, 양도, 보증의 체결 그리고 브로커들을 통해서 이루어지고, 그리고 직접적으로는 기업들에 대한 직접적인 소유를 통해 일어난다.

예를 들어, "스베르방크"의 경영(소유) 하에 자동차 회사인 "데어바이스"(DerWeis)와 "싸우턴 자동차 그룹"이 존재한다. 그리고 "우랄마쉬자보드"(Uralmashzavod)와 "유나이티드 기계제조공장"은 모두 가즈프롬방크 주식회사의 경영 하에 있다.

3) 자본 유출

자본수출은 제국주의 국가의 빠뜨릴 수 없는 자산이고, 경제의 독점화와 금융자본의 출현의 논리적인 결과이다.

간단하게 말하자면, 이 지표는, 경제의 일정 영역에서 금융적

---

11) https://ru.theglobaleconomy.com/rankings/share_of_services/

"잉여"가 발생한다는 것, 즉, 금융자본이 자국의 국경 내에서 "증식을 제한받고", 그리고 다른 나라의 경제에 다양한 형태로 이 기금을 투자하여, 이로부터 배당금을 받으려 한다는 것을 보여준다.

물론, "자본 유출"은 "자본 도피"와 구분되어야 한다. 전자가 자본의 운동의 합법적인 형태(해외직접투자, 국가 대출)를 취한다면, 후자는 비합법적인 형태(조세 회피, 자금 세탁)를 띤다.

제국주의 국가의 이러한 특징을 분석하기 위해 통계로 시선을 돌려보자. 세계은행의 2019년 자료에 따르면, 러시아는 해외직접투자 항목에서 31위를 차지했다.

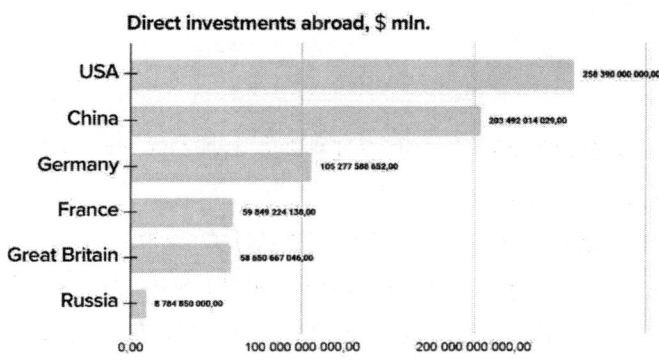

[도표: 해외직접투자, 단위는 달러]

[사진]
출처: 세계은행 웹사이트의 통계자료를 바탕으로 이 글의 저자에 의해 수집된 지표들[12]

타 국가들을 대상으로 하는 국가독점자본의 침투 정도를 나타

---

12) https://gtmarket.ru/ratings/foreign?direct-investment-index

내는 또 다른 중요한 지표는 공적인 대출의 양이다. 이 지표에 따르면, 러시아는 이미 6위를 차지하고 있다.

[채권국의 순위, 2019, 단위 10억 달러]

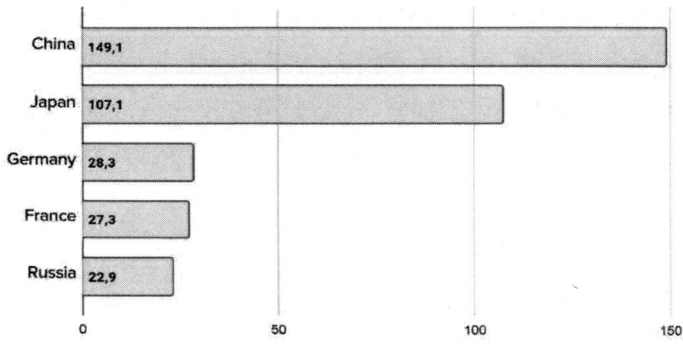

[사진]
출처: 세계은행 웹사이트의 통계자료를 바탕으로 본 글의 저자에 의해 수집된 지표들13)

러시아의 투자가 분배되는 지형은 상당히 다양하다.

옛 쏘련을 구성했던 나라들, 시리아, 베네수엘라, 볼리비아, 중앙아프리카와 기타 국가들.14)15)16) 물론, 전 지구적 금융의 흐름 속에서 그 크기와 비중의 측면에서 보면, 러시아로부터의 자본유출은 많은 제국주의 국가들에 비해 눈에 띌 만큼 열세이다.

4) 독점자본들의 팽창

---

13) https://gtmarket.ru/ratings/foreign?direct-investment-index
14) https://www.kommersant.ru/doc/4134272
15) https://rosatom.ru/production/design/stroyashchiesya-aes/
16) https://www.kommersant.ru/doc/3861747

자본수출의 객관적인 귀결은 독점자본의 해외로의 팽창이다.

예를 들어, 2019년 유럽으로의 가스 공급에서 초국적 독점자본인 가즈프롬의 몫은 41.1%였다. 가즈프롬과 더불어, 로스네프트, 루코일, 우랄칼리, 노릴스크 니켈과 같은 러시아의 여러 독점자본들은 국제 에너지 시장에서 중요한 역할을 하고 있다.

러시아 국내의 또 다른 독점체로는 50개 국가들에 제품들을 공급하고, 그 서비스 망이 세계 각국에서 500여개 이상의 시설들을 망라하는 농기계 제조업체인 로스첼마쉬(Rostselmash)가 있다. 또한 수확기 농기계 세계시장에서 로스첼마쉬의 몫은 17%에 달한다.

러시아 국내 독점자본의 해외 시장으로의 팽창은 원료 부문과 기계제조 산업에 국한되지 않는다. 경제의 지식 집약적 부문들에서 중요한 역할을 담당하는 국제적 독점자본의 지위를 갖고 있는 독점자본들이 있다.

예를 들어, 2020년에 국제 발사체 시장에서 로스코스모스 그룹의 몫은 14%였다. 로사톰(Rosatom) 국영 주식회사는 핵 발전소 건설 발주에 있어 선두를 차지했다. 군산복합체에서 쏘련의 유산에 대부분 의존하고 있는 러시아 연방은 (스톡홀름 국제평화연구소(SIPRI)에 따르면) 무기수출 항목에서 미국 다음으로 세계 2위를 차지한다.[17]

게다가, 독점자본들의 진정한 팽창이 자원이나 상품 시장을 위한 투쟁일 뿐만 아니라 자신들의 자본의 적용 영역을 위한 투쟁이기도 하다는 것은 주목할 만하다. 후자의 사례들로는 외국의 가스 수송 체계를 완전히 종속시키는 가즈프롬의 팽창이 있다. 더구나

---

17) https://www.sipri.org/

후자는 많은 이웃 나라들(벨라루스, 몰도바, 아르메니아, 키르기즈스탄, 그리고 2014년까지는 우크라이나의 경우도 포함하여) 뿐만 아니라 헝가리, 세르비아, 독일, 슬로바키아 등과 같은 나라들에서도 눈에 띠고 있다.

아프리카에서 알로사(ALROSA) 사(社)는 앙골라와 콩고에서 다이아몬드 광산을 개발하고 있으며, 레노바 그룹(Renova Group), 루살(Rusal) 그리고 노릴스크 니켈 광산회사(MMC Norilsk Nickel)는 남아프리카 공화국과 가봉, 기니 그리고 나이지리아에서 비철금속 광물들을 채굴하고 있다. 로스네프트(Rosneft)와 루코일(LUKOIL)은 이집트, 리비아, 시리아, 베네수엘라, 콜롬비아에서 지질 탐사와 석유 생산을 수행하고 있다. 로사톰(Rosatom) 국영 주식회사는 벨라루스와 터키, 까자흐스딴, 헝가리 등의 나라들에서 핵 발전소를 건설하고 유지하는 데에 관여하고 있다. 러시아 철도 회사(Russia Railway)는 북조선에서 철도 인프라의 현대화에 개입하고 있다.

5) 국가의 팽창

만약 독점자본과 금융자본이 국내 시장에서 아무런 저항에 부딪히지 않고, 국내 경제를 "부패"와 "기생성"으로 던져 넣는다면, 국제적 영역에서 그들은 해외의 적수들과의 경쟁에 부딪히고 있다.

광물자원을 개발하고 민족들을 착취할 권리를 위한 순수한 경쟁은, 무역전쟁으로 발전하면서, 거친 제재 정책과 금융 및 무역 규제에 의해 빛을 잃는다. 자본의 서로 대립되는 이해관계 간에 벌어지는 이러한 투쟁의 가장 극단적인 형태는 언제나 전쟁이었다.

 노르드-스트림 2를 둘러싼 러시아 연방과 미국의 투쟁이 탄화수소 자원시장을 둘러싼 투쟁으로 간주되어야 하는 이유는 바로 위와 같다. 그것은 한편으로 가즈프롬(Gazprom) 독점자본과 다른 한편으로 쉐니에르(Cheniere) 에너지 회사, 킨더 모건(Kinder Morgan) 주식회사 사이에서의 투쟁으로 간주되어야 한다.

 러시아 연방의 대(對) 시리아 행동이나, 마두로 정권을 향한 지지는 값싼 석유를 위한 투쟁으로 간주되어야 한다. 마찬가지로, "우끄라이나에서 파시즘에 대항하는 투쟁"은, 자신의 제품을 판매하기 위한 시장을 위한, 값싼 노동력을 위한, 유럽연합과 미국과 함께 우끄라이나의 심토(深土 광물을 의미-역자)를 개발할 가능성을 위한 투쟁으로 간주되어야 한다.

 이로부터 계속하여, 러시아어 사용 인구를 보호하고 파시즘에 반대한다는 구실 하에 러시아 국내의 독점자본들은 "형제의 나라"에서 자신들의 자본에게 지배적인 위치를 되돌려 주고자 한다. 그리고 이것은 전혀 놀랍지 않다. 무엇보다도, 우크라이나는 2014년까지는 러시아 자본에 대한 주요 수요자였다.

 가까운 해외나 먼 해외의 "식민지들"에서 독점자본들과 그들의 지배적 위치의 보호는 러시아군대의 개입의 주된 이유이다. 예컨대, 2014년 이래로 바그네르 용병대(Wagner PMC)는 우끄라이나 동부, 시리아, 리비아에서의 분쟁에 참여했고, 중앙아프리카공화국과 모잠비크, 말리의 불필요한 지배자들을 축출했다.

 2021년 벨라루스 시위 동안에, 러시아는 로스그바르디야(Rosgvardiya, 러시아 국가근위대—역자 주) 소속 군인들을 파병했다. 2022년 까자흐스딴 1월 시위 동안에 러시아와 상하이 조약기구의 가맹국들은 제한적으로 부대를 파견했다.

따라서 제국주의 단계에서 국가는 독점자본과 금융과두제의 충복으로 변모했다.

국가는 외교적 압박과 정치적 압박을 구사하며, 해외에서 국내 부르주아지의 공격적이고 사적 소유에 입각한 이해관계들을 조장한다. 국가는 오직 단 한 가지의 목표, 즉 국경을 철폐하고 자신의 경제적 "파트너들"과 "동맹국들"을 자유롭게 착취하기 위해 경제적 동맹과 관세 동맹을 창출한다.

이러한 상황에서, 새로운 영토를 장악하고, "역사적 정의"를 복원하거나, "제국의 분열된 공국들"을 단결시키는 것은 국가나 인민이 아니다. 사적 자본, 독점자본들이 새로운 자원, 자신들의 상품을 위한 새로운 시장, 그리고 자본주의 체제의 새로운 노예들을 누군가의 손을 빌려, 보통의 노동자의 손을 빌려 장악한다.

러시아 제국주의 문제와 그 본질, 기원에 대한 일부 "좌익"들의 입장은 특별한 주의를 끌만 하다.

그 중에서도, M. 포포프 교수가 이끄는 "러시아 노동당"의 이론가들은 러시아 연방이 제국주의 국가가 아니라는 견해에 절대적으로 충실하다.

우리는 일찍이 특별 기고문에서 러시아 제국주의에 대한 포포프의 부정에 대해 비평한 적이 있었다;[18] 여기에서 우리는 포포프에 대한 비판의 요체들을 다시 한 번 반복하고자 한다.

포포프 등이 전면에 내세우는 핵심 주장은 아래의 테제들과 같다:

1. 러시아에서 독점자본은 강요된 조치이다;

---

[18] Ponaiotov P. "한 부르주아 교수에 대한 비판에 대하여" https://politsturm.com/k-kritike-burzhuaznogo-professora-ch-1/#_edn7

2. 러시아에는 은행이 존재하지 않으며, 대신 "고리대금업을 전담하는 행정기관"만이 있다;
3. 은행이 없다면, 금융자본도 없다.

2019년 당시 포포프의 견해에 대한 우리의 비판에도 불구하고, M. 포포프와 휘하의 이론가들은 스스로의 무지를 계속해서 고집하고 있다.19)

우끄라이나 노동자계급에게 보낸 우쭐하는 영상 담화에서 M. 포포프는 특별군사작전에 대해 논평할 때 그 자신이 가장 애용하는, 보강된 주장인 "강제된 조치"론을 구사했다.20) 이러한 "좌익" 운동의 또 다른 대변인인 꼬뜨란(I. Kotran)의 글인, "탈나치화 작전, 레닌과 좌익의 입장"은 "러시아 연방은 제국주의 열강이 아니다"라는 귀에 지겹도록 들은 입장을 반복한다.21)

이러한 수정주의적이고 배신적인 입장이 바로 우끄라이나에서의 특별작전에 대한 포포프와 그 일당의 입장이었다.

이들에 따르면, 러시아는 "미국 파시즘에 대항하는 반파시스트 국가"이자, "러시아를 공격하기 위한 전초기지들(예를 들면 우끄라이나)과 싸우는"22) 나라이다.

미 제국주의의 정책에 대한 포포프의 비판은 카우츠키를 비판

---

19) 이렇게 못 본 체하는 점에 대해서는 "Mouth Front"에서 다시 지적되고 있다. 예를 들면, Osin R. M.V.의 기사: 포포프와 "러시아의 노동자당": 맑스주의인가 수정주의인가?
20) https://www.rotfront.su/m-v-popov-i-rabochaya-partiya-rossii-ma/?tg_rhash=7633dab0a8a8ad
21) 포포프는 우끄라이나 노동자계급에게 호소한다 … 17:50-18:03. https://www.youtube.com/watch?v=6-y1xyQ6b6k
22) Kontran I. 탈나치화 작전, 레닌과 "좌익"의 입장. http://www.r-p-w.ru/operaczyia-po-denaczifikaczii.-poziczii-lenina-i-%C2%ABlevyix%C2%BB.html

했던 멘셰비키인 포스펠로프(A. Pospelov)의 견해와 유사하다. 이 문제에서 포포프는 과거의 배교자처럼 "맑스주의자 아니라 러시아 국수주의자로서" 말하며, "현대의 프롤레타리아 국제주의는 조국 방위와 양립할 수 있다"23)고 주장했다.

블라디미르 레닌은 100년도 더 이전에 이와 같은 입장에 대한 계급적 원인을 거론하며 이렇게 논했다:

> "사회적 국수주의자들은 우리의 계급적 적들이자, 노동자계급 운동 내부에 존재하는 부르주아들이다. 그들은 부르주아지에 의해 객관적으로 매수되고(최상의 임금과 영예로운 지위 등), 자국의 부르주아지가 작고 약한 민족들을 약탈하고 교살하는 것을 돕고, 자본주의적 약탈품의 분배를 놓고 싸우는 것을 돕는, 노동자들의 계층, 그룹, 층위를 대표한다."24)

IV. 결론

러시아는 제국주의 국가이다.

≪제국주의, 자본주의의 최고단계≫에서 V.I. 레닌에 의해 정식화된 제국주의 국가의 지표들은 실제 현실과 정확하게 부합한다.

물론, 제국주의 그 자체는 100년 동안 변화했다. 자본수출의 새로운 형태가 출현했고, 금융자본 자체의 새로운 형태들이 나타났고, 식민지 체제는 자취를 감췄다. 그러나 그 본질은 여전히 변하

---

23) V. I. 레닌, "사회적 국수주의자의 궤변"(The Social-Chauvinists' Sophisms)
24) V. I. 레닌, "우리 혁명에서 프롤레타리아트의 과제들"(The Tasks of the Proletariat in Our Revolution)

지 않았다.

제국주의의 본질은 금융자본과 독점자본의 시대가 모든 곳에서 자유와 민주주의 그리고 안정이 아니라 압제와 파멸 그리고 빈곤을 가져온다는 것이다. 제국주의의 극단적 형태는 전쟁이며, 그 과정에서 금융과두제는 영토의 합병을 추구하고, 그럼으로써, 민족적 독립과 자립을 의문시하게 한다.

여기서 특징적인 것은, 이러한 전쟁이 언제나 평범한 인민들, 평범한 노동자들에 의해 수행된다는 사실에 있다. 마찬가지로, 군사적 억압과 빈곤도 평범한 노동자들에게 전가된다. 부르주아 이데올로기에 이끌리는 노동자들이 노동자들을 파괴한다. 그러나 이러한 승리의 과실은 언제나 독점자본가들과 금융과두제의 손아귀로 귀결된다.

동시에 인민의 빈곤의 증가, 정치 영역에서 반동의 증가, 모든 자유의 제한은 사회생활에서 증대하는 모순의 증거이다.

사회발전의 변증법은, 발전이 언제나 모순들의 투쟁을 통해 출현한다는 것을 가르쳐 준다. 러시아 제국의 제국주의에 의해 산출되는 모순들을 통해 1917년 10월에 노동자의 국가가 탄생했다. 이 점이 바로 국가의 제국주의적 정책의 결과를 논하며, 이오씨프 쓰딸린이 그 자신의 저작인 "제국주의의 병기고"에서 아래와 같이 말한 이유이다:

"가면을 쓴 개입이라는 제국주의적 정책의 불가피한 결과는 "작은" 민족들을 혁명의 영역으로 던져 넣고, 사회주의적 기반을 확장할 것이라는 점이다."[25]

그렇기 때문에, 제국주의는 19세기에서 20세기로의 전환기에 사용된 역사적 자취와 논쟁적인 상투적 문구가 아니다. 제국주의

---

25) J. 쓰딸린, "제국주의의 병기고"

는 현대의 프롤레타리아트가 생활을 영위하고 있는 현실이다.

그러나 역사발전의 법칙은 변하지 않는다. 조만간에, 전 세계의 노동자들은 세계 제국주의에 맞선 투쟁으로 다시 일어설 것이며, 밝은 미래를 위한 투쟁으로 다시 일어설 것이다.

이것을 실천으로 옮기기 위해, **모든 노동자들**은 다음의 사항들을 **필요**로 한다:

1. 맑스주의 이론을 학습하고, 맑스-레닌주의의 가르침을 공적 생활의 새로운 현실과 관련하여 창조적으로 일반화할 것.
2. 좌익운동에서 모든 종류의 기회주의와 수정주의에 맞서 투쟁할 것.
3. 민주집중제의 원칙과 엄격한 규율 위에서 공동의 사업을 조직할 것.

모든 노동자는, 제국주의의 강화, 제국주의의 번성과 그들의 세계 전역에서의 행진이, 무엇보다도 프롤레타리아트의 투쟁의 성장과 종국적 승리로 이어진다는 점을 명확히 깨달아야 한다. **노사과연**